김수현 드라마 전집

김 수 현 드 라 마 전 집

0 3

청 춘 의 덫 1

솔

1. 대사 문장에는 띄어쓰기 원칙을 적용하지 않았다.

가장 먼저, 김수현 극본의 대사에는 마치 악보처럼 리듬이 존재한다는 것을 알면 이해가 한층 쉬워진다. 대사의 리듬과 더불어 대사의 타이밍, 대사의 전환점, 호흡의 완급, 감정선의 절제 또는 연장 등이 대본 자체에서 표현되고 있다. 따라서 문법적 원칙보다 대사의 리듬, 장단이 우선하는 이유로 띄어쓰기 원칙은 간혹 무시되고 있으며 이러한 작가의 의도를 손상시키지 않기 위해 띄어쓰기 문법을 적용시키지 않고 원본 그대로 실었다.

2. 대사에는 맞춤법을 적용하지 않은 경우가 적지 않다.

김수현 극작품의 대사는 구어체에 가까운 것으로 한글, 곧 '소리 나는 대로 읽기-쓰기'에 충실하다. 사투리가 대사에 적용될 때, 캐릭터의 어투나 억양을 강조하기 위한 수단으로 쓰일 때에도 그러하다. 곧 모든 대사의 바탕은 실제 생활 속 일상 언어의 발성이며, 때문에 공식적인 맞춤법이 적용되지 않은 경우가 많다. 외래어 또한 대부분 표기법을 적용해 사용하지 않았고, 문장부호의 사용 또한 일부 맞춤법을 적용하지 않았다.

> 예) "가께 오빠"("갈게 오빠") "늘구지 마세요 선생님"("늘리지 마세요 선생님") "택시 타구 갈께요"("택시 타고 갈게요") "어뜩해. 들으셨어요?"("어떡해. 들으셨어요?") "잔소리 피할려 그러지."("잔소리 피하려 그러지.") "친구 잘못 사겨 착한 내 아들 버렸다는 거랑 같아"("친구 잘못 사귀어 착한 내 아들…") "납쁜 자식"("나쁜 자식") "이제 여덜시야"("이제 여덟 시야") "키이"("키key")

마침표(.)를 넣지 않은 대사 문장에 대해
마침표의 유무에 따라 호흡과 말투, 대사와 대사와의 연결, 뉘앙스에서 차이가 있음

4

을 지시하는 것으로 원본 그대로 실었다.

3. 의성어 및 의태어의 사용은 김수현 작가만의 언어를 반영하여 최대한 수정하지 않은 원문을 싣거나, 부분 삭제하였다.

  예) '식닥식닥'(화나거나 흥분해 가만히 있지 못 하고 숨을 헐떡거리
  는 상태), '채뜰 듯'(낚아채서 빠르게 들어 올리는 모양)

4. 작품에 쓰인 용어의 설명은 다음과 같다.

S#: S: Scene의 약자. / #: Number를 의미하는 기호.

E: Effect의 약자.
E는 여러 쓰임새가 있다. 이번 전집에서는 대체로 다음 두 가지로 쓰인다.
  ① 화면상에서 A의 얼굴 위로 B의 목소리를 나오게 할 때
  ② 특별한 음향효과를 지시할 때
  이번 전집에서는 ①에서처럼 화면 연출상의 기법을 위한 경우로 쓰일 경우에는
전후 문맥상 반드시 필요한 경우를 제외하고 부분 생략하였다. 그러나 ②에서처럼
전화벨이나 음향효과를 위한 장면에서는 원문 그대로 E라고 표기하였다.

  예) E 전화벨 울리고 있고 / E 볼륨 줄여놓은 피아노 연주곡.

F: Filter의 약자.
이것은 예를 들면 A와 B가 통화를 할 때, A가 화면에 나와 있는 상태에서 B의 전화
목소리를 들려줘야 하는 경우, 상대방의 목소리를 전화 저편에서 말하는 것처럼 들
리게 하는 음향적 효과를 지시하는 부호이다.

오버랩: Overlap.
앞의 장면과 뒤에 연결되는 장면이 겹쳐지며 다음 화면으로 넘어가게 할 때 쓰는 부호이다. 대본에서의 오버랩은 앞 사람의 대사가 끝나기 전에 다음 사람의 대사를 겹쳐서 말하게 할 때 주로 쓰이고 있다.

인서트: Insert.
일련의 화면에 글자나 필름을 삽입하는 것을 뜻한다. 이 대본에서는 대부분의 경우 이 지시 사항은 생략되었고, 건물의 외경이나 풍경 등의 씬을 삽입할 때 주로 쓰였다.

디졸브: Dissolve.
한 화면의 밀도가 점점 감소되어 사라짐과 동시에 점차 다른 화면의 밀도가 높아져 나타나는 장면 전환 기법 중 하나. 대본에서의 디졸브는 시간이나 장소의 변화를 보여주기 위해 사용되었다.

페이드 인: Fade in.
영상이 검정색 상태에서 다음 이미지가 점차 선명하게 나타나는 장면 전환 효과를 말하는 것으로 대본에서는 'F.I'로 표기했다.

페이드 아웃: Fade out.
화면이 어두워져 완전히 꺼지는 상태. 장면의 전환, 또는 시간을 건너뛸 때 주로 쓰인다. 대본에서는 'F.O'로 표기했다.

스니크 인: Sneak in.
해설이나 대사 등이 진행되고 있는 사이에 음악이나 효과음을 서서히 삽입시키면서 점점 확대해가는 오디오 연출 용어이다.

5. 기호와 지시문에 대한 설명은 다음과 같다.

/ : 대사 속의 / 부호와 지문 속의 / 부호가 있다.
　① 대사 속의 / 부호
　대사 도중에 나오는 / 부호는 말투, 억양을 바꿀 때, 텀term 혹은 호흡을 지시 할 때 쓰인다. 그 길이는 길 수도, 짧을 수도 있으며 바로 전 대사의 호흡을 끊고 바로 다음 대사로 빠르게 연결해야 할 때도 쓰인다.

　예) **수정**　(일어나 아들 앞으로 가 서며)너 어떻게/어디 아파? 돌았어?

　② 지문 속의 / 부호
　연출할 화면을 나열, 혹은 순서대로 지시하는 부호이다.

　예) **서연**　???(허둥지둥 다른 손으로 무릎에 놓은 가방 휘저으며 전화 찾는/도저히 전화가 손에 안 잡힌다/브러시질 멈추고 아예 가방 내용물을 무릎에 몽땅 쏟아버린다/지갑 수첩 필통 손수건 콤팩트 립스틱 선글라스 두통약병 등등/그러나 전화는 없다/설마 하는 얼굴로 내용물들 다시 손으로 움직이며 체크/역시 없다)

　③ 지문과 대사 속의 //
　/ 부호를 겹쳐 사용한 것은 대사와 지문 모두 호흡을 위해 그대로 표기하였다. 행동이나 대사를 완전히 끊고 마무리할 때 사용되었다.

　예) 지문: (대화 시작되고 유창하게 응답하는 이모//매일 전화로 학습시키는
　　　　영어 회화)
　　　대사: ····그럼 // 충격받을 준비해.

( ): 배우의 연기에 대한 지시 사항.

[ ]: 작중 정황을 지시하는 지문.
설정, 행동, 환경, 동선 등을 지시하는 부호이다.

…: 말줄임표
    ① 대사의 말줄임표: 배우의 대사에서의 감정선에 따른 호흡의 길이를 지시하는 부호.
    ② S#의 말줄임표: 도입되는 장면에 대한 연출의 길이를 조절하라는 뜻이다.
    ③ [ ]의 말줄임표: 해당 장면에 대한 추가 연출이 필요하다는 뜻으로 쓰인다.

(오버랩의 기분): 오버랩처럼 대사가 완전히 겹치지 않고 앞 대사가 마무리될 때쯤 대사를 시작하는 것을 말한다.

    예) **이여사**   글쎄 기분 나쁜 이유가
       영주   (오버랩의 기분)엄마 내가 말하구 싶지 않은 거 그래서 알아
    내본 적 있수?

(에서): 장면의 마지막 대사 뒤에 붙여 대사 후 화면이 바로 전환됨을 나타낸다. 간혹 대사 후 바로 화면 전환을 하지 않고 그대로 두어 여운을 줄 때도 사용한다.

    예) **채린**   어머니 꿈꾸셨어요?(에서)
    S# 준모의 침실

6. 배우의 연기나 대사, 작중 정황 등 대본의 서술과 실제 방영된 드라마 방송분이 다를 경우 대본을 우선으로 한다.

| 등장인물 |

주요 인물
서윤희　일진상선 비서실 대리. 동우와 사실혼 관계이다.

강동우　일진상선 미주수출 영업부 대리.

노영주　일진상선 서녀. 동우의 약혼자.

노영국　일진상선 서자. 영주의 오빠.

윤희네 가족
조모　윤희의 외할머니.

이모　윤희의 이모.

지숙　윤희의 사촌동생.

강혜림　윤희와 동우의 딸.

이모부　윤희의 이모부.

동우네 가족
강만수(부친)　동우의 아버지.

모친　동우의 어머니.

강동숙　동우 남매의 막내.

강동철　동우 남매의 넷째.

영주 남매네 가족
노모　영주 남매의 호적상 할머니.

한여사   영주 남매의 호적상 어머니.

이여사   영주 남매의 친어머니.

노태섭   영주 남매의 호적상 작은아버지. 일진상선 회장.

노영은   영주 남매의 막내.

그 외 인물

안수연   윤희의 친구.

인주   윤희의 비서 동료.

배실장   윤희의 비서실 실장.

허기사   영국의 수행기사.

차례

제1회

S# 일진상선 구내식당

인주 (수저통에 수저 넣으며 /회사니까 언성 높이지 말고)누가 결혼하
래요? 꽝이면 밥이나 얻어먹고 그만두면 되잖아요.

[늦은 점심을 먹는 사원들 몇. 테이블을 배경으로 윤희와 전무실 여비서
표인주. 별 얘기 아닌 것처럼 하면서도 인주는 진심이고 적극적이다.]

윤희 나를 꽝이라 그럼 어떡해? (역시 식판 치우며)

인주 지복 지가 차구 오그랑바가지 되는거지 뭐.

윤희 (풋 / 웃어 보이고 빠르게 앞서 나간다)

S# 식당 밖 복도

인주 (부지런히 따라붙어 나오며)분당에 아파트도 준비해 놓구 짜자
아안 / 유산두 꽤 받을 거구(하다가 잠깐 눈치 보고 바꿔서)그 보다두
먼저 (윤희 팔짱 끼며)사람이 틀림없어 요오오. 네?

윤희 (걸으며 웃는 얼굴로 인주 본다)..

인주 진짜 너무너무 아까운 사람이라니까요오?

윤희 (웃으며) 그렇게 아까운 사람이면 인주씨가 가.

인주   ?..오빠랑 결혼하는 사람두 있어요?

윤희   ?? (걸음 멈추며 /어머나 눈 똥글)

인주   우리 큰오빠예요.

윤희   오빠 얘길 왜 남처럼 그래?

인주   오빠라 그럼 더 부담스러울 거 아녜요.

윤희   인주씨두 참 웃긴다, 응?

S# 회사 로비

    엘리베이터로 오면서.

인주   (여전히 팔짱 낀 팔 좀 흔들듯 하면서)한번만 봐요, 언니이이이.우
    리 오빠 차암 괜찮은 사람이에요오, 네에에? (아예 사정조다)아무 부
    담갖지 말고 한번만

윤희   (오버랩의 기분 / 걸음 멈추며)사실은 나 사람 있어.

인주   (멈추며) ?

윤희   (눈 맞추며 코 쭝긋)소문내지 마 응? (하고 다시 걷는다)

인주   (따르며) 진짜에요?

윤희   응. (걸으며)

인주   결혼할 사람이에요?

윤희   그러엄. (당연하지의 의미)

    엘리베이터 앞. 이미 기다리고 있는 남자 사원들 칠팔 명.

인주   얼마나 사겼는데요? (속삭인다)

윤희   그만해. (속삭이는 것과 동시에)

    E 엘리베이터 도착 땡 소리.

    승강기 문 열린다. 남자들과 함께 타는데 / 타면서 두 여사원 가볍게 부
    장 급의 남자에게 목례. 승강기 문 닫히고.

S# 승강기 안

엘리베이터 걸, 버튼 알아서 각각 누르고 / 승강기 출발하면서 동시에.

부장   (좀 느글느글 타입)전무님 사모님은 좀 차도가 있나?

인주   ? (자기한테 묻는 거다)아직.. 그저 그러신가봐요.

부장   그 양반 삼재 벼락 톡톡히 맞네.(차장 정도의 옆 부하에게)동생

죽어 마누라 쓰러져.. 쥐띠거든.

차장   예에. (애매하게)

잠시 동안 침묵....

인주   (갑자기 얼굴이 우그러지면서) (고개 윤희에게)

윤희   ? (무슨 일인지 미처 몰랐다가 순간 코로 들어온 냄새에 저도 입 꽉

다물면서 인주 보며 눈으로 웃는다)

인주   (입으로만 / 소리는 내지 않고)누구야 이거.엘레베이터 안에서

방귀뀌는 인간 이거 누구야,

윤희   (그러지 말고 가만 있으라는 얼굴짓 눈짓하는데)

승강기 문 열리고 사원들, 여섯 급히 목례하고 쏟아지듯 나가면서. 승

강기 문 닫히는 위로

사원1   E 와아아아 쥐익인다.

사원2   E 누구야 누구, 김명복씨 아냐? 엉?

사원3   E 어 생사람 잡지말아요.나 아녜요, 나.

닫히는 승강기 문 밖에서 남자사원들, 히히덕 거리는 소리. 엘리베이

터 걸 고개 푹 꺾고 인상 써지려는 것 참고 있고.

인주   (여전히 찡그린 채 밑에서 손짓으로 부장 쪽 찌르는 시늉)

윤희   (그 손 잡아 내리면서 시침 떼고 숫자판 올려다본다)..

S# 회장실 복도

승강기 문 열리며.

인주 (제일 먼저 튀어나오면서)으으으으으 싫다, 싫어,정말 싫어어어
어 (화장실로 뛴다)

엘리베이터 걸 (인주와 거의 동시에 튀어나와서 복도의 새 공기 들이마시
느라)후우우 후우 우.

윤희 (거의 같이 나와서 조금 소리내어 웃는다)

엘리베이터 걸 (승강기 안의 공기 바꾸려는 노력으로 두 팔 승강기 안에 집
어넣고 휘젓는다)

윤희 호호호호호. (에서)

S# 화장실

인주와 윤희는 치약, 칫솔을 넣을 수 있는 작은 손지갑을 식당에서부터
들고 있을 것.

인주 (이 닦은 칫솔 헹구며)얼마나 됐는데요?

윤희 ?.. (칫솔 입에 넣으려다 거울 속으로 /무슨 말인지 몰라서)

인주 우리 큰오빠랑 안 바꿔볼래요?

윤희 (잠깐 흘겨주고 칫솔 입에 넣는다)

인주 왜 결혼 안해요?

윤희 이제 할거야.

인주 언제요?

윤희 금방 (에서)

S# 회장 비서실

윤희 (들어서며) 다녀왔습니다.

배실장 E (남자 / 부장급 / 오버랩)회장님 들어오셨어요.

윤희 ? 아주 나가신거 아니었어요?(급히 제자리로 움직이며)손님 계

세요? 차 준비할까요?

배실장 (퇴근 준비하며 오버랩)아니 차는 필요없다시구 /구기동 사
모님하구 같이 계세요.뭐 집안 일이신가봐요.전화두 손님두 다 끊
어요.난 나갔다가 곧장 퇴근하니까 부탁해요, 회장님두 알구 계셔
요.수고해요 서대리.

윤희 네.

배실장 자, 그럼. (나가며)

윤희 (목례하면서) 화요일에 뵙겠어요.

배실장 ? (나가다 잠깐 돌아보다가)아아, 월요일 월차지 참.그럼 잘 쉬
구 나오라구··

윤희 네. (하는데)

　　E 전화벨

윤희 (재빠르게 전화로)네에 비서실입니다.

이모 E 전화받기 괜찮니? (소곤거리는)

윤희 ? 네. 웬일이세요 이모?

S# 압구정 지하상가 옷 수선집
　　고급 옷 수선집이라는 간판. 서너 대의 미싱과 남자, 여자 종업원들을
　　배경으로 해서.

이모 (전화 중 / 미싱들한테 등 돌리고 서서 소곤거리는)저기 / 너 적금
찾은거 통장이랑 돈이랑 내가 갖구 있으니까 그런 줄 알어. (연결)
내 저녁에 갖구 들어가께.(지숙이한테 부탁했는데에?)고등학교 동
창들이 몰켜서 뭐 인천엘 간다나

여자 (수선할 옷 뜯으면서 오버랩)인천이 아니라 일산요 일산.

이모 (돌아보며) 남에 전화 엿듣지 말구 일이나 하셔.

종미모　수근거리니까 더 잘들리네, 뭐. 아하하하.

　　또 하나 여자 일꾼과 남자 일꾼 같이 좀 웃고.

이모　(상관없이 전화)빽 끌어안구 신경쓰기 싫다구우 여기다 픽하구 던져놓구 갔어. (네에 알았어요, 이모) 퇴근 늦니?

S# 비서실

윤희　(회사 전화니까 조심스럽다)아니 별루 안 늦을거에요. 회장님 아직 계셔서…네.. 이모. (수화기 놓으며 잠깐 적금 탄 것이 뿌듯한 미소 띠었다가 책상 위 치우면서 문득 시선이 회장실 문으로)

S# 회장실 안

　　노회장과 이여사, 영주. 삼자대면처럼 앉아서 다같이 무거운 침묵……

회장　(시선 탁자로 내리고)……(기대어 앉아서)

이여사　(시선 자기 무릎으로 내리고)…

영주　….(회장 정시하면서)….

회장　(그대로)…

영주　(회장 정시하던 시선 엄마에게로 옮겨)….

이여사　(그대로 움쩍도 않고)……

영주　(두 사람 그러고 있는 것에 기가 막혀서 잠깐 눈 감았다 뜨면서)주무세요?…… 아님, 기절하신 거에요? (도전적은 아니다)

회장　(시선 들어서 가만히 영주 본다)….

영주　저 결혼하구 싶어요, 작은 아버지. 아니 아니 결혼..하겠어요.

회장　(시선 피하면서 나직이 오버랩)내가… (그 다음 말은 아주 더디게)…

영주　(기다리다 못해서)네에에에 (작은아버지가요)

회장　(영주 보며)그 녀석에 대해서 좀….알아보구 난 뒤에.

영주　(오버랩) 알아보실 것두 없어요, 작은아버지. (항의, 도전이 아니

18

라 안타까운)

이여사 (오버랩)어른 말씀 자르구 들어가는 버릇이 어딨어.(딸 보며/
언성 높일 필요 없음)

영주 (잠깐 엄마 보고)죄송합니다, 잘못했어요.다 말씀드렸잖아요.
오남매의 장남, 아버지 직업 농사,재산 거의 무일푼,장학금으로 대
학 졸업, 병역 필.

회장 (무겁게 일어나면서, 오버랩)글쎄 말이다 영주야…(해놓고는 느
리게 창 쪽으로 가서 양란, 동양란 화분이 줄줄이 있는 근처의 가습기 스
위치 눌러 김이 나게 해놓고 시들기 시작하는 꽃들을 떼어내기 시작한
다)…

영주 ……(보면서)

회장 (꽃들 떼어내면서)…

영주 …(기다리다가 더는 못 기다리고 입 들썩하는데)

회장 E 그 녀석이 /

영주 (입 다문다)‥

회장 (꽃에서 상체 일으키며)우리 회사 사원이라는 게 우선 /틀렸
어.창사 기념 축하장에서 만났다면 니가 누군지 첨부터 알구 시작
한 교제 아니냐.

이여사 (오버랩의 기분) 네에 맞습니다.(시선 내리깐 채)

영주 작은 아버지 (설득하려, 오버랩의 기분)

회장 (오버랩) 나는 /‥사업상 이득같은 결루 자식들 엮는 혼인두 탐
탁한 사람 아니다만 /그런 조건인 녀석이 제가 다니는 회사 켠 딸
욕심내는 것두 마음에 안든다.

영주 (오버랩의 기분 / 웃으며)저기요 작은 아버지.

회장   (오버랩) 정신이 제대루 박혀있는 녀석이라면 그 처지에 제가 다니는 회사 사주 딸과 결혼할 생각같은 거 안해.처가 덕 볼 수밖에 없는 결혼은 안하구 싶어야 정신이 똑바른 놈이지 상대가 너무 기울어.너는 계산에 의해 선택됐을 수 있어.

영주   (웃으며)작은아버진 어쩜 그렇게 엄마랑 똑같으세요. 그점은 걱정 마세요. 선택은 제가 했어요.제가 먼저 찍었구 (대사 남아 있다)

이여사   (오버랩) 영주야. (나무라는 / 그런 품위 없는 말이 어딨어)

영주   (잠깐 엄마 쪽 보았다가 바꿔서)제가 먼저 좋아한다 그랬구 그 사람은 거만하기가 황태자 같아요.그런 계산같은 거 할 사람이면 좋아하지두 않아요.저 바보 아니에요, 작은 아버지.

회장   몇달 교제했다구?

영주   삼개월 이주 됐어요.

회장   빠르구나.

영주   더 빠른 사람들두 있어요.

회장   (인터폰 눌렀다 떼며)부서가 어디라구?

영주   미주수출 영업부에요.

회장   이름이 뭐라구?

영주   강 / 동우에요.

윤희   (들어와 이여사와 영주에게 목례하면서 회장 옆으로) 네 회장님.

회장   인사과에 아직 누구 있겠지.

윤희   네.

회장   가서 미주수출 영업과에 강동우라는 사원 인사기록 카드 좀 갖구 와요.

윤희   ?‥ (잠깐 시선이 여자들 쪽으로 갔다가)네 회장님. (하고 나간다)

S# 비서실

윤희 (나오면서 애매하고 의아하다. 총총히 나간다)

S# 비서실 복도

윤희 (빠른 걸음으로 반은 뛰는 걸음을 섞으면서…불안 / 의혹 /)

S# 다른 회사 복도

동우 (빠르고 당당한 걸음으로 와서 한 사무실로 들어간다)

　　문짝에 붙어 있는 "해외수출 물류팀"

S# 사무실

동우 (들어오면서)안녕하십니까, 안녕하세요.(몇몇 남아 있는 사원들과 적당한 인사 나누고 차장석으로)아 이거 토요일 오후에 퇴근두 못 하시게 하구 죄송합니다차장님.

차장 총알같이 달려온다더니 강대리 과연 총알같이 왔구먼.이거 어떻게 해결해 줄거요.앉아요 앉아.

동우 (앉으며) 예. (앉는데)

차장 (연결) 아 그눔의 기차가 왜 탈선을 해 탈선은.그리구 빌어먹을 그게 얼마나 급한 상품인데 하필이면 왜 우리 컨테이너만 박살이 나냐구.바이어가 담주 전시회 출품해야 하는 거라 부랴부랴 실은 건데 어이 참.

동우 피차 재수죠 뭐.클레임은 확실히 챙기겠습니다 차장님.

차장 그게 문제가 아니구,상품값이야 보험에서 처리되겠지만 대체 상품 항공 편으루 보내는데 항공료 오만불은 당연히 귀사 부담이겠죠.

동우 예.지금 저희 클레임부서와 협의중입니다.

차장 그럼 당장 실어 보내는 항공료는 일단 우리더러 내라 그거죠.

동우 죄송합니다.사후처리에 최선을 다하겠습니다 부장님.

차장 (책상 치우면서)나 최선이라는 말 별루 안 믿는다구. 일진상
선 / 우리하구 거래관계스페샬아뇨? 장기적으루 봅시다장기적으
루.어어어어이,이거뭐야.새해 벽두부터 이게 (하며 전화기 들고 찍
는다)

차장 E (보고 있는 동우 위에) 이봐,시카고 탈선 상품 실으러 나갔어?
‥언제 나갔어.

S# 회장실

윤희 (이미 회장실로 들어온 상태 /빠르게 화장 앞으로 가서 인사 카드 내
민다)…

회장 (받아서)…(보면서) 됐어요.

윤희 (목례하고 화면에서 아웃)

영주 (카드 보고 있는 회장 보며)…

이여사 (회장 보며)‥‥

회장 (카드에서 눈 안 떼면서)한번 보시겠습니까?

이여사 ‥‥(회장 보며)

영주 ‥‥‥(엄마 보는데)

회장 E 퇴근했어두 찾으면 찾아질거에요.

영주 (회장으로 시선)

이여사 E 아니에요.

이여사 (연결) 그만 들어가겠습니다 서방님.(하며 일어날 채비)

S# 비서실

윤희 (자리에 앉아서)‥‥(무슨 일이지…)

영주 E (문 열리는 소리와 함께) 엄마.

윤희   (급히 일어난다.)

이여사   (오버랩) 나 지쳤어 피곤해.너하구 더 얘기하구 싶지 않아.(문으로 가며)

윤희   (급히 전화 들고 경비실 버튼 찍고)사모님 나가십니다.차 대기 시켜주세요. (하는데)

회장   (나오며) 퇴근해요 서대리두.

윤희   (수화기 든 채) 네, 회장님.(목례)

　　회장 문으로 사라지자 다시 경비실 전화 버튼 누르고.

윤희   회장님 나가셨습니다…(수화기 내린다)…

S# 회사 근처 지하철

윤희   (공중전화에서 전화 들고 있다…기다리다가 활짝 반가워하는 얼굴)지금 어딨어? 뭐해? 퇴근한 거야?(점심 먹어)?왜 이렇게 늦게 먹어.무슨 일 있었어?

S# 분식집

동우   (라면 먹는 중이다)어, 큰일은 아니구 처리하다보니까 늦었어.넌 퇴근했어? (엉. 잠깐 만날까?)아냐, 아직 일 남았어.(회사 또 들어가?)밖에서 할 일야, 회산 안 들어가.

S# 지하철 공중전화

윤희   월찬 받았어? (받았어 / 웃고)됐네. 금 몇시에 데리러 와?알았어. 금 나 그냥 들어가께.목욕시키구 짐싸구 할 일두 많어.어, 라면 불켰다 그만 끊을게,아니 저기 있잖어,나 오늘 적금 탔어.불키전에 빨리 먹어 끊어?(끊었다가 / 어머 그 얘길 빼 먹었네 /다시 걸까 하다가 뒤에 기다리고 있는 사람들 돌아보고 물러 나온다)

S# 분식집

강우 (끊겨진 핸드폰 내려다보면서)··(잠시 있다가 핸드폰 접는다)

S# 달리는 지하철 안

고리 잡고 서 있는 윤희. 바로 앞자리에 젊은 엄마가 서너 살 된 아들 아
이 안고 앉아 있는데

아이 (빤히 윤희를 올려다보고 있다··)

윤희 ·····(미소 띠고 눈싸움하듯 아이 마주 보고 있다가)왜 그래 응?·· 왜
애애?

아이 (돌아서 제 엄마 귀에 대고 소곤거린다)

윤희 ?

엄마 응? 뭐라구? (들었으면서도)안들려어. 큰소리루 말해.

아이 (제 엄마 가슴 주먹으로 때리면서)저 아줌마 이쁘다구우우우.

윤희 어머 그래? 오호호호호,고마워 아가, 호호. (하다 보면 다른 사
람들 모두 자기 쪽 보고 있다. 무안해서 고개 푹 숙이면서 조금 당황)

S# 동네 길 올라오고 있는윤희

S# 동네 길 / 구멍가게가 있는

윤희 (구멍가게 문 밀고 들어가며)안녕하세요 아주머니.

S# 구멍가게 안

여자 어어 어서와.

윤희 귤 좀 주세요.

여자 그래, 자. (비닐봉지 준다)

윤희 (귤 골라 넣기 시작하는데)

여자 (같이 고르며)맛있어, 새루 받았어.

윤희 열개만 살 거에요.

여자 아이구 알어.언제 열한개 산 적 있어?

윤희　(약간 소리 내어 웃는다)

S# 집 골목
윤희　(귤 봉지 들고 총총이 반은 뛰면서 와서 쪽문에 열쇠 넣는다)

S# 마당
윤희　(들어와 현관으로)

S# 현관 안
윤희　(들어오며 벌써) 혜림아아아.

조모　E (주방에서) 여태 찡얼거리다 막 눈 감았다.

S# 주방
윤희　(들어오며) 왜 찡얼거려요?

조모　(시래기 삶은 것 물에서 건져 꼭꼭 짜면서)그 속을 누가 알어.괘앤히 매칼읍시 찡얼찡얼 칭일 진을 빼더라.

윤희　(오버랩) 감기오는 거 아녜요?열 없어요?(귤 봉지 놓고 벌써 나가며)

조모　깨우지 말구 내버려둬. /····(혼잣소리 /시래기 다시 놓고 물 받으면서)콩알만해두 저두 인간이라구 인간 하는 짓 하는 거지 뭐.고연시리 찌뿌드드 기분 나쁜 날 너는 읍서?····· 쯔쯔쯔쯔,애비 콧배기 본지가 바 은제야.(나가며) 지애비 못봐 클클한 거 밖에는투정날 건덕지가 뭐 있어 고게. 쯔쯔쯔쯔, 쯔쯔쯔쯔.

S# 안방(지숙모의 방)
윤희　(코트는 이미 벗어놓고 잠자는 혜림 이마 만지고 혜림 뺨에 제 뺨 대본다)

혜림　(차가와서 흠칫 하며 돌아눕는다)

윤희　?··· (다시 이마 만지며 들어오는 조모 돌아보며)할머니 애 열 있어요.만져 보세요, 열 있어어.

조모 (쭈그리며 손 아이 이마에 대보고)열은 무슨 열이 있어.

윤희 (다시 아이에게 손 뻗히며)있다니까요오.

조모 (그 손 잡아 떼어내면서, 오버랩)아이구 아냐 글쎄.(윤희 손등 벅벅 쓸어주면서)니 손이 차니까 애가 덥지,열 아냐 걱정마.

윤희 (그런가아)? (아이 돌아보며)....

조모 (아이 이마에 다시 손대고)탈 없어.... 됐어.

윤희 많이 보챘어요? 힘드셨어요?

조모 강서방 오니?

윤희 ....(보며)

조모 와서 같이 자구 데리구 뜨라지 왜.

윤희 낼 아침에 올 거에요.

조모 지숙이 년이 사단이다 암튼.고 입 바른 년이 사단야.

윤희 (웃으며 일어난다)저녁 밥 제가 할게 혜림이랑 같이 잠깐 주무세요 네?

조모 (혜림 덮개 아구리 여며주면서)잠은 무슨 죽으면 실투룩 잘 잠.

윤희 (웃어 보이고 나가는데)

조모 어이 뜨건 물부터 마셔둬 아가.

윤희 네에 (웃으며 돌아보는 데서)

S# 어느 호텔 주차장

　주차하고 있는 동우의 소형차.

동우 (주차하고 내려서 차 문 자동으로 잠그면서 호텔 건물 쪽으로 / 무표정한 얼굴)

S# 호텔 현관

동우　(회전문으로 들어오는)·····

　　로비 통과해서 커피숍 쪽으로

S# 커피숍

동우　(들어와서 / 창 쪽에 앉아 페이퍼백 영문 소설 읽고 있는 영주 쪽으로

　　뚜벅뚜벅)

영주　(고개 들어 본다)

동우　(시선 안 맞춘 채 폭 앉는다)

영주　····(보며)

동우　·····(안 보는 채 / 시선 탁자로)

영주　(소설 핸드백 안에 넣고 다시 동우 보는)···

동우　····(그대로)

영주　강동우.

동우　(그대로인 채 시선만 들어 본다)

영주　너 차암 고약하게 군다 응?

동우　····(보며)

영주　핸드폰까지 꺼놓구 뭐하구 다니다 이제야 나타나는 거야.(시계

　　보며)한 시간 십일 분 지각야.

동우　(보며)····

영주　····(보다가) 너 새해 되면서 약속 시간 단 한번두 안 지킨 거 알

　　구나 있니? 번번이 나 뽈 만든 거 알어?

동우　(다가와 물 잔 놓는 종업원에게)커피 주세요.

종업원　(목례하고 아웃)

영주　(종업원 동작과 상관없이)왜 늦었어.

동우　····(보며)

영주 대답 안할래?

동우 잊었었어.

영주 ?.. 약속을?

동우 잊구 싶었어.

영주 그러니까….새해들어쭈욱..번번이 잊구싶었단 말야?

동우 (물 잔 집으며) 그래.

영주 그런데 나타나기는 왜 나타나는 거니?

동우 불만이면 그냥 일어나구 / 나타나지두 말까?

영주 뭐?

동우 (오버랩의 기분 / 물 잔 놓으며)우리 이제 그만 만납시다.(시선 탁자)

영주 ……왜.

동우 성가스러워 (해놓고는 시선 영주로 들며)어차피 끝은 뻔한 거 아냐.여자문제때매 골썩을 만큼 한가한 눔두 아니구 여러가지 /복잡하구 비굴한 생각같은 거 해야하는 것두 자존심상하구……결국 닭 쫓던 개 지붕 쳐다보는 꼴 될 거 뻔한데 시간 낭비할 거 없잖아.

영주 자신 없어?

동우 나혼자 자신있어서 뭐가 되는데.

영주 왜 너 혼자야 나하구 함께지.

동우 (쏘듯이 보며)

영주 내가 싫어?.. 너한테 모자라?… 부족해?

동우 나 여기.. 왜 와 앉아 있어 그럼.(싸늘하게 / 시선은 쏘면서)

영주 그럼 뭐가 문제야.뭐가 문제라 날 골탕먹여 너.

동우 …..(보며)

영주 응-?…. 엉?

28

동우 (씁쓸하게 웃으며)술 취해 비틀거리며 유행가 주절거리구 다니 구 싶지 않아.

영주 안그래. 그렇게 안만들어 내가.(안타까와서)

동우 ....(보며)

영주 동우야.

동우 .....(그대로)

영주 지지난주에 벌써 너랑 결혼한다구 얘기했어.

동우 ?....... (에서)

S# 주차장

주차장으로 걸어오고 있는 동우와 영주

영주 (가볍게) 작은 아버지랑 엄마는 약속한 것처럼 똑같이 니가 우 리 회사 직원이라는 걸 못마땅해해.

동우 당연해.

영주 우리가 어떻게 시작됐는질 모르니까 니가 에스컬레이터루 날 잡은 거라구 생각들 하셔.

동우 ...(그냥 걷는)

영주 (동우 잡아 세우면서)내가 천치 바보니? 날 에스컬레이터루 타 겠다는 남자두 몰라 보게.

동우 .....(영주 그냥 보는)....

영주 (동우 가슴 한쪽 손바닥으로 두드리며)걱정하지 마. 잘 될거야.내 가 알아서 할께.

동우 (오버랩, 조용히) 모욕받기 싫어.이쯤에서 그만 접자구.(하며 몸 트는데)

영주 (탁 잡아 세우며 / 좀 화나서 /언성은 높일 필요 없음)너 나 갖구 싶댔지.나두 너 갖구 싶어.상관할 필요 없어.너랑 나랑 한 침대서 같이 자구 같이 눈뜨기만 함 돼, 알아?(하고는 느닷없이 덤벼들어 동우 입에 제 입 누른다)

동우   (잡으며 입 떼어내며) 왜 이래.

영주   나 너한테 미쳤어.꿍무니 빼지마 괜히.(탁 돌아서 걸으며)말 안 들으면 죽여버릴 거야.니 차 타자. 어딨니.

동우   (영주 쪽 보며 쓴웃음에서)……

S# 지숙의 집 화장실

윤희   (욕조가 아닌 대야에 더운물 넣고 혜림 발가벗겨서 씻기고 있는 중 이다 /자신도 러닝셔츠 바람 /비누질 해주면서 간지럽히는)

혜림   (간지러워하면서 웃어대는)

윤희   혜림이 이렇게 기분 존데 왜 낮에는 할머니 속 썩였어?

혜림   아냐.

윤희   뭐가 아냐, 칭얼칭얼 너 할머니 많이 힘들게 했다든데?

혜림   쬐끔.

윤희   쬐끔 그랬어?

혜림   응, 쬐금 했어.

윤희   왜애?…. 응?.. 왜애?

혜림   몰라.

윤희   몰라?

혜림   응.

윤희   (세워놓고 물 끼얹어주면서)그러지마. 할머니 힘드셔 혜림아.

혜림   할머니 늙은이라?

윤희   ? 그런 말 하는거 아냐.연세가 / 나이가 많으셔서.

혜림   (대야 안에서 발로 퍽퍽 물장난하며)‥

윤희   혜림이 천산데 천사는 착한거지?

혜림   응, 혜림이 천사야.

윤희   그래애 / 근데 칭얼거리는 천사가 어딨어 할머니 고단하시게.
         자 머리감자. 엎드려.

혜림   (알궁둥이 번쩍 들고 엎드리는)

윤희   (이뻐서 궁둥이 톡톡거리다가) <u>으으으으</u> (하면서 엉덩이 살 가볍게
         물어버린다)

혜림   갤갤갤갤

윤희   (아이 답삭 들어 껴안고 목 아래 입 파묻고 흔들면서) <u>으으으으으으으</u>

혜림   깔깔깔깔.

조모   E 어이구어이구 이제 기분이 좋아졌나부네. (밖에서)

윤희   (밖에 대고) 네에 할머니.

S# 마루

조모   이모 들어오나부다 빨리하구 나와.

         이모 들어온다 / 큼직한 헝겊 핸드백과 코트 들어간 비닐봉투.

이모   어이구우우 꽤 춥네 엄마.

조모   이르다아? (빨리 들어왔네)

이모   (안방으로 내달으며) 윤희때매 택시 타잖았겠수.

조모   윤희때매?

이모   (들어가며) 아 지숙이 년이 윤희 적금 탄 거 나한테 픽 집어던지
         구 놀러갔어요. 무서워서 지하철을 못타겠더라구.

조모   잘했다. 그건 잘한거야. (주방으로) 그저 만사는 불여튼튼야.

S# 안방

이모 (벗은 겉옷 적당히 처리하고 /동작 느리지 말 것 /깔개 안에 다리 집어넣으며 앉다가 핸드백 당겨 안에 내용물 꺼낸다. 예금 통장과 백만 원 다발 따로 챙겨놓고 /그날치 수선 수입 이십만 원쯤 꺼내서 펴 가지런히 하기 시작)

조모 (뜨거운 물 한 컵 들고 들어온다)

이모 (들어오는 소리에) 별 일 없었수? 윤희 들어왔지?

조모 별 일은, 들어왔지 그럼.(쭈구리고 앉으며)근데 이게 웬 돈다발 이냐?

이모 (힐끗 돈다발 한번 보고 /손으로는 여전히 자기 돈 챙기면서)세금 갖다바칠 거 아니겠수? (좀 못마땅하다) 뻔할뻔데겠지 뭐.

조모 (한숨 조금 섞어서) 적금 탔으니 또 좀 보태줘야지 어쩨.

이모 아 면사포두 안썼는데

조모 (오버랩의 기분) 시끄럽다,면사포 안썼으면 자식까지 나 났는데 그 집 며느리 아냐?

이모 (오버랩의 기분) 아들은 지 월급 타 다 뭐하구 윤희만

조모 (오버랩) 아 들어어.공연히 늬들 모녀때매 애 일 그르칠까 걱정 태산야.너 풀풀거리지 지숙이년 따따부따지, 존 일 났다. 지숙이년 그러구부터 발 그림자두 안하는구먼.

이모 (투덜거리는) 할 소리 했지 뭐.

조모 ....(딴은 그렇기는 하지만)

이모 아뉴?

조모 그러다 애들 사이나 버그러지면 답답한 사람 누구야아(우리잖 어어 / 달래는)

이모 이백씩이나 갖다줄 거 없잖어.(한 묶음 들어내며)백만 갖다주

래야지

조모 (딸한테서 돈다발 뺏어 도로 놓으며) 놔둬어어 이것아.백이든 이백이든 지가 알아서 하게 그저 아뭇소리 말구 모른척 해.

이모 백만원이 얼마나 큰돈인데에.

조모 쯔쯔쯔쯔. 나는 모른다 얼마나 큰지.

이모 거기 갖다 바칠 돈 있으면 지 코트나 하나 사 입지 빙충이 같은 거 (하며 비닐봉투에서 코트 꺼내 펼치며 /금방 바꿔 신이 나서)이것 좀 봐 엄마.

조모 뭐야.

이모 며칠 전에 방배 빌라 사모님이 수선 맡기러 오면서 옛날에 입던 거라구 고쳐서 입겠으면 입으라구 주구 간 거 내가 윤희 껄루 만들었지?

조모 아이구우우 저런 고마울 데가 으으웅? 아이구 포근하다 웅?

이모 따듯할거야.이게 캐시미어거든 엄마.

큰 타월에 혜림 싸안고 들어오는 윤희.

조모 (돌아보며)너 수지 맞았다.얼른 입어봐 빨리.

윤희 ? …웬 거에요? (혜림 놓으며)

이모 (오버랩의 기분)니 코트 꼴딱서니 뵈기싫어서 백화점서 내가 하나 집어왔다.

윤희 ? 이모오 (산 줄 알고)

이모 깔깔깔, 애 놀래는것 좀 봐 엄마.아냐 거저 생긴 거 수선한 거야.어이 입어봐.

조모 그래 어이 입어봐라 (하는데)

발가벗은 혜림/어른들 얘기하는 동안에 이모 화장대로 가 서서 로션

바르려다가 로션병 떨어뜨린다. 그 소리에 어른들 (함께 돌아보고)

윤희 혜림아아. (에서)

S# 마당(밤)

S# 윤희의 방

윤희 (일박이일 가방 치고는 좀 큰 것 내놓고 짐싸고 있다)이건 할아버지 내복··(넣고 /다른 것)이건 할머니 내보옥? (혜림 앉혀놓고/넣고)요건 우리 혜림이 속옷하구 양마알? (넣고)이건 아빠 속오옷? (넣다가 시계 본다. 혼잣소리)아빠가 왜 전화 안하지?

혜림 엄마가 해.

윤희 그러까? 그래 엄마가 해보자.(전화로 / 다이얼 찍는다)

  E 신호 가는

  F 부재중 녹음.

윤희 (녹음 나오는 동안 딸한테 아직 안 들어오셨다 속삭이고)

  E F 삐이이이. (녹음하라는)

윤희 늦네에? 알았어. 전화해요.(끊고) 아빠는 바쁘시거든(딸 안아 올려 무릎에 앉히며)안졸려?

혜림 아아니?

윤희 (아이 뺨 가볍게 잡아당기면서)다 저녁때 잤으니까 그렇지이.

혜림 엄마 뽀뽀.

윤희 좋아 뽀뽀.

모녀 (입 뾰족하게 내밀고 다가들어 쪽 소리 내는 데서)

S# 자동차 안(밤)

  천천히 다가들고 있는 동우의 얼굴.

영주 ……(동우와 눈 맞추고 있다가 시선이 동우의 입으로 내려가고…이

옥고 눈이 스르르르 감긴다)

동우   (영주 입에 아아주 부드럽게 달콤하게 입 붙이는).....

영주   .....(잠시 그대로 있다가 두 팔이 동우의 머리를 감싸면서 격정적으로 대시하는)

동우   ....(잠시 마주 호응하다가 어느 순간 영주 밀어내면서)그만... 그만해.

영주   ......왜 그래.

동우   .....(차에서 내린다)

영주   ?.....(보고 있다가 차에서 내린다)

S#   자동차 밖(아무 곳이나 한적한 장소)

영주   (내려서 저만큼 가 서 있는 동우 쪽으로 가 선다)...너..왜 번번이 이러는 거야.

동우   (시선은 우울하게 저쪽으로 앞으로)

영주   웅?..... 나 봐. 나 좀 봐.

동우   (고개 돌려 본다)

영주   솔직히 말해...나한테서 나쁜 냄새 나니?

동우   (픽 웃으며 고개 발밑으로)

영주   피하지 마. 나 보라구.

동우   ...(본다)

영주   솔직해두 괜찮아. 왜 그러는 거야.왜 꼭 약올리는 거처럼 그러냔 말야.입에서 나니 코에서 나니.

동우   그런 거 아냐. (나직이)

영주   그럼.

동우   ..더 하면... (고개 앞으로)멈출 수가 없을 거 같아서야.

영주   ?.... (동우 잡아 제 편으로 돌려놓으며)왜 멈춰야 하는데

동우 ....(보며)

영주 왜 멈춰야 하지?

동우 영주는... 수렁같아. 한번 빠지면 헤어날 수 없는 수렁.

영주 ....(보다가 혼자 웃는다)넌 참 묘한 사내야. 사랑한다는 말은...
죽어두 안 해. 대신·· (코 잠깐 찡그리며)다른 말루 날... 들뜨게 해줘.
(돌아보며)그래서 발 끝만 잠깐 집어 넣었다가 질겁을 해서 뽑아
내는 거니?

동우 ··나 살 궁리는 해야잖어.

영주 유행가 주절거리구 다니는 거 안 할려구.

동우 ....(보며 한번 끄덕 한다)

영주 ...(보다가)나는 니가... 참 이뻐...(에서)

S# **지숙의 집 안방**

이모 (소주 따라서 윤희에게)한잔 더 해라.

윤희 (김치에 싼 고구마 입에 넣으면서 손 젓는다)

　　　찐 고구마를 김치와 함께 간식으로 먹고 있는

　　　이모, 조모, 윤희.

이모 (자기가 훌쩍 마시고 내리면서)이 기집애는 왜 이렇게 늦어 이거.

　　　E (오버랩) 현관문 여닫히는 소리.

조모 호랭이 온다.

이모 너니? (밖에 대고)

지숙 E 어어엉.

조모 누구 또 딴 사람 올 물건 있어?

이모 애빌 수두 있잖어. (김치 먹으며)

조모 제삿날이나 온다 그러구 갔는데 뭘.

36

지숙 (들어오며) 으으으으으 춥다아.

이모 (오버랩의 기분) 춘데 뭐하러 오밤중까지 까질러다녀어!

지숙 아이구 울엄마 교양.까질러가 뭐야 까질러가.

이모 무슨 돈벌이 다니는 거야? 까질러두 황송하지.

지숙 (오버랩 묵살하고) 잘 받았어?

윤희 어 받았어. 고맙다.

지숙 오만원 뺐어. (고구마로 손 뻗히며)

윤희 그래 (웃으며)

이모 뭘 빼?

지숙 심부름값.

이모 어이구 어이구 비렁이 간을 빼먹지 거기 왜 손을 대 니가아.

지숙 오만원 아까울 거 없지 엄만.현찰루 이천만원 만들어 들구 내
가 날렀으면 어떻게 되는 거유.

이모 뭐야?

지숙 톡깨놓구 막말루 솔직하게 이천만원 들구 튀구싶은 생각두? /
…(하고는 어른들 눈치 잠깐 보고)들수두 있겠더라 언니.

윤희 (조금 소리내어 웃으며 이해한다는듯 머리 끄덕이고)

이모 어이그 어이그 어이그으으으.인천가서 뭐했어 그래.

지숙 일산 갔댔는데 웬 인천으은?

이모 그래 뭐 했냐구우.

지숙 놀았지?

이모 하루 지인종일 오밤중까지 뭐하구 놀아.

지숙 (서둘러 일어나면서)할머니 안녕히 주무세요.언니 잘자.(하는데)

이모 (지숙 다리깽이 붙잡으면서)뭐하구 놀았냐구우.

지숙 (다리 빼면서) 어이구우우우 지겨워.고스톱 치구 놀았어 왜애.

(하고 나간다)

이모 쯔쯔쯔쯔쯔쯔 (해놓고 금방 바꿔서) 엄마(고스톱 깔개 찾으며)우

리 고스톱 칩시다.

조모 안 고단해?

이모 열판만 치구 잡시다.

S# 윤희의 방

여행가방 머리맡 한옆에 놓고 누워서.

윤희 ……(잠자는 혜림 돌아본다)….(보다가 옆으로 돌아누우며 아이 가볍

게 안고)…….(한동안 그대로 있다가 문득 몸 일으켜 시계 본다)

S# 인서트 — 시계 열한 시 사십이삼 분

S# 윤희의 방

윤희 (일어나서 전화로)…..(다이얼 찍는다)

EF 부재중 소리와 삐이이이

윤희 아직두 안 들어왔어?….무슨 일이 이렇게 바쁜 거야….아무리

늦어두 전화해줘.꼭… 할말이 있어서 그래…..무슨 나쁜 일 있어?..

걱정돼…전화해 응? (끊고 잠깐 그대로 있다가 다시 핸드폰 찍는다)

E 지금은 전화를 받을 수 없으니 메시지를 남겨주십시오. 메시지는 일

번(에서)

S# 영주의 집 골목(밤)

영주의 집 자동 차고 문이 스르르 열리고 영주의 차가 차고로 들어가는

것을 보고 있는 제 차 운전대의 동우…… 자동차 다 집어넣고 난 뒤에 차

고 문 열어놓은 채 차고에서 나와 동우 쪽으로 오는 영주. 동우 내린다.

영주 (마주 서며) …동우야.

동우 …(그저 보는)

영주 너 키스 / ….몇 여자하구 했니.

동우 ….(보며)

영주 (웃으며)너 키스…. 참 잘해…. 아니?

동우 ··몰라.

영주 너 잘해….

동우 영주는 그걸 어떻게 알아.

영주 깔깔, 받아치기니?(동우 가슴에 한 손 대면서)너처럼 달콤한 사
람 없었거든.

동우 …나 몇번짼데.

영주 서른 세번째 깔깔. 잘가, 잘 갔다와.

동우 (끄덕인다)

영주 전화할께.

동우 (오버랩의 기분) 내가 할께.

영주 누가하든.(가볍게 안았다 놓으며) 안녕.

동우 음.

영주 (산뜻하게 돌아서서 느리지 않은 걸음으로 차고로 들어가면서 손 한
번 들어주고 사라진다) 이어서 부드럽게 내려오는 차고 문.

동우 ….(차고 문 다 내려올 때까지 지켜보고 있다가 고개 돌려서 저택의
대문과 높은 옹벽을 보는)…(느리게 자동차로 돌아서는데)

S# 부자 동네를 빠져나오고 있는 동우의 차

S# 차 안의 동우

S# 심야의 서울 시내 번화가를 달리는 동우의 차

S# 윤희의 방

E 울리는 전화벨

윤희 (아이 쪽으로 누워 눈 감고 있다가 화들짝 놀라서 일어나 전화기로)

S# 안방

어둠 속에서

조모 강서방인가부다. (꿍얼꿍얼)

이모 끄으응 (돌아누우며 약간 잠에 취해서)안자구 뭐해요.

조모 고연시리 건드려 놔서는‥ 끌끌.(혼잣소리)

S# 윤희의 방

윤희 (전화) 술먹구 운전 하는거 아니지?(아냐) 술두 안먹으면서 이
시간까지 괴로웠겠다…차 놀 생각하구 쪼끔만 마시지 그랬어 왜.
차는 낼 일찍 가서 찾아두 되잖어…(자다 깼니?) 아냐 아직 안 잤어
‥‥근데 뭐 기분 나뻐?‥(나?) 응, 말소리가 그래.

S# 동우의 차 안

동우 그런거 없어. 피곤해서 그래.꼭 해야할 말이 뭐야.(아냐 나중에
해) 해봐, 뭔데.(별일 아냐 나중에 하자구)하기 싫음 관두구 그럼.

S# 윤희의 방

윤희 남 다 술먹는데 술 안먹구 벌쓰는거 무지 고단해.얼른 들어가
씻구 자.나두 이제 자께. (그래 자라)엉, 나… 사랑하지?

S# 차 안

동우 …(왜 대답 안해?)그 대답 들어본적 있니?(대답하면 누가 죽여?)
쓸데없는 소리 말구 잠이나 자.끊어. (끊는다)

S# 윤희의 방

윤희 ‥‥(끊긴 전화 내려다보며)초지일관야 암튼.(혼자 픽 웃으며 /한결
가벼워진 기분과 동작으로 스탠드 끄고 눕는데서)

S# 오피스텔로 들어오고 있는 동우의 차

S# 오피스텔 주차장

동우   (파킹하는 중)....

S# 승강기 안

동우   (혼자 고개 꺾고 서서)...

S# 승강기 복도

동우   (승강기에서 내려 제 방 쪽으로 / 고개는 여전히 약간 아래로 한 채)
...(주머니에서 키 꺼내 꽂아 돌리려다 말고 후루루루 작은 한숨 내쉬며
돌아서 문짝에 등 기대며)...(고개 약간 위로)....

F.O

S# 지숙의 마루

혜림을 추위로부터 완전 무장해서 앞세워 나오고 있는 윤희.

이모   (가방 들고 이어서 나오며)짐두 있구 애두 있구먼서두 누가 잡어
먹는다니?

조모   (주방에서 마른행주에 손 닦으며 나오며 오버랩의 기분)참아라 좀
참아.먼길 뜨는 애 심정 왜 건드려 또오.

이모   (오버랩의 기분)아 애라두 난짝 집어들고 나가면 좀 좋아.뭐 대
단한 눔이라구 그 정도에 삐져서는 사내 자식이 꼴값을 떨구 있어
증말.

조모   아, 애 들어 그만해.

윤희   (그동안 벌써 아이에게 신발 신기고 있는 중이다)

이모   (아주 작게)싸가지 오백년 읍는 눔.

조모   (주먹으로 딸 쥐어박으며 나무라는)

이모   ...(불만이지만 그쯤 해두고 후딱 바꿔서 혜림에게 달려들며)아이

구우우,내 새끼 얼음 구덩이에 빠져두 끄떡 없겠네에.(궁둥이 턱턱
턱 때리면서)에미는 헐벗구 다녀두 새끼는 둘둘 쌌다 쌌어.

혜림   (신 신겨지면서) 네에.

이모   뭐가 네야 응? 오호호호호.

윤희   (신발 다 신겨 혜림 일으켜 세우면서) 인사 드려야지?

혜림   할머니 안녕히 계세요오.

조모   오냐 잘 잤다 오너라아?

혜림   할머니 안녕히 계세요.

이모   오냐. (가방 들려 하면서)나가자. (하는데)

윤희   (가방 잡으며) 나오지 마세요 이모.

이모   아 어이 나가, 내 들어다 주께.

윤희   나오지 마세요오, 추워요.

이모   ?… 왜 그래. 강서방이 나 보기 싫대?

윤희   이모는 보구 싶어요? (웃으며 / 에서)

S# 동네 골목길

　　모녀 손잡고, 윤희는 가방 들고 핸드백 메고 걸어오고 있다.

윤희   (아이 내려다보고 걸으며)……혜림이 추워?

혜림   아니? (엄마 걸음에 맞출려니 뛴다)

윤희   안 춥지?

혜림   응… (문득) 엄마 추워?

윤희   아아니?

혜림   안춥지?

윤희   응… 좀 천천히 걸으까?

혜림   아빠 어딨어?

윤희　저어기 수퍼 앞에.

혜림　…우리 아빠 자동차 있어.

윤희　그래 있어.

혜림　…우리 아빠 키 커.

윤희　호훗, 그래 맞어.

혜림　…아빠랑 엄마랑 나랑…우리 놀이 공원 갈거야.

윤희　(잠깐 빗금 같은 우울이 스쳤다가)그래 꽃 피구 새 우는 봄 되면.

S# 골목길 2

　　　모녀, 걸어오다 멈춘 상태.

혜림　(숨차서) 해애해애해애…

윤희　미안해, 엄마가 너무 빨리 걸었어.(혜림 해애해애, 가슴 아파져서)
　　　..나쁜 엄마야 그치?

혜림　해애해애해애….

윤희　….(보는)

S# 동네 슈퍼 앞에 세워져 있는 동우의 차

S# 차 안

동우　(핸드폰 중)어 지금 막 나왔어… 잘 잤어.(시선 모녀가 나타날 곳
　　　으로)

S# 영주의 방

영주　(잠옷 차림으로 영은이 내미는 쟁반에서 커피 잔 집어 들며) 땡큐,
　　　잠깐. (해놓고) 엄마 일어나셨니?

영은　언니때매 고민돼서 새벽 두시에 나오셔서 수면제 잡쉈어. 아
　　　직 안 나오셨어.

영주　넌 새벽 두시에 뭐했는데.

영은　비디오 세편 때리느라 세시까지 있었거든.

영주　뭐 볼만한 거 있디?

영은　언니 지금 전화 중야.

영주　아, 여보세요? (해놓고)안 나갈거야?

영은　빵 굴까? (나가며)

영주　난 이따 먹으께. (해놓고)아침은 먹구 출발했니?

S# 동우의 차 안

동우　(시선은 모녀 나타날 곳에 두고)아직 안 먹었어.(아침 먹어야지이, 굶으면 어떡해)적당한 때 먹을테니까 (모녀 보고)

S# 나타나고 있는 모녀 위에

동우　E 걱정마. 잘 지내.여기 교통 엉망야. 끊어. (끊는다)

S# 영주의 방

영주　(끊긴 전화 /어깨 츳썩하고 수화기 놓는다)

S# 슈퍼 앞

혜림　아빠아. (동우에게 엉겨붙는)

동우　(어정쩡한 채) 어, 그래.(윤희가 들고 섰는 가방 빼내며)얼른 태워.

윤희　응.

동우　(가방 뒷자리에 넣고)

윤희　(동시에 아이 뒷자리에 태우면서)한참 기다렸어?

동우　십오분.

윤희　일찍 왔네?

동우　…(대꾸 없이 운전석으로 가다가)뭐해 (안타구)

윤희　응‥ (운전석 옆자리로 오르다가 도로 내리려)

동우　왜.

44

윤희   혜림이 안전벨트

동우   (오버랩) 괜찮아. 상관없어. (운전대로 오르고)

윤희   잘 있었냐는 말두 안해?(타면서 작게 / 아이한테)

동우   혜림이 잘 있었니?

혜림   ….(창밖의 풍경에 관심)

동우   (잠깐 돌아보고 출발시키고)

윤희   (동우와 함께 돌아보며)혜림이 뭐해… 혜림아.

혜림   응? (돌아보는)

윤희   뭐해.아빠가 잘 있었냐 그러는데?

혜림   네에에. (하고 다시 창으로)

윤희   …(그런 딸 보다가 동우 옆얼굴 보며 변명처럼)집에만 있으니까
        어쩌다 나오면 저래. (좀 눈치 보듯)

동우   …..(뚝뚝한 채)

윤희   ….잠 잘 못잤어?

동우   (잠깐 보고) 아니.

윤희   …꺼칠해.

동우   …..

윤희   (웃으면서) 혜림이가 내걸음 따라오다 숨차서 해애해애해애
        (하는데)

혜림   (느닷없이 뒤에서 동우의 목 콱 껴안으며) 아빠!

동우   (운전하다 기습당한 것처럼 잠깐 흠칫하고)

윤희   (놀라서) 안돼애, 혜림아.아빠 운전하는데 그럼 큰 일 나.사고난
        단 말야.

혜림   (무안해서 엄마 보며 뿌우우우)

윤희 놀랬잖어. 아빠두 놀랬단 말야.

혜림 아아아아아아앙 (울음 터뜨려버리고)

윤희 어머나? 왜 울어? 무안했어? 잠깐. (뒷좌석으로 넘어가며) 혜림아 울지마. 야단친 거 아냐. 울지마. 울지마, 응?

혜림 (상관없이 섧게 목 놓아 울고)

윤희 (달래느라 애쓰는데)

동우 (운전하며 돌 거 같다)……

S# 시외버스 터미널 대합실

　　버스 출발 기다리고 있는 사람, 사람들. 그 속에

동우 ….(의자에 앉아 혜림 무릎에 앉혀놓고 /혜림은 아빠 얼굴을 주무르고 있고 /그냥 맡겨놓은 채 아이에게 시선 고정하고 보며)….

혜림 아빠. (괜히)

동우 …그래.

혜림 아빠.

동우 ….(보며)

혜림 압빠아아아.

동우 왜 그래.

혜림 아빠아빠아빠아빠아아.

윤희 (커피 사들고 오다가 저만큼 멈춰 서서 보는)……

혜림 아빠. (윤희의 시각에서)

동우 (혜림 내려놓는다 / 윤희 시각)..

혜림 (동우 무릎으로 다시 기어오르며) 아빠아빠아빠아! (윤희 시각)

윤희 (부녀 쪽으로) 혜림아, 내려와. 아빠 커피 마시게, 응?

혜림 (엄마 보며 기어오르던 것 그만두고)

46

윤희 (커피 동우 주고 /혜림에게는 핫도그 하나 주고 동우 옆에 앉으며 한 모금 마시고 동우 본다)·····

동우 (마시며)····

윤희 (핫도그 한 입 베어 물고 괜히 팔짝 뛰고, 한 입 베어 물고 팔짝팔짝 뛰는 아이 보다가)···흥분 상태야.(웃으며) 집에선 안 저래.

동우 ·····(마시며)

윤희 ····(보다가) 혹시····회사에서 뭐··· 잘못한 거 있어?

동우 ? (돌아본다)···

윤희 아니 이, 그렇대두 이상하긴 마찬가지지만··어제 회장님이 자기 인사기록카드 챙기셔서 갖다 드렸거든?

동우 ····(보며)

윤희 무슨 일야. 짐작가는 거 없어?

동우 ···아니, (시선 피하며)

윤희 특진하게 돼두 회장님까지 그러시는 건 없구 /또 뭐 실수래두··· 이상하잖어.

동우 ····(그냥 마시는)

윤희 응?··· 뭐 짐작가는 거 없어?

동우 ···아니.

윤희 ··(보다가 웃으면서)별 상상 다했어. 왜 당신 과외했던 그 댁 있잖어, 최근에 장관 되신 분··· 혹시 그분이 어디서 회장님 만나··당신 얘길 좋게 해주셨나아···(동우 보며)·· 뭐까?

동우 (여전히 안 보는 채) 글쎄···

윤희 잘못한 거 없음 존 일이겠지 뭐. 어쨌든 회장님 관심을 샀다는 건. 그치?

동우   (일어나며) 화장실 갔다올께.

윤희   (올려다보며 끄덕이며) 갔다와.

동우   (화장실 쪽으로)

혜림   아빠아 (하고 따라붙는다)

윤희   (잡으며) 아냐, 혜림아.화장실 가시는 거야.이리 와. 나랑 있어.

    (혜림 앞에 안고 화장실로 가고 있는 동우 뒷모습 보며)……

S# 달리고 있는 시외버스 안

동우   (팔짱 끼고 자고 있고)

윤희   (자는 혜림 안고 자는 동우 보고 있는)…………

S# 달리는 시외버스

S# 소양호를 건너가고 있는 배

    세 식구와 동우를 몰라볼 정도의 연령 승객 너덧. 다른 승객들, 각자 자
    기들 얘기 자유롭게 하고 있고.

동우   ……(묵묵히)

윤희   (혜림 앞에 세워 안고 /털모자로 귀까지 덮어놓고)….(가만히 동우
    보고 있다)….

동우   ……

윤희   ……(보다가)….(가만히 한 팔로 동우 어깨 안고 기대듯 한다)

동우   ….(내려다본다)…..

윤희   (올려다보며 눈물이 크렁….가만히 속삭인다) 당신.. 사랑해..정말
    사랑해.

동우   ……..(윤희 보며)

제2회

S# 소양호 풍경에서 마을로⋯(저녁 무렵)

S# 동우의 親家 마당

동숙 (17, 8세 / 감자전과 김치, 윤희가 사 온 홍시감 두 개, 사과 한 알 안
깎은 채 플라스틱 바가지에 넣어 /작은 상 들고 부엌에서 부지런히 나와
마루로 올라가는데 마루 끝에 기대어놓은 아버지의 조잡한 지팡이가 미
끄러져 바닥으로 떨어진다)⋯(상 놓고 지팡이 집어 올리는 데서)

S# 노인들 방

모친 (동우, 윤희, 동우 부모 / 한 다리는 뻗정다리처럼 길게 펴놓고 앉아
끌어안은 혜림 머리 만지면서 아무도 안 보는 채/ 비관적인 사람은 아니
다. 담담하게) 밥먹구 살면 됐지 더 큰 욕심 읍다.그저⋯ 늬 아부지가
(남편 돌아보며)그래두 저만저만한게 다행이구⋯올해는 송이두 별
루못했어.(방바닥 보고 있는 동우 위에)

모친 E (동숙이 들어오는 소리와 상관없이) 아부지가 저러니 뭐 재간
있어야지.

한쪽에 약간의 풍이 와 있는 아버지

윤희 (동숙 들어오는 소리에 얼른 일어나 상 받아 놓으며 오버랩의 기분)
그래두 추석 때보다 훨씬 좋아보이세요.

  동숙은 상 넘겨주자 곧장 엄마 무릎의 혜림 / 당겨 제가 안으며

동숙 혜림아 이리와 이리와 많이 컸네에? (수줍은 성격)

모친 많이 컸어. (흐뭇해서)

윤희 (썰어진 감자전 / 젓가락 집어 내밀며) 아버님?

부친 (우두커니 방바닥만 내려다보고 있다가 고개 흔들며) 생각… 읍
서.(어눌한 말투)

모친 (자기 보는 윤희와 상관없이)느이들이나 먹어.원 빵쪼가리들 먹
구 배가 얼마나 고파.(상 조금 밀어내며)어이 입맛 좀 다셔… 애비
야.(먹으라는 소리)

동우 고기는 좀 잡혀요? (아버지 보며)

모친 그물질 할 사람이 있어야지.

동우 (모친 쪽 본다)…

모친 (손 뻗혀 홍시 하나 집어 껍질 벗기면서)…‥

동우 동철이… 안해요?

부친 동‥ 동철이 읍서.

모친 (남편 쪽으로 홍시 내밀면서 /아들은 안 보는 채)그 눔 나간지가 석
달이야.

동우 ….(그대로 / 윤희 동우 보고)

모친 E 자구 일어났더니 읍더라.

동우 ….(김 샜다가) 소식 없어요?

동숙 (괜히 기죽어서 오버랩의 기분)울산… 무슨 공장에서 운전한다구
‥사십만원씩

동숙   E (동숙 보는 동우 위에) 두번.. 왔어요.

동우   (눈 잠깐 감았다 뜨면서) 무슨 공장인데.

동숙   ..말 안해요.

동우   (시선 비키며 어금니에 조금 힘이 들어가는)....

윤희   (눈치 보듯 동우 보는데)...

혜림은 그저 이 사람 저 사람 말하는 사람 입을 따라 얼굴과 시선 움직이고 있고

모친   E 밥은 먹어... (홍시 먹다가 흘린 남편 앞자락 닦으며) 늬들 보내는 것두 있구...

동우   (약간의 짜증) 엄마는 전혀 /차도 없어요?

모친   응?.. 으응. (뻗정다리 만지면서)...병원가 물 빼주면 사나흘은 부드러웠다가 물 차면 도루 제턱이구...

동우   (방바닥 제 옆에 벗어두었던 겉옷 집어 들고 불끈 일어나 나간다)

동숙   (괜히 눈치 보여 일어나고)

윤희   (엉거주춤 일어나는데)

동우   E 동순이랑은 안온다니? (닫힌 문 밖에서)

동숙   (방문으로 가며) 못..(아버지 잠깐 돌아보고) 온대요..형편이 안되나봐. (괜히 제 죄인 것 같다 / 그래도) 삼만원씩 부쳐왔어요.

S# 마루

동우   ...(바지 주머니에 두 손 찌르고 고개 안방으로 돌리고 섰다가)...(픽 돌아서 건넌방으로)

S# 건넌방

동우   (들어와 들고 들어온 옷 주머니 뒤져 담배 꺼내 물고 옷은 아무렇게나 던져놓고 픽 벽을 등지고 두 다리 벌려 세우고 앉아 불붙여 문다)....

(무표정한 얼굴로 시선은 저만큼 앞 벽으로 보내고)…푸우우우…. (내뿜는데)

윤희 (제 겉옷과 딸아이 겉옷 들고 들어와 서서)…(잠깐 보고는 동우 옷 집어 들어 먼저 걸고)…(잠깐 돌아보고)…(아이 옷 걸고 제 옷도 걸고)…(보며)

동우 ….(담배 태우는)….

윤희 (까슬한 재털이 시선으로 찾아서 집어 옆에 놓아주고 핸드백 당겨서 이백만 원 다발이 들어 있는 봉지 꺼내 놓으며) 아버님 드려.(작은 소리로)

동우 (윤희 본다)

윤희 생활비 아니라구‥당신이 만들었다 그래.

동우 집어 너.(외면하며 나직이, 뚝뚝하게)

윤희 왜애.

동우 놔둬.

윤희 ….(왜 그러는거야)

동우 언발에 오줌 누기야.너 그거 몇년 쥐어짜서 만든거잖아.

윤희 이거 드려두 큰거 두장 살아있어.채워넣을 거 있단 말야.

동우 그 정도루 해결되는게 아냐 글쎄‥괜히…. 생색두 없이 그러지 말구 니 실속이나 차려.(하며 담배 꽉꽉 끈다)

윤희 제발 존 얼굴 좀 해.왜 그래 사람이.꼭 오기 싫은거 어거지루 온 사람처럼 있는대루 퉁퉁 부어서는.아버님 어머님 뵙기 민망해 죽겠어 그냥 번번이.

동우 (오버랩의 기분)그러니까 오기 싫다는 사람 왜 끌구 와 번번이. (안 보는 채)

윤희 생신인데 어떻게 안와. (보며)

동우 밸빠진 놈 아니면 존 얼굴 돼?….(혼잣소리처럼) 환장하겠는걸.

52

윤희 ·····(보며)

동우 ·····(안 보는 채)

윤희 ·····가슴아픈 걸 왜 꼭 화나구 짜증난 걸루 표현해애·····어머님 아버님 아가씨 모두 무슨···당신한테 죄인···· 아니잖어.

동우 ·····

윤희 그러지마···· 부탁해 응?

동우 ·····

윤희 응? 혜림아빠 (하며 팔 잡으려는데)

동우 (팔 좀 피하듯 하고) 너는··(돌아본다)··· (시선 박은 채)지치지두 않니?

윤희 이제 다 끝났는데 뭐(밝고 맑게 웃으며)? 우리 합치면 이제부터 적금나가는 것두 없구 여기 생활비 더 보내드리면서두 우리 세식구 (하는데)

동우 (오버랩의 기분) 나 안만났으면 넌··· 지금쯤 확실한 통장 하나 들 구 부잘거다.

윤희 (오버랩의 기분 / 풋 웃으며)저금통장은 들구 있을지 모르지만 그 대신 나한테 당신하구 혜림이는 없잖아.

윤희 ···(나가는 동우 보며)어디 가?·····

동우 (그냥 문 닫는다)····

윤희 ·····(아유 참 성격두 못말려 하는 얼굴 만들어 보이면서 두루말이 화 장지 좀 떼어내서 재털이 비워 휴지통에 넣는다)

S# 소양댐 주변(땅거미거나 직전이거나)

윤희 (동우의 코트 팔에 걸치고 /자신도 코트 단추는 푼 채 /부지런히 큰 보폭으로 동우를 찾아서)·····

[댐의 물 풍경이 화면을 가로지르면서 그 가로지름 선을 윤희가 횡단하는 구도가 어떨런지… 윤희의 움직임으로 화면 한쪽 바깥에 있던 동우의 모습이 화면 안으로 들어오게 되고…. 이윽고 동우 옆으로 다가서고 있는 윤희]

동우 (발소리에 돌아보고)

윤희 (와이셔츠에 스웨터 바람으로 담배 태우고 있는 동우 옆이 되면서 벌써 코트 벌려 대면서)….

동우 (보며)….

윤희 (동우 손가락의 담배 뽑아 제 입에 물고 코트 들이댄다)

동우 (시선 피하며 입는다)…(코트 입고 윤희 입의 담배 빼내면서 외면한 채) 너는 날 만나서 하나두 좋은 게 없었어.

윤희 다 좋은 거였어.

동우 …..(호수 보며 담배 빨아들여 푸우우 내뿜으며)군대갈 때·· 끝냈어야 했어.

윤희 ….(옆으로 서서 보며)

동우 혜림이두 …안 낳았어야 했구.

윤희 ?…. (좀 화나는)안 그래두 애한테 미안한데··왜 또 그러는 거야.

동우 (혼잣소리처럼) 맹꽁인데는 정말 앞발뒷발 다 들었으니까.

윤희 (보며) 태어날려구 생긴 애한테 어떻게 그런 짓을 해.벌받아.

동우 (안 보는 채 / 퉁명스레)무슨 벌을 받아.다들 잘만 사는데.

윤희 …..(보며)

동우 전부 다 엉망이야. 다.

윤희 ….(보다가) 뭐가…… (달래는)결혼하면 다 해결인데 뭘 그렇게 짐스러 해 새삼스레.

동우 ⋯⋯(물 보는 채)

윤희 (울먹해져서) 얘기했잖아.당신 죽이구 애 죽이구 두사람 죽이는 거 같아서 무서웠다구우. (끝은 울음)

동우 (잠깐 힐끗 보고 도로 물로 시선)⋯⋯

윤희 (눈 내리고 서러워져서 입 꼭 다물고)⋯⋯(눈물이 툭툭툭 떨어지기 시작한다)⋯⋯(손끝으로 눈물 닦아내면서)피임 실패한 건⋯ 내 잘못야⋯그렇지만 혜림이 부담스러워하는 거⋯섭섭해.

동우 ⋯⋯(눈 잠깐 감았다 뜨면서 조금은 누어진다)⋯⋯(윤희에게 돌아서며 잠깐윤희 어깨 건드리고 걷기 시작한다)⋯

윤희 ⋯⋯(보면서)⋯⋯⋯

S# 움직이고 있는 백화점 에스컬레이터(내려가는)

영주 (쇼핑 보따리 잔뜩 양손에 든 영은은 뒷 계단에 /핸드폰 찍고 있다) 영은은 그저 보고 있고

　　　E F 핸드폰 벨가는 소리 한 번 (소리) 가입자가 스위치를 끈 상태거나 (에서)

영주 (핸드폰 탁 접어버리며 뒤의 영은 돌아보고)통화가 안되는 지역에 있습니다.(흉내내고 / 전화) 죽여논 거야.약올리는 덴 뭐 있으니까 암튼.

영은 약 잘 올려서 좋아해?

영주 ?⋯어떻게 알았니? 갤갤, 맞어.우리 커피 마시구 시계 구경 하자.

영은 약올리는 거 잘 하구 또 뭐 잘해?

영주 으으웅 뭐 잘하더라? (에스컬레이터 내린다)

영은 (내리며) 재미있어?난 재밌는 사람 좋더라.

영주 눈 맞추면 짜르르르르 해.

영은 빈속에 소주 마신 거 같애? 손발에 힘 하아나두 없이 연체동물

되거 같은 거?

영주 우후후후후, 너 잘 안다아? 깔깔깔.

S# 동우의 안방

윤희 (두리반과 기본 반찬은 이미 펴져 있고 / 윤희 밥상에 큰 반찬들 들고

들어온다)

모친 (뻘정다리로 서서 받으려는)

윤희 아니에요 어머니. 그냥 계세요 제가 할께요.

모친 무거울텐데에..

윤희 아니에요, 괜찮아요. (상 두리반 옆에 놓고 음식들 두리반으로 / 밥

과 국도 이 인분) ·····(그러면서 잠깐 동우 보면)

동우 (방바닥 보면서 묵묵히 앉아 있다) 혜림은 서서 밥상에 뭐가 있나

살피는 중이고

동숙 (쟁반에 삼인분 밥과 국그릇 들고 들어온다)

두 여자 밥상 차리기 끝내고.

모친 자아아아 밥 먹자. 앉어라..여보 밥 먹자구요.

부친 ····(묵묵히 숟가락 든다)···

모친 애비야. (먹어라)

동우 ····(수저 들고)

윤희와 동숙도 앉는다. 무거운 침묵 속에서 저녁 먹기 시작하는······

윤희 ····(혜림이 시중 들면서···동우 눈치 보는)····이이가 ···돈 좀 만들어

왔어요 어머님.

동우 (윤희 잠깐 본다)

윤희 (동우와 눈 잠깐 맞추고) 아버님··· 약두 해드시구··어머님 병원에

56

두 계속… 다니세요…

모친 늬들두 어려울텐데 무슨……(영감에게) 들으셨수?

부친 …(그냥 먹는 / 식욕은 좋다)…

동우 ….(멈추었던 식욕 없는 숟가락질 다시 하면서)….

S# 마당(보름달 밤)

윤희 (요강 부시고 있다. 깨끗하게 싹싹싹 닦아서 몇 번이고 물로 헹궈내
는…다 닦은 요강 들고 마루 끝으로 가서 걸레로 물기 훔쳐서 안방 방문
앞에 놓으며)어머님.

모친 E 오냐 그래……

모친 (잠깐 있다가 방문 열고 요강 잡으며)고단할텐데 그만 자려무나.

윤희 예, 안녕히 주무세요.

모친 (그냥 문 닫으며)

윤희 (돌아선다)

S# 동우의 방

동우 (혜림이는 잠들어 있고 /누워서 한 손등 눈 위에 올려놓고 누워서)··
….

윤희 (들어온다 / 마른 수건으로 손 닦고 혜림이 덮은 것 여며주고 내리닫
이면 잠옷 위에 입었던 스웨터 벗어놓고)·· 불 꺼두 되지?

동우 ….

윤희 자?

동우 꺼. (하며 돌아눕는다)

윤희 (불 끄고 / 달빛 / 동우 이불 속으로 들어가며 한 팔 돌아누운 동우의
팔에 얹으면서)……이렇게 자는 거….너무 오랜만야.

동우 …

윤희 바루 누워. (부드럽게 제치려 하며)등보이지 말구.

동우 놔둬.

윤희 …그냥 돌아만 누란 거야…그것두 싫어?..얘기나 좀 하자구 응?
(직신거리며)

동우 (별수 없이 천장으로 돌아눕는다)

윤희 (가슴에 손 얹으면서)숨을 크게 쉬어봐.후우우우우 후우우우우
우…그럼 답답한 거 좀 뚫릴거야… 응?….말 좀 들어라 꼭 소가지 나
쁜 머슴 심통부리는 것처럼 그러지 말구..우리 할머니 잘 쓰시는
말야.

동우 (눈 감는다)..

윤희 …나 요즘… 허전해..

동우 ..(눈 뜨며)….

윤희 당신 날마다 늦구…길게 같이 있어본 게 언젠지..생각두 안날
지경이야.

동우 (고개 윤희 쪽으로 돌려 보는)…

윤희 (가슴에 얹었던 손 동우의 뺨으로 올리면서 좀 다가들며) 안 안아줘?

동우 ….

윤희 응?

동우 (윤희 쪽으로 돌아누우며 안아주며 얼굴은 딴생각)….

S# 아래층 거실

영주 (이미 좀 올라 있다, 거칠게 티브이 리모컨 집어 들면서)엄마 자꾸
이럼 나 신경질나.(티브이 스위치 넣고/밤 열한 시경. 케이블 티브이 채
널까지 포함해서)… (채널 계속 바꾸다)나 엄마가 꿈꾸는 결혼 못
해.현실을 제대루 알라구요.

이여사   왜 못해.

영주   (탁 보며)정말 까맣게 잊구 사는 거에요 잊은 척하는 거에요. 우린(영은이 같이 앉아 있다)법적으루 정당한 관계 출생이 아니잖아. (좀 날카로와지며)

이여사   …(보며 다소 충격이다)

영주   (시선 티브이로 / 채널 돌리며)이말을 꼭 내입으루 해야 해요?(혼잣소리처럼)

이여사   누가 알아.

영주   엄마만 빼구 다 알아요.

이여사   (몸 일으켜 영주가 들고 있는 리모컨 뺏어 꺼버린다)

영주   (발딱 일어난다)

이여사   (리모컨 탁자에 던지듯 놓으며)앉아 얘기 아직 안 끝났어.

영주   …(보다가 도로 앉는다)

영은   (시선 내리고 앉아 있고)…

이여사   나 늬 아버지하구 삼십오년을 살았어.그중에 삼십년은 파티며 공식 행사에두 다 내가 나갔구 손님 초대 호스테스두 평생 내가 했어.아부지 병간호두 나혼자 다 했구 늬아버지 내손 잡구 세상 뜨셨어.법적인 정당함이 뭐가 그리 대단해.(격앙되려는 감정 누르면서 교양을 잃지 않으려고 애쓰는)

영주   (다시 도전적 /그러나 흥분할 필요는 없고)그럼 질문있어요.그렇게 대단한 게 아님 엄만 왜 아버지한테 지치지두 않구 호적정릴 요구했어요.돌아가시기 직전까지두.

이여사   …(잠깐 말문 막혔다가)대, 대단해서가 아니라 처리할 수 있는 일을 안하구 있으니까 (남아 있다)

영주 (오버랩의 기분)처리할 수 있는 일을 아버지가 왜 안하셨을 거 같아. 한 귀퉁이 양심이구 죄의식이었을 거에요.

영은 (아무도 안 보는 채 오버랩의 기분)그만함 안돼?

영주 (오버랩의 기분) 엄마만 그게 없어요.(일어서며) 우리 다 멍들구 상처 입으면서 자라는 동안 엄만 아무 상관없이

영주 E (영주 보는 영은 위에)아버지랑 파티 다니구 여행다니며 잘 지냈어.

영주 (연결)그리구 이제 또 아아무 상관없이 내가 선택한 남자가 불만인 거에요. 그렇죠?

이여사 ..(딸 보며)

영주 꿈 깨라구요. (분하고 슬퍼져서)손가락질 하구 비웃는 거 너무 많이 당했어. 우리가 어떤 취급을 받으면서 살았는지 엄만 몰라. 아버지 붙잡아 두는 거 외엔 아아무 관심없는 사람이었으니까. 엄만 우리한테 정말 미안해야 해요.

영은 (오버랩의 기분) 언니 (이제 그만해)

영주 착각하지 말아요. 까마귀는 까마귀야. 흰칠하구 백존 척해두 까마귄 거 다 알아요.

영은 (오버랩의 기분)이제 그만해 정말. (좀 화내는)

영주 (오버랩의 기분)내가 좋아하구 나좋아하면 그걸루 끝이에요. 욕심 그만부려요. 가당치두 않아요.(하며 이 층 쪽으로 돌아서는데)

이여사 나는 내 인생이 마음에 드는 줄 아니? (안 보는 채)

영주 엄마가 선택했잖아요. (돌아보며)

이여사 (한 손 이마로 올리며)....

영주 손해본 것두 별루 없구요. 손핸… 우리가 엄청나죠.

이여사   (손 떼며) 늬들이 손해가 뭐야.원하는 건 뭐든지 다 가지구 하
         구싶은 거 뭐든지 하면서 누릴거 다 누리는데 손해가 뭐야 대체!
         (여태까지의 교양과는 다르게)

영주   (오히려 차분해져서)돈이면 다에요?…(목 메면서)엄마 난 우리
         가 산동네서 밥만 간신히 먹구살어두…누구 앞에서두/잠 자면서
         두 떳떳하기/정말 소원이었어.

이여사   (불끈 일어나 딸 보며) 너 이상 잘난 척 하는 인물이 어딨는데 그
         딴 소리야!

영주   (더 차분하게)그 오기 없었으면 나…술집으루 나갔을 거야.

이여사   ….(더 대꾸할 말이 없이 떨리기만 하고)

영주   (그냥 돌아서 빠르게 뛰듯이 이 층 계단으로 아웃 된다)

이여사   ….(보다가 부르르르 이 층으로)

영은   (빠르게 쫓아서 잡는다) 엄마아.

이여사   늬 아부지 탈상두 아직 안했다.죽자구 키워놨더니 즈 아부
         지 탈상두 하기 전에 나한테‥ 이래.

영은   엄마아. 엄마가 참으세요오.

S# 영주의 방
영주   (다소 거칠게 들어와 방문 소리 나게 닫고 연결로 침대로 퍽 하고 던
         지듯 천장 보는 자세로 / 입 꽉 다물고)……

S# 안방
이여사   (자기 방으로 움직이는 중)‥

영은   (보며)…(두 걸음쯤 처져서 따르고)

이여사   내가‥ 뭘 그렇게 잘못했니.(눈 감고)나두 팔짜구 늬들두 팔
         짠 거야.…(영은은 그저 바닥 내려다볼 뿐)‥내가 애 안썼니? 늬들때

매…기어이 해결을 볼려구 평생을 몸부림 쳤는데두‥끝내 안된 걸 어떡해…저두 빤히 알면서 어떻게 나한테 저래. (들어간다)

영은 (따라 들어가고)

S# 이여사의 침실

이여사 (들어와 침대에 걸터앉으며 /고개는 아래로)

영은 (그 앞에 선 채)뭐하러 벌집을 건드려요. 할말은 한다르을.

이여사 (그대로) 저 위해서야.

영은 …(보다가)정말 좋은가봐…서루 좋아서 하겠다는데 왜 말려어‥ 응?… 네?

이여사 …

S# 영주의 방

영주 (화장대 앞에서 휴지통 갖다놓고 코 팽팽 풀며 울고 있다)…(문득 화장대 위에 있는 휴대폰 집어 찍는다)…(기다렸다가 퍽 접어 침대로 던지면서) 망할 자식.

F.O

S# 영주의 주방

이여사 (식탁에 차분히 그림처럼 앉아서)…(간밤의 일로 기분은 죽이다)

영은 (식탁 차리는 가정부 도와 이것저것 만지면서 엄마 보면서)…

영주 (아무 일도 없었던 듯 가볍게 들어오며)굿모닝, 아줌마 잘 주무셨어요?

여자 예에.

영주 (앉으면서)날씨가 유리처럼 투명하네. 춘가?(누구에게라고 할 것 없이)

영은 (앉으며) 별루 안춰. 영하4도야.

영주 잘 못주무셨어요? (엄마에게)

이여사 (대꾸 없이 수저 든다)…

영주 너하구 말 안한다? 흐홋…(수저 들면서 웃음기 없이)하지만 인정할건 인정해요.

이여사 ….

영주 엄만 다분히 자기가 원하는대루 생각하구 싶어하는 사람이라 환상이 있을 수 있지만 난 그런거 없어요.적나라한 실상에 대해서

이여사 (오버랩의 기분) 아줌마.

여자 ? 네 사모님. (물 쓰다가)

이여사 식사 중엔 아무 소리두 내지 말라 그랬잖아요.

여자 예에. (물 끄고 화면에서 아웃된다)…

이여사 ….(차분하게 먹는)

영주 (아웃되는 아줌마 쪽 잠깐 보고 식탁으로 고개 돌리며)자꾸 내 딴지 걸면 나 쏟아놀 말 많아요.

이여사 ? (보는)

영주 (동치미 국물 뜨면서)엄마만 한 있는거 아니에요….(국물 마신다)

이여사 못된것.. (나직이)

영주 (아무렇지도 않게)엄마 닮지 않았수? (안 보는 채 /동치미 무 떠 입에 넣는다)

이여사 ….(딸 쏘아보는)

영주 (상관없이 무 씹는)…

S# 동우 생가 배 타러 가는 길(화면 왼쪽에서 오른쪽으로 움직이고 있는 사람들)

부친 (지팡이 짚고 비척거리며 따라오고/모친은 뻗정다리로 남편 뒤에 따라오고/ 동숙도 배웅 나온다)

윤희 (가방 들고 시어머니 걸음 보조 맞춰 따라오고)

동우 (맨 앞에 혜림 안고 스적스적 가고 있는)…

S# 같은 길

동우 (걸어오고 있는 저 뒤에서)

모친 그저 무슨 일이 있어두 금년 봄에는 면사포 쓰거라.

윤희 네에.

모친 어찌됐거나 밥은 먹울테니까 이제 우리 걱정 접어두구 알았니?

윤희 네, 이제 들어가세요 어머님.(해놓고 바로 앞의 시부 잡으며)아 버님 이제 그만 나오세요.바람 차요. 들어가세요, 네?

동우 (윤희의 "아버님"에서 멈추고 돌아본다 /부친은 상관없이 계속 움 직이고 있고)

모친 (잠깐 멈췄다가 도로 걸으며)말 안들으신다. 어이 가자.

윤희 감기 드세요오.그만 들어가세요 어머님.

모친 아 괜찮어.천한 몸뚱이는 감기두 싫단다.어이 가자.

　　　다시 걷기 시작하는 동우와 일행….

S# 선착장

　　　출발하고 있는 배. 움직이는 배에서

동우 (말없이 부모 쪽 보고 있고)…

윤희 (동우의 옆에서) 안녕히 계세요오.

모친 오냐 오냐. 잘 가거라. (이 위에)

윤희 E 아버님 모시구 병원에 꼭 다니세요 어머님임.

모친 오냐 오냐아!

윤희 혜림아, 할아버지 할머니 빠이빠이 해야지?

혜림 (손 흔들며) 빠이빠이이이이이

모친   E 오오냐 또 오너라 내새끼이..

윤희   아가씨 서울 오세요오.

동우   (오버랩의 기분)이제 그만 들어가세요! (화난 사람처럼)

모친   (꽤 멀어져서)끼니 걸르지 말구 몸 조심해라아아…고맙다… 고
       맙다으으웅?(괜히 바쁘게 손 흔들어대면서)

       배의 속도에 따라 멀어지는 가족들…

S# 시간 경과/아주아주 멀어진 가족들/ 배에서 보는 /

S# 배 안…

윤희   (그쪽에 시선 주고 있다가 콧날이 시큰해지면서 동우 돌아보면)

동우   (혜림이 다리 사이에 넣고 등 돌리고 앉아 있다)…

윤희   ….아직두 계셔….손 한번 흔들어드려.

동우   니가 하잖어.

윤희   ..(동우 보다가 손 크게 흔든다)..

동우   …..

S# 돌아오는 시외버스 안

윤희   (피곤해서 혜림 안고 곯아떨어져 흔들리고 있고/동우 어깨에 머리
       대고)…..(혜림도 잔다)

동우   (앞 의자 등받이에 시선 고정하고)…

윤희   (자는)……

동우   ….(그대로 있다가 고개 틀어 자는 윤희를 본다)…(보다가 안됐어져서
       혜림이 빼낸다)

윤희   ? 엉?… 왜.

동우   (혜림 안으며)….

윤희   고마워.(웃으며 편안하게 기대면서 다시 잠으로)….

S# 달리는 시외버스

S# 헬스 수영장

영주 (휴대폰 통화 시도)

E F 가입자가 스위치를 끈 상태거나

영주 (핸드폰 탁 접으면서)뭐하는 거야 애. (에서)

S# 윤희 동네 골목 / 슈퍼마켓 근처(오후)

들어온 동우의 차 슈퍼 앞에서 멎고

동우 (앞 창 보며)····

윤희 잠깐 안 들어갈래?

동우 ····(앞 보며)

윤희 할머니 보구 싶어하셔····싫음 관두구.

동우 들어가 쉬어.(차에서 내리며) 피곤하잖어.

윤희 알았어.(운전대 옆자리에서 내린다)

S# 차 밖

각각 동우는 가방 내리고 윤희는 혜림 챙기는

윤희 혜림아 내려, 다왔어. 집에 가자.

혜림 (내리면서) 아빠는 회사 가?

윤희 응··· (동우에게서 가방 받아들고)목욕하구 들어가 쉬어 그럼.전
화 안하께.

동우 들어가.

윤희 아빠 안녕해.

혜림 아빠 안뇽.

동우 안녕.

모녀 (집 쪽으로 움직이는)···

동우   …(보며)

윤희   (잠깐 돌아보며) 빨리 가아.

동우   …(자동차로 오른다)

　　　　차 돌리는 동우.

모녀   (보고 서서)…

S# **골목을 빠져나가고 있는 동우의 차**

S# **집으로 가는 골목길**

혜림   (요즘 만화영화 주제가나 혹은 동요를)(선곡 자유 / 뽀뽀뽀든지)(숨
　　　　차하면서 토막토막 부르면서 엄마 손잡고 따라오는)…

윤희   (미소로 딸 보면서 걷다가)…(마지막 소절 같이 불러주고)입으루
　　　　찬바람 들어가는데 노래하지 말구 입 꼭 다물구 가는 게 어때?

혜림   감기 들어?

윤희   그래.

혜림   감기들면 아야아 해?

윤희   그래.

혜림   알았어, 엄마엄마 봐(멈추고 엄마 올려다보며 입 꼭 다물고 / 이러
　　　　면 됐지?)

윤희   (웃으며) 흐흐흐홋,그래 바루 그거야. 가자(걷기 시작)… (잠시
　　　　그대로다가)

혜림   엄마.

윤희   왜 또오.

혜림   혜임이 유치원 가지.

윤희   그러엄 가야지.

혜림   함머니가 데리구 다닐 거지.

윤희   응.

혜림   엄마는 회사가야 하니까 그치?

윤희   맞어.

혜림   엄마엄마.

윤희   왜애.

혜림   혜임이 이뻐?

윤희   이뻐. 너무너무 이뻐.

혜림   (걸음 멈추고 한 주먹으로 무릎 콩콩 때리며) 아이고오오.

윤희   ?

혜림   사는 게 왜 이렇게 힘이 드는지 원.

윤희   뭐어? 깔깔깔깔, 깔깔깔깔.. (에서)

S# 지숙의 거실

조모   (막 들어선 모녀 /혜림 번쩍 안아 쭉쭉거리면서) 어이구구구구구
       내새끼.쭉쭉쭉, 내 새끼 보구싶어 그냥 내가 눈이 다 진물렀네 으
       응? 쭉쭉쭉

혜림   (할머니 얼굴 밀어내면서도 깰깰거리고)

지숙   (부엌에서 부침개 뒤집개 들고 상체만 내다보며) 혜림이 왔니?

혜림   네에.

       [지숙, 도로 들어가고]

이모   애비는(마루에서 미싱 돌리고 있다가 돌아본 자세) 애 애비는

윤희   (다가오며) 일 있대요.

이모   ?…(보면서 벌써 못마땅하다)똥뀐 눔이 뭐한다더니 증말,우리가
       지 앞에 무릎 꿇구 개애개 빌라디? 그래야 왕림을 하시겠대?

       조모는 아이 옷 벗기면서 따로 증손녀와

68

윤희　이모오

이모　(연결) 일은 무슨 일,공일날 다 노는데 저혼자 일해?

조모　그래서 (오버랩의 기분)으른들은 다 무고하시구.

윤희　네에.

조모　혜림이 많이 컸다 그러시지.

윤희　네.

이모　(주방에 대고) 아 냄새만 풍기구 어째 나오지를 않니이!

지숙　(않니이에서 빈대떡 접시 들고 벌써 나오며) 삼초만 참지.나갈때
　　　되면 어련히 나갈까봐 어이그. (놓으며) 혜림아 먹어.너 이거 좋아
　　　하지 왜.

혜림　응 (좋아서)

조모　어이 옷 갈어 입어라 응?

윤희　네에.

이모　(재봉질하던 것 실 끊으며 고개만 돌리고 윤희의 대답에 겹쳐서)반
　　　죽이 묽었어, 밀가루 좀 더 너.

지숙　밀가루 봉지 털었어.

이모　? (어이그 어이그)밀가루 맞춰 물대중을 했어야지 대중읍시 그
　　　저 *쯔쯔쯔쯔쯔.*

조모　부드럽구 좋지 뭐 그래.괜찮어 (하며 젓가락으로 찢은 빈대떡 조
　　　각 딸에게)

이모　(입으로 받아 넣고 씹으며) 혜림아.

혜림　네.

이모　아빠보니까 좋아 그래?

혜림　네.

조모   할머니 할아버지가 맛있는 거 많이 주시디?

혜림   네.

지숙   뭐 먹었는데에?

혜림   부고기, 미역구욱?

지숙   또

혜림   닭다리

이모   어이구 닭다리두 먹었어?

혜림   네에.

이모   안 먹니? (윤희 방에 대고)

윤희   E 네 나가요오.

S# 시내를 달리고 있는 동우의 차

S# 운전대의 동우…

S# 미장원

영주   (머리 맡겨놓고 휴대폰 찍고 있는)‥(듣다가 신경질 나서 퍽 껐다가
       다시/오피스텔 전화/세 자리 찍었을 때)

S# 오피스텔

동우   (들어오는데 전화벨)…(전화 돌아본다)
       E 부재중 녹음.

영주   E F 강동우 너 죽었니? 핸드폰 죽여놓구 일박이일 도대체 몇시
       간야 이게.

S# 미장원

영주   무슨생각으루 이래너. 전화 안할 거야? (혼잣소리) 돌겠네 진
       짜. 죽었으면 죽었다는

S# 오피스텔

70

영주　E F 연락이라두 주라, 응?

　　동우 옷 벗어 걸고 있다.

　　E F 전화 끊기는

동우　(그대로 침대에 몸 던지고)…(있다가 손 뻗혀 담뱃갑 집어 하나 물고 불붙인다)…(푸우우우)‥(내뿜으며 눈 감는다)

S# 거리(밤)

S# 오피스텔(밤)

동우　(캄캄한 어둠 속에 옆으로 누워 자는 /인물 전혀 안 보여도 상관없음)

영주　E F 너 죽을 줄 알아. 살려 둘 성 싶니? (전화기에 녹음되고 있는 소리다) 각오해. 알았어?

　　E F 전화 끊기고 잠시‥ 그대로 두었다가

F.O

S# 일진상선(아침)

S# 비서실

배실장　(전화받는 중)네, 말씀드렸습니다, 선생님. 네, 참석하십니다 …네‥ 네, 그럼 그날 뵙겠습니다 안녕히 계십시오. (끊는데)

　　회장실 문 열리고 아침 약식 회의 마친 중역들 대여섯 나오기 시작한다. 윤희와 배실장 자리에서 몸 재게 일어나 가벼운 목례.

　　E 인터폰

윤희　(급히 회장실로)

S# 회장실

윤희　(들어와서 안락 의자에 앉아 생각에 빠져 있는 회장 옆으로)‥네, 회장님.

회장　‥(그대로 있다가 뭐지? 하는 얼굴로 윤희 보고)아‥ 오늘 일이 뭐

뭐지?

윤희 열두시에 오찬 있으시구 세시에 성북동 가셨다가 네시 반에 양회장님과

회장 (오버랩의 기분) 됐어요.어어, 뭐냐,미주수출 영업부에 강동우라는 사원 좀 불러요.

윤희 ?…

회장 (일어나다가 문득 보고)못 들었나?

윤희 아니, 아닙니다, 회장님.알겠습니다. (하고 총총히 나간다)

회장 ….(입 뿌우 내밀고 집무 테이블로 가는 데서)

S# 비서실

윤희 (전화 집어 드는 /애매하고 의아한 채)…

S# 동우 사무실

동우 (평사원 쪽으로) 다음주 항로별 부킹 상황 체크했어?

　　E (오버랩의 기분) 책상 전화벨

사원 (동우 전화 집어 드는 것과 상관없이)네, 거의 끝나갑니다.곧 보고

동우 (사원과 상관없이 전화 들자 곧)네, 미주수출 영업부 강동우 대립니다.

윤희 F 여기 회장님 비서실입니다.강동우씨 회장님께서 부르십니다.

동우 ?…

S# 비서실

윤희 (수화기 들고)….(동우가 무슨 말인가 하기를 기다리는) 무슨 일이에요(배실장은 없고 /그래도 조심스레 속삭인다)

동우 F 모르겠습니다.

윤희 (동우의 딱딱하고 사무적인 말투에 저도 사무적으로)지금 빨리 와

주십시오. 끊습니다. (수화기 내리는데)

S# 동우의 사무실

동우 ..(천천히 수화기 내려놓는데)

사원1 (옆에 와 있다가) 거의 끝나갑니다. 곧 보고 드리겠습니다.

동우 (좀 멍하니 사원 보며)시애틀 쪽 화물이 별루 아냐?

사원1 웬걸요, 지난주 실적보다 좋아보이는데요. 오히려 뉴욕이 별루에요.

동우 (의자에 걸쳐놓았던 상의 집으며)그래? 팀장님 인상 구겨지겠군. (하며 문으로)

사원1 (좀 따르듯 하며)그래두 엘에이 쪽이 워낙 쎄서 전체적으루 목표달성은 무난할 듯 싶습니다.

동우 (나가며) 빨리 정리해. 일일 보고 해야니까.

사원1 네, 알겠습니다.

S# 사무실 복도

동우 (사무실에서 나와 서며)...(한동안 섰다가 작심하고 상의 입으면서 걷기 시작한다)

S# 비서실

동우 (들어온다)

윤희 (회장실에서 빈 찻잔들 거두어 나오다가 보고)....

동우 ..(눈 맞춘 채) 그냥... 들어가면 됩니까?

윤희 실장님 들어가 계세요. 잠깐 기다리세요. (하고 탕비실로 아웃)

동우 ...(넥타이가 조여드는 듯한 느낌이다. 목 한번 늘여보고 창 쪽으로 가는데)

윤희 E 정말... (동우 돌아본다)

윤희 (탕비실에서 나와서 소근거리는)아무것두 집히는 거 없··어요?
(배실장 나온다.)

윤희 이리 오세요.(동우가 다가올 때까지 기다렸다가 회장실 문 조금 열
고 살짝 들어가. 문은 열려진 채)

윤희 E 강동우 대리 왔습니다, 회장님.

회장 E 들여보내요.

윤희 (나오며) 들어가세요.

동우 (들어간다)

윤희 …(보며)

배실장 E ··(내뱉듯) 쥐새끼같은 놈.

윤희 ? (놀라서 돌아본다)

배 (잔뜩 쓰여진 종이들 간추리면서)촌놈이 야심 품으면 더 막무가
내라니까.

윤희 무슨… 말씀이세요?

배실장 저자식 요새 돌아가신 회장님 큰딸하구 연애중인 거

배실장 E (이미 멍한 윤희 위에)서대리 몰라요?

윤희 ………

배실장 (인쇄물에 더 첨부해 써넣으며)하기야 총각사원치구 사주 딸
한테 뽑혀보구 싶잖은 녀석이 몇이나 되겠습니까만은…못 뽑힌 게
분해서 약아빠진 놈이니 치사한 놈이니 씹어대는 거겠지….(종이
내밀면서)이거 16포인트루 깨끗하게 새루 쳐서 이십부만 만들어
줘요.

윤희 (그저 습관적으로 손은 나가면서)누가요.

배실장 ? 에?

윤희　누가 뽑혔는데요?

배실장　여태 말하는 거 안듣구 어디 장에 갔다 왔어요?방금 들어간 녀석이 우리 회사 큰 공주한테 뽑혔대요.(말소리 크면 안 됩니다. 조심성을 잊지 마세요)

윤희　….(멍하니 보며)

배실장　(출입문으로 가며)보통내기가 아니래요.무슨 약을 멕이는지 공주님이 더 등이 달았대요.정통한 소식통에 의하면.손 씻으러 갑니다.

윤희　….

배실장　서대리 (나가다 되돌아보며)

윤희　?‥ 네.

배실장　월차 받아서 뭐했어요.왜 정신을 못차리구 띠잉해.

윤희　…(제 자리로)

배실장　(나가버리고)

윤희　….(제 의자에 앉으며 얼빠져서 /시선은 사십오 도 각도)

S#　회장실

회장　(뒷짐 지고 창가에서 돌아선 자세)뭐야?….. 너 뭐라구 했어.

동우　생각하시구 싶은대루 생각하시라구 말씀드렸습니다.

회장　이 녀석 건방지잖아!아무리 실질적인 오너 따루있는 회사에 대행 회장이래두 난 회장이구 넌 말단사원야. 너 뭐야!

동우　지금 저는 회장님 앞에 말단 사원으루 서있는게 아닙니다.저와 결혼하겠다는 의사표시 를 한 영주 집안을 대표하신 영주 숙부님 앞에 있다구 생각합니다.

회장　….(뚫어지게 보면서)

동우   영주와 결혼하는 것으로 얻어지는 부차적인 이득에 대해전혀 관심이 없다고 말씀드린다면....그대루 믿어주시겠습니까?

회장   (오버랩의 기분) 무슨 뜻인가.결혼하는게 이득 때문은 아니지만 아니라고 해봤자 믿어줄 것도 아니니 맘대루 생각하라는 거야?

동우   ....(보며)

회장   그래?‥ 그런거야?

동우   이득이 싫을 건 없습니다.

회장   ....(쏘아보며)

동우   그러나 이득이 싫을것 없다는 것과 이득 때문에 결혼한다는 것과는 전혀 다른 의밉니다.

회장   .....(보며)

동우   .....(보며)

회장   승락한다면..... 할텐가?

동우   .....

회장   대답해.

동우   ...하겠습니다.

회장   ...너더러 사표 쓰라면 어떡할래.

동우   전 이 회사에 시험쳐서 들어왔습니다저는 사원으로서 하등의 하자가 없습니다. 영주와의 문제로 권고 사직을 당할 이유가 없습니다.

회장   당돌한 녀석 / 하자가 있든 없든 정리하면 정리되는 거야!

동우   그럼, 해고 하십시오.저는 사표를 쓰라시면 그건 쓸 의사가 없다는 말씀을 드린겁니다. (전혀 동요 없이)

회장   ....(노려보다가) 영주하구 끊어.

동우 그건.. 영주한테 물어보십시오.

회장 …(보며)… (천천히 집무 테이블 의자로 가서 앉는다)

동우 ….(보며)

회장 (동우 안 보는 채 좀 바꿔서)어떤 녀석인가 했지…..(보며) 결혼은 애정을 바탕으루 비슷한 사람들끼리 하는거야.

동우 ….(꼼짝도 않고 그저 보며)

회장 (좀은 달래보고 싶은)내 친구 중에 하나…자네가 지금 하려구 드는 식에 결혼을 해서….사는 사람이 있어.

회장 E (동우 위에) 덕분에 그 친구는 다른 수많은 사람들이 평생을 바쳐두 못 얻을 걸 단숨에 거머쥐었지.

회장 …그 사람…나한테 실토한 적이 있어.꾀 많은 여우가 지름길로 간다구 까불다가 덫에 걸린 꼴이라구.(느리게 일어나며)자기가 영리해서 뭔가 잡았다고 생각했는데 살다보니까, 결과적으루 자기가 뭔가에 잡힌 거드라구.

동우 ….(보며)

회장 (난 화분들 쪽으로 움직이며)한달에 백만원 벌어다주는 남편들 두 대접받구 사는데 처가 사업을 몇배로 키운 자기는 콧방귀 대접이나 받는다구…한세상 비굴하잖게 살구싶거든…밭두 스스로 갈구 씨두 스스로 뿌리구,싹두 스스로 틔워.그게 나이 먹어서 잘못 살았다는 생각을 안하게 할거야……(지켜보다가) 가봐.

동우 (깔끔하게 목례하고 돌아서는데)

회장 다른 여자 관계는 없나?

동우 (돌아본다)….. 없습니다.(침착하게)

회장 (화분 꽃 따주는)…

동우   (출입문 쪽으로)

S# 비서실

동우   (나온다)

윤희   (시선만으로 보는)

동우   (묵살하고 배실장 쪽으로 목례하고 나간다)

배실장   (모르는 척 하고 / 일하며)

윤희   (따라 나갈 수도 없고 잠시 어째야 좋을지 모르다가 일어나며) 저
세면실 가요.

배실장   아.

윤희   (나간다)

S# 비서실 복도

윤희   (나와서 보면)

동우   (이미 승강기 안으로 막 들어가고 있다)

윤희   (잡으려는 듯 몇 걸음 / 하다가 포기하고)

S# 회사 복도 / 또는 현관 로비 공중전화

윤희   (전화기 들고 있고)

　　　F 벨 가는 소리 한번에

동우   E F 네, 미주 수출 영업부 강동우 대립니다.

윤희   나야.. (달려들듯)

동우   E F ..(잠깐 멈칫하는 느낌이었다가)네, 말씀하십시오.

윤희   잠깐만 만나 할 얘기가 있어....여보세요?

S# 동우 사무실

동우   무슨 얘깁니까.

윤희   E F 전화룬 안돼. 만나서 얘기해.

동우　퇴근하구 연락드리죠 제가.

S#　공중전화

윤희　아냐, 지금 만나. 잠깐이면 돼.시간 좀 내봐.

동우　E F (아주 작은 소리로) 바빠.퇴근하구 집으루 가께, 끊어.(탁 끊
　　기는)

윤희　……(끊긴 수화기 든 채)….

S#　동우 사무실

동우　(책상 서랍에서 담뱃갑 집어 들고 나간다)

S#　사무실 밖 복도

동우　(나오는데)

영주　E 강동우.

동우　(휙 돌아본다) ?…

영주　잠깐 나가 환한 데서 얼굴 좀 보자.

동우　나 기생 아냐.(흡연 구역 쪽으로 가며)

영주　뭐어?… (따라붙으면서)너 왜 전화 죽여났니.

동우　안받구 싶으니까.

영주　왜 안받구 싶어.

동우　(멈추며) 여기 회사야.회사까지 나와서 너 정말 이럴래?·· 응?
　　(에서)

S#　근처 카페

동우　(안 보는 채) 바람불면 날아갈까 비오면 무너지까 그런 집에 가
　　환자 노인들 하구, 있으면서 여자 전화 받구 싶어?

영주　….(보며)

동우　불통지역이기두 하지만 쭉 꺼놨었어.딴 세상에 사는 영주 전

화같은거 받구 싶지 않아서.

영주 (가여워져서)첨부터 그렇게 얘기하구 가지 왜애.

동우 (시선 들어 본다)

영주 그럼 안 기다렸잖아.나혼자 펄펄 뛰지두 않구....으응?

동우 구질구질한 얘기 듣는 게 취미니? 해줘?

영주 아냐 됐어. 커피 마셔 우리.

동우 혼자 마시구 가.나 보고할 서류 챙겨야 해.(일어나려)

영주 커피 마시는데 십분두 안 걸려.(동우 잡으며) 겨우 대리면서 그
　　　러지 마.

동우 (오버랩의 기분으로 영주 팔 탁 뿌리친다)

동우 날갖구 재밌어할 생각하지 마.큰일만 일 아냐.

영주 알았어 그래 잘못했어.

동우 (일어난다)

영주 (따라 일어나며)퇴근하구 만나 그럼.

동우 안돼. 볼일있어.

영주 무슨 볼일?

동우 …(그냥 나가고)

영주 (따르며) 무슨 볼이일. (에서)

S# 비서실

윤희 (컴퓨터 치고 있는데 자꾸만 잘못 쳐진다 /수정하고 또 치고 수정하고
　　　또 치고 하다가 두 손 이마 감싸듯 하면서)…(배실장은 없다 / 일어나 탕비
　　　실로)

S# 탕비실

윤희 (들어와서 냉장고 문 열고 생수병 꺼내 컵에 물 따르는데 잘게 떨리

는 손/ 입 꽉 다물면서 안 떨려 하며 물 벌컥벌컥 마시는)…

S# 눈 지그시 감고 있는 자동차 안의 노회장

S# 한여사의 성북동 집 앞에 멎는 자동차

기사 (빠르게 내려 회장에게 문 열어주고 곧장 대문으로/ 벨 누르고/…잠

깐 있다가)

여자 F 누구세요오.

기사 회장님 오셨습니다아.

여자 F 아이구머니나 예에.(대문 열리는)

회장 (대문 앞에 서 있다가 들어간다)

S# 마당

회장 (걸어 들어온다)..

회장 예에 무고 하시지요.

정원 예에 염려해 주시는 덕분에 그저…(스쳐 지나는 회장 우러르며)

S# 성북동 거실

여자 (사오십 대/ 휠체어에 앉아 있는 노인에게 큰 소리로/) 작은 아드님

오셨어요. 작은 아드님요. 할머니이.

노인 (그저 멍하니 보는)…

여자 회장님 오셨다구요오오. (하다가)에이구 내가 말을 말어야지.(하

는데)

한여사 (안방에서 머리 만지며 나와 현관 쪽으로 움직이며)그냥 가만히

있어요. (하는데)

회장 (들어온다)

한 (예의 바르게) 어서 오세요 서방님.

회장 안녕하십니까.

한   ···(올라서는 것 기다렸다가 어머니 쪽으로 가는 회장에게) 세시에 오신다드니 어떻게··

회장   점심이 빨리 끝났어요···(휠체어 앞에/허리 구부리고) 저 왔습니다 어머니이.

노인   (멍하니 올려다보는)

회장   태섭이 왔어요. 안녕하셨어요?

노인   (찡그리고 한여사 돌아본다, 응원 요청하듯)

한   영국이 작은 아버지에요 어머니.어머니 아시지요?

노인   (개미 소리) 알지 그럼.

한   (반가와서) 그럼요 아시지요.어머님 다 아세요.

회장   그동안 편안하셨어요? (무릎 꺾고 노모 손 만지면서)

노인   ····(빠안히 보는)

회장   잘 지내셨지요?

노인   에에에에미야.

한   예에 어머니. (허리 굽혀서)

노인   이·· 이 사람이 얘가 은제 이렇게 늙었어어··

회장   흠흠흠흠 (조금 소리 내어 웃으며) 세월가는데 안늙을재간 있나요 어머니.

노인   (며느리 돌아본다)···· 얘애.

한   네에··

노인   최기사 쌀 좀 한 가마 실어줘라.먹구 살기가 힘들지이?

여자   (떨어져 서 있다가 에이그으하는 얼굴로 주방으로 들어가고)

회장   예에 ··힘듭니다아. 허허허허 (하며 노모 올려다보는)····

S# 시간 경과 / 같은 거실

한	(인삼차 내면서)…
회장	보일라는 잘 고쳐졌어요? (저쪽에 노모는 그대로 앉혀져 있는 채)
한	아이구 참.예에, 잘 돌아요 이제…인사두 못했네요.
회장	(노모 돌아보며)특별히 더 나빠지시거나
한	그렇진 않으세요.(같이 돌아보았다가 고개 되돌리며)식사두 잘 하시는 편이구요..(회장 찻잔 들고)그저께 동서 다녀갔는데…그 디스크때매 걱정이드군요 정말.
회장	뭐 평생 그 사람 아프다 소리 안하면 뭐가 빠진 거 같이 살구 있으니까요 흠 흠..(마시고 안 보는 채)영주 영은이…새해 인사는 다녀갔나요?
한	(끄덕이며) 다녀갔어요.
회장	좀… 놀다 가든가요?
한	잠깐… (시선 내려 찻잔 올리며)차 한잔 마시구.. 이내 갔어요.즈들두 편칠 않구…저두 또 그렇구요…
회장	….(그냥 차 마시는)….
한	..(마시는)….
회장	영주….결혼하게 될 거 같습니다 형수님.
한	…그래요? (에서)

S# 시내 야경

S# 어느 특급 호텔 전경(밤)

S# 호텔 객실 승강기 앞

승강기가 열리면서 영주 손잡은 동우 /마치 화난 사람처럼 영주 잡아 끌고 객실 복도 쪽으로.

S# 객실 복도

동우 (영주 손 잡아끌듯이 하고 빠른 걸음으로 복도 걸어와 한 방 앞에 멈
춰 선다 /키 카드 넣어 문 밀어놓고)….(잠깐 눈 감았다 뜨며)아직 안 늦
었어.싫으면 싫다 그래.(안 보는 채 시선 바닥으로 꽂고)

영주 ….(보며)

동우 싫으면 싫다 (하는데)

영주 (오버랩으로 동우 입에 제 입 대면서 엉겨 붙는다)

동우 (영주 안은 채 격한 입맞춤하면서)

  방으로 들어가는 두 사람

S# 객실 안

  서로 잡아먹을 듯 격렬하게 달라붙으며 서로가 서로의 옷을 헤집으며
  침대 쪽으로 움직이는 데서

S# 윤희의 동네 불빛들

S# 윤희네 거실

조모 (상 펴고 행주질하고)

지숙 (쟁반에 음식 갖고 나와 차리기 시작하면서 중얼중얼)와서 밥먹을
사람 아니라니까 괘앤히 밥맛만 없게 만들어.

조모 그러게 말이다.

지숙 뭐어 / 할머니한테 하는 소린데.

조모 그러게 말야. 윤희야 밥먹자.강서방 기다리다 할미 초상 치르
겠어.

S# 윤희의 방

윤희 (혜림 레고 쌓고 있는거 하염없이 보고 있다가)네에… 잡수세요오…..

지숙 안 나올 거야?

윤희 (혜림 머리 만지며) 엄마 밥먹구 들어오께.

혜림　….

윤희　(일어난다)

S#　마루

윤희　(나온다)

조모　아홉시야. (나오는 윤희에게)이 시간까지 저녁 안 먹구 있을 리가 읍다.먹어두자구, 앉어 어이.

윤희　네. (앉으며 수저 든다)…

지숙　온다 그러긴 틀림없이 온다 그런 거야?

윤희　(잠깐 보고) ··응.

지숙　무슨 맘 먹구?

조모　밥이나 먹어어……

　　　먹는 지숙과 조모

윤희　(내색 않으려고 어거지로 입에 맨밥 구겨 넣으며)…(맨밥인 채로 씹어 넘기고)…. (또 맨밥 푹 떠서 입에 넣고 씹는데)

지숙　….(보다가) 반찬 안먹어?…

윤희　?

지숙　무슨 밥을 그렇게 먹어?이상해 죽겠네 진짜아?

윤희　(정신차리고 웃는다)이상할 거 없어.뭣 좀 생각하느라구 잠깐 그랬어.(하고 머리만 잘라놓은 김장 김치 손으로 집으며)시끄러워 죽겠어 정말 너.(김치 공중에 떠워 씹어 들이면서 울듯한 웃는 얼굴)……
(에서)

제3회

S# 근처 여관 주차장

　　동우의 차 들어와서 멎고/

동우　(내려서 운전대 옆으로 가 문 열고)……내려.

윤희　……

동우　내려 어서.

윤희　……(별수 없이 내린다)

　　주차장에서 통하는 여관 문으로 앞서 들어가는 동우. 몇 걸음 떨어져 따

　　라가는 윤희.

S# 여관 복도

동우　……(앞서고)

윤희　……(따르다가 접수부를 저만큼 놓고 멈춰서고/…그 얼굴에)

동우　E 방 하나 주세요.

여자　E 얼마나 계실 거에요?

동우　E 잠깐이면 됩니다.

윤희　……

S# 영주의 욕실

영주 (머리에는 캡 쓰고 거품 욕조 안에 선 채 맨몸에 타월 가운/나머지 한 팔 꿰면서 화나 있다)결혼은 내가 하는 거지 엄마가 하는 게 아니에요!(끈 매며 욕조에서 나오며)그 남자가 날 붙잡은 거에 우리 집 재산이 얼마쯤 개입돼 있대두 그게 뭐 그리 크게 잘못이야.(욕실 나서면서) 결혼할 여자가 겨우겨우 먹구 사는 집 딸인 거보다야

S# 영주의 방

영주 (연결/욕실에서 나오며) 유산깨나 있는 집 딸이 훨씬 존거 아뉴? 남자들 모아놓구 한번 물어봐요.(욕실에서 따라 나오는 엄마 돌아보며) 어떤 쪽이 더 존가.겨우 먹구 사는 집 딸이 더 좋다는 남자가 있음 건 천치 바보거나 위선자거나 둘 중에 하나야.

영은 (영주 방에 있다가)꼭.. 누구나 그렇진 않아 언니.

영주 참견말구 넌 나가.

영은 우리 집에서 이런 식 얘기하는 거나 참 싫어.

영주 나가라니까 글쎄?

영은 엄만 왜 그렇게 사람 전부를 다 안 믿어요.그렇게 아무두 안 믿는 마음, 불행하잖아요?

영주 (화장대에 앉으며) 지쳤다면서 왜 결재 떨어지기가 이렇게 어려운 거에요.

이여사 남들이 뭐라겠니.성북동에선 뭐라겠어.

영주 엄마 남들 무서운 사람 아니잖아요.왜 그러세요.

이여사 너… 까시 빼구는 말 못해?

영주 남들이 무슨 상관이에요.내가 원하는 거 내가 갖겠다는데.

이여사 참 대단한 것두 원한다.겨우 그거야 니가 원하는 게?

영주　(발끈)가난하다는 것때매 그렇게 무시해요? 더구나 엄만 그럼 안되는 거 아뉴? 엄마두 찢어지게 가난한 집 딸이었잖아요.

이여사　....(보며 대책이 없다)

영은　(답답해서)언닌 왜 꼭 그런 식으루 말해.엄마 기준에서 조건은 나쁘지만 서루 정말 사랑하니까 의심하지 말구 믿어달라 /그럼 안돼?

영주　안통하잖아.

영은　언니 잔인해… 나 싫어. (하고 나가버린다)

영주　…(눅어져 캡 벗으며)…(거울 속으로 엄마 본다)

이여사　....(딸 보며)

영주　나쁜 사람 아니에요. 허락해 줘요.

이여사　(그냥 돌아서 나가버린다)

영주　…(참 질기네)…

S# 여관 객실

동우　(막 들어서는)....(따라 들어오는 윤희 보며)…나두… 즐거운 마음 으루 이러는 거 아냐.

윤희　(방바닥 저쪽 보며).....

동우　(바닥에 앉으며)어떤 비난두 / 욕두 / 원망두…각오돼 있어.무슨 말을 해두 다 들을 테니까 해.(담뱃갑 꺼내며)상관없어.너한테 한짓 으루 벼락을 맞는대두 좋아.(담배 꺼내 물며)무슨 말이든 다 해. 다 해버리구‥ (불붙이고)그리구 오늘 끝내자구.오늘루 날 포기해.… 나 이런 놈이야. 니가 속았어 지금까지.

윤희　(오버랩의 기분 / 선 채로 내려다보며)내가… 싫어졌어?

동우　그건 아냐.

윤희 그럼 왜.

동우 …(그저 담배 빨아들여 내뿜는)

윤희 (앞에 무릎 꿇은 자세로 앉으며)마음을 돌려. 당신 잘못 생각하구 있어. 그건 옳지 않아.

동우 알아.

윤희 나 (오버랩의 기분)이해는 할수 있어.그렇지만 정당한 방법으루 이루어야 해.

동우 (시선 피하며) 가르칠 생각하지 마.

윤희 (잡으며) 그러지 마.당신 그러지 마.당신 그럼 우린 어떡해.난 어떡하구 우리 혜림인 어떡해.

동우 당장은 안되지만 혜림이 양육비 주께.

윤희 …(서늘해져서 보다가)돌아버렸구나…

동우 ….

윤희 돌았어.

동우 (오버랩의 기분)내가 뭐랬어, 낳지 말랬잖아!

윤희 ….왜 이렇게 변했어.

동우 그래 난 변했어. 변했다구 했잖아.

윤희 ….(눈물 하염없이 떨어지면서)…(보는)

동우 (담배 꽉꽉 눌러 끄면서)우리 일은 없었던 거야.잊어버려‥(불끈 일어나며) 그렇게 해줘. 알았지?

윤희 (오버랩의 기분) 난 그렇게 못해.

동우 ?… (본다)

윤희 헤어질 수 없어. 다시 얘기 해.

동우 다시 만날 일 없어.(하고 나가버린다)

윤희   ·····(그대로 앉은 채)

S# 여관 주차장

동우   (빠르게 나와서 제 차 자동키로 문 열고 시동 걸고 자동차로 오른다)

S# 차 안

동우   (운전대로 올라서 고개 젖히며 눈 감는)···

S# 여관 객실

윤희   (무릎 꿇은 자세 그대로 두 손 무릎 위에서 주먹쥐고 고개 약간 옆으
       로 돌리고 흐느끼고 있는)······

S# 밤늦은 시내를 질주하고 있는 동우의 차

S# 눈을 부릅뜬 것처럼 하고 운전하는 동우

S# 집으로 가는 골목길

윤희   (흐느끼면서 타박타박 오고 있는)···

S# 골목길 2

윤희   ····(타박타박 오는)

S# 어두운 마루

윤희   (현관문 잠긴 것 열고 들어와 제 방으로 움직이는데)··

조모   E 들어왔니?

윤희   네에 할머니····(잠시 기다렸다가 제 방으로)

S# 윤희의 방

윤희   (들어와 방문 닫으며 잠자는 혜림 보는)···(어느 순간 무릎이 꺾이면
       서 혜림 쪽으로 가 안아 올리면서 얼굴을 붙인다)···(차가와서 꿈틀거리
       는 혜림)····(그러는 혜림 상관없이 더더욱 꼭 보듬어 안으면서)

                                                              F.O

S# 지숙의 마루

조모 (밥상 펴 상은 거의 다 놓아진 상태)‥(그릇들 건드리는데)

이모 (쟁반에 된장 뚝배기 들고 나오며)윤희야아.

윤희 E 네에에.

이모 (조모와 함께 상에 음식 놓으면서)오피스텔 갔었니?

윤희 ‥‥‥네에 (나오며 웃는)

이모 세시에 들어왔다면서.

조모 쩟. (암말 말라고 눈총 주는)

이모 세시에 뭐하러 들어와.간김에 아예 거기서 출근하지.(쟁반 들
      고 부엌으로 가며)데려다는 주구?

윤희 네. (밥상 앞에서)

조모 어이 앉어라. 어이 먹구 나가.(하며 수저 집어준다)

윤희 (앉으며 받는데)

조모 왜 얼굴이 그 모양야?‥

윤희 봤죠 할머니.늦은 시간에 뭐 먹음 붓잖어요.뭐 먹었거든요.

조모 뭘 먹었는데.

윤희 (괜히 웃으며) 라면하구‥떡볶이 먹었어요.안 먹는다는데두 자
      꾸만 먹으래서…이모오 오세요.

이모 (물 주전자와 컵들 들고 나오며)지가 들어와 잠 누가 뭐란다구 출
      근하는 애 오피스텔까지 끌구 가 그래.누가 저더러 그런 염치 차리
      래?(앉으며)우리가 더 못 미룬다 소리 / 했어?

윤희 (밥 뜨면서) 지금 춰요. 날 풀리면요.

이모 날 풀리면 올리재?

윤희 네.

이모 삼월야 사월야.

윤희 사 사월에.

이모 사월 언제.초순야 중순야 하순야.

조모 종주먹 대지 마라. 애 밥 먹는다.

이모 아, 알아야 준비할 거 아뉴.

조모 (좋아서) 사월에 하기루 했어?

윤희 네.

조모 됐다. 집은 이 근처루 얻기루 했구?

윤희 네.

이모 (길다란 김치 찢어놓으며)얼마짜리 얻을 건데.개 오피스텔이 얼마짜리랬지?

윤희 이천오백요.

이모 너 천 보태 삼천오백이면 한 스무평 짜린 얻겠구나 그럼.

윤희 …(잠깐 이모 보고는 그냥 먹는)…

이모 (문득 돌아보며) 지숙아아! (빼액) 밥 안 먹을 거야?!

조모 놔둬. 새벽밥 먹구 밭매러 나갈 일두 읍는 애 뭐하러 기어이 깨우러 들어어.

이모 아, 기집애가 해가 응딩이 치받을 때까지.

조모 (오버랩의 기분) 글쎄 놔둬.실컨 자게 둬. 것두 시집가기 전야. 너는 처녀적에 늦잠 안잤어?

이모 엄마 때매 암튼 / 지숙아아아!

조모 어허어어.

이모 죽자구 대학까지 가르쳐놨더니 취직 한 자리 못하구 퍼질러 잠만 자는 거 저거 어이그으으으 속터져 증말.

조모 쯔쯔쯔쯔.

이모 (쭝얼쭝얼) 대학은 나와 뭐해.취직두 못하는 거.

조모 하기 싫어 안해? 세상 탓이지 애 탓야 왜.

이모 어디 취직시킬 데 영 없니 진짜?

윤희 ?… 내가 뭐… 이모는.. 없어요.

이모 너 취직시켜준 걔 /안 만나 요새?

윤희 만난지… 한참 됐어.(하며 이모 눈치 보는)

S# 영주의 거실(새벽)

회장 속셈이 어떤지는 얼굴만 보구는 알 수가 없습니다.어쨌든… 비굴하지 않구 당당한 태도는..마음에 들었습니다.

이여사 (차 마시면서)….

회장 다부지구 확실해 보이드군요,근무 성적두 썩 좋은 편이구요. 우수사원 표창두 받았구 토익 성적두 최고점이구요…특진으루 일 년 먼저 대리가 됐드군요…(이여사 보다가)그만하면 자알 키워서영국이 도와 회사

이여사 (오버랩의 기분 찻잔 내리며)저는 회사 걱정보다 영주 걱정을 합니다 서방님.회사는 서방님 계시니까요.

회장 …..(보며)

이여사 말씀들으니..애가 지나치게 자신만만하군요.꼭… 오랫동안 미리 연습한 거 같잖습니까?

회장 흠흠 설마요…장학금으루 학교 졸업했다니 머리 뒤떨어진 아이 아닌 건 확실하구..학비만 있어서 졸업이 되는 건 아니니/먹으며 굶으며 그랬겠죠. 어쨌든 그렇게 졸업하구 회사 들어와 제 할 일 제대루 하면서 승진두 남보다 빠른 걸루 봐서 /..뚝심두 그만하면 됐습니다.

이여사 어쩐지… 서방님 앞에서 서방님 마음에 들게….그게 오히려 저는 불안하네요.

회장 자존심이 ….대단한 녀석이에요.

이여사 온전한 집안에서 잘 자란 사람 자존심은 겸손합니다.억눌리구 분하구‥뒤틀린 생각 많이 하면서 만들어진 자존심은‥무책임하구 교만하죠…

회장 일리 있습니다….그런데 막기는 어려울 것같습니다.그녀석은 영주한테 자신이 있어요.

이여사 …..(안 보는 채)

회장 ….(보면서)

이여사 영국이 녀석은 제쳐논 자식이구…영주 영은이는 가풍 어지간한 집안으루 / …보냈으면 했습니다.

회장 예에.

이여사 아무 것두 없는 집 자식이라니까 우선 영주보다 재산이 먼저 눈에 보여 달려든 게 아닌가 의심스럽구…여러가지 의미루 재물이라는 건 별루 좋은 게 아니군요.

회장 당연한 걱정입니다.그러나 꼭 그렇게만 생각하실 건 없지 싶기두 합니다. 집안이나 배경보다 중요한 건 당사자 됨됨입니다.남부러울 것 없는 집안끼리 맺은 혼사두…실패하는 예가 적지 않잖습니까.

이여사 그야.. 그렇지요.

영은 (주방에서 나와)차 한 잔 더 드릴까요,작은 아버지? (상냥하게)

회장 으음?

영은 말씀 길어지시는데 차 한잔 더 드리냐구요.

회장   아니 됐다. (일어나며)이제 그만 회사 가야지.언니는 자니?

영은   아직 일어날 시간 아니에요.

이여사   (회장 일어나면서 같이 일어나서 오버랩의 기분)작은 아버지 다녀 가신 거 말하지 마라.

영은   네, 그럴께요.

회장   (현관으로 움직이면서) 성북동 /가끔 인사드리러 좀 가렴.

영은   네에. (따르며)

회장   언니하구 꼭 같이 아니더라두..너 혼자두 갈 수 있잖니?

영은   네에.

회장   (이여사 보며)영주 결혼하게 될 거 같다구…했습니다 성북동에.

이여사   …네에.. (안 보는 채)

회장   그럼 가보겠습니다. (허리 굽히며)

이여사   멀리 안나가겠습니다.(허리 굽히며)

영은   (회장 따라 나가고)

이여사   ….(천천히 자기가 앉았던 의자로 와 앉으며 찻잔 들고)…(생각하는)…

S# 영주의 방

영주   (잠자리에서 엎드린 채 눈 감고 전화) 잘 잤어?….(몸 뒤척이며) 난 인사불성으루 잤어.너무 잘 잤어.깨자마자 눈두 뜨기 전야.지금 목소리 듣구 싶어서.(나오는 하품 손으로 막으며 일어나 앉는다.) 아아 우우움 (하품)그런데 전신이 왜 이렇게 쑤시구 아픈 거니 응? 갤갤갤 매맞은 거 같아야 나.넌 안그러니?

S# 자동차 안(아침)

동우 (씨익 웃으며)출근하는 사람한테 코맹맹이루 그런 소리 하는 거 아냐.정신 혼미해져. 알어?…그래 잘 잤어 아주 잘 잤어.(기분 어때?) 좋아. 아주 좋아 날아갈 거 같아.(어디쯤 가구 있어?)(잠깐 밖 보면서) 삼분이면 회사 들어가.

S# 영주의 방

영주 나 행복해. 행복해?(그래 행복해) 좋아? (좋아)나 사랑해? (좋아해)아니 사랑하냐구 좋아한다 말구 사랑하냐구 (에서)

S# 영주네 거실

이여사   (차분히 차 마시고 앉아 있는)…

S# 비서실

윤희, 자리에 일어나 서 있다.

윤희 …..(제 책상 내려다보며)…..(기척 소리에 문득 허리 굽혀 인사하는) 회장, 배실장과 함께 들어와 회장실로 가며

회장 으음 내가 좀 늦었지?

윤희 네 저기 사모님께서 전화 좀 주십사구.

회장 내 걸지 (하며 아웃)

윤희 (탕비실로 급하게)

S# 탕비실

윤희 (들어와서 인삼차 봉지 뜯어 찻잔에 쏟고 포트에 뜨거운 물 붓는데)

동우 E 어쨌든 난 영주와 결혼한다…

윤희 (윤희 포트 든 손 출렁하면서 물 왈칵 쏟아지는)…(급히 타월 집어 허둥지둥 닦는)…

S# 회장실

윤희 (차 쟁반 들고 들어온다)….(테이블에서 서류 결재하고 있는 회장 / 테

이블 위에 찻잔 놓으면서)삼우 회장님 전화하셨었습니다.이번 일요
일 별일 없으시면 저녁 함께 하시자구요.

회장   (결재하며) 일요일이라..뭐가 있는 거 같은데에…(하는데)

배실장   (들어오며) 회장님,엘에이 지사장 전화입니다

회장   (윤희가 재빨리 집어주는 전화받아서) 영국이냐?회사일 보라구
지사장 내보낸 눔이 회사 일은 안보구 뭐하구 다니는 거야 너.(회
장이 전화기 들자 배실장은 벌써 나가고 /윤희도 조용히 나가는)도대체
자리에 붙어있질 않으니 너 잡기가 왜 이리 힘들어 이 녀석아··니
가 언제부터 미국놈야.

S#   비서실

　　　나오는 윤희 위에 열린 문틈으로

회장   E 꼬박꼬박 주말 휴가 찾아 먹게.

　　　E 회장실 문 닫는데 /전화벨

배실장   네, 비서실 배병준입니다.…네… 실례지만 존함이 어떻게 되
십니까…(따야 할 전화다) 무슨 일이신지 용건을 (윤희 제 자리에 앉
고)말씀해 주십시오.… (듣다가) 아니 저 회장님 지금 지방 출장중이
십니다.무슨 일인지 말씀해주시면 돌아오시는대루로(하는데 전화
툭 끊긴다 /수화기 내리면서) 이름두 못 밝히면서 이런 전화 왜들하는
거야 대체.(책상 위 서류들 챙기다가)….서대리 어디 아파요?

윤희   ?.. (멍하니 본다)

배실장   왜 아픈 사람 같아요. 얼굴이 푸석해.

윤희   (웃으며 얼굴 만진다)아뇨 아뭉지두 않은데요?

배실장   컨디션 시원찮으면 얼른 가서 소금물루 입 씻어내구 쌍화차
라두 타먹어요.(챙긴 서류 들고 문으로)우리 집 여자랑 애녀석 모자가

같이 감기가 한달야 한달.엄청 질기더라구 그거. (아웃)

윤희   네에⋯⋯ (혼자 남겨져서)⋯⋯

S# 화장실

윤희   (벅벅벅 이 닦으며 눈물 툭툭툭 떨어뜨리는데)

인주   (급하게 화장실로 들어오면서)어 언니.

윤희   (얼른 눈물 닦으며) 어어

인주   (급해서 윤희 볼 새 없다. 화장실 안으로 들어가며)세일인데 점심 시
간에 우리 잠깐 백화점 안갈래요?

윤희   난 살 거 없어.

인주   E 구경하다 보면 살 거 생기잖아요. (하며)

　　　　 E 소변 소리.

윤희   (화장실 문 보며)나중에 후회하지 뭐.(천연스럽게 대꾸하면서 아직
도 지이 흐르는 눈물을 손끝으로 닦아내면서)

인주   E 후회할 건 서루 말리자구요.같이 가요 네?

윤희   ⋯⋯(화장실 문 보며)

인주   E 사무실에서 답답하잖어요.(소변 소리 멎는다)

윤희   (대꾸 없이 칫솔 씻기 시작)

인주   E 네?‥ 같이 가요오.(옷 챙기는 기척)

윤희   난 정말 살 거 없다니까.

인주   (나오면서) 그럼 그냥 구경만 해요.(수도 틀며)구경만 해두 재밌
잖어요.(손 씻으려 하다가) 아 /조카 옷 사요.애들 옷두 세일일 거에
요 네?

S# 백화점 안

　　　 인파 속에 이리 밀리고 저리 저리 밀리고 있는 윤희와 인주.

인주는 딴짓하면서 즐겁지만 윤희는 왈칵 밀리고 돌아보며 금방이라
도 울 것 같다.

S# 어느 고급 남자 옷집

동우 (코트 입혀지고 있다)‥‥

여자주인 어쩌며언. 옷걸이가 정말 좋으세요. 아무 걸 입어두 모델이
세요.

영주 (함빡 웃으며) 안되겠다. 이건 너무 그래서 노는 남자 같다‥울엄
마 트집 잡을 거야. 먼저 껄루 하자.

동우 (벗으며 / 가벼운 기분이다) 내 뭐랬어 그럴 거랬잖아.

영주 맘에 들어? 금 이것두 사?

동우 아냐.

영주 우리 사자. (벗는 코트 잡으며) 나 만날 때만 입음 되지 뭐. 니가 노
는 남자같음 굉장히 귀여울 거야.

동우 그만둬. 너한테 귀엽게 보이기 싫어.

영주 둘 다 주세요.

여자 네에.

동우 (오버랩의 기분 / 영주 말에) 아녜요 아닙니다. 하나만 주세요.

영주 둘 다 주세요.

동우 하나만요.

영주 둘 다요.

동우 하나요.

영주 둘요. (동우 보며)

동우 하나.

영주 둘.

동우   하나.

영주   두울.

동우   말 안들을래?

영주   킥킥… 들으께. 하나만요!

S# 옷집 근처 거리

모양 나는 새 코트 입은 동우의 팔에 매달리듯 달라 붙어 걷고 있는 영
주. 걸음 느려지지 않도록.

영주   그냥 계속 나랑 놀면 안돼?

동우   회사 들어가 화주 만나는 대신 너랑 놀구 다녔다구 보고 해?

영주   일일이 보고 해야 해?

동우   도통 아무 것두 모르는군. 날마다 팀장한테 메일루 보고해야
해. 어느 회사 누구 만나서 무슨 얘기했나 일일이.

영주   꾸며댐 안돼?

동우   직장 생활 다하게 하구 싶어?

영주   커피 한잔은 마실수 있어?

동우   생각해보구.

영주   웃긴다. 커피 한잔두 생각까지 해야 해?

동우   커피보다 딴게 낫잖아?

영주   딴 거 뭐어?

S# 어느 고층 빌딩 승강기

동우   (영주 손 잡아끌고 승강기로 들어간다)

S# 승강기 안

영주   (끌려 들어가며) 어디 가는거니.

동우   (단추 맨 위층 누르며) 가만 있어 (문 닫히려는데)

남자 (손이 먼저 승강기로 급히 승강기로 뛰어들면서)아, 잠깐 잠깐.(타고 3층 단추 누르며)감사합니다.

동우 아, 예. (문 닫히고 움직인다)

영주 여기가 어디야? 어디 가는거야?

동우 (옆으로 영주 손잡으며) 있어봐.

영주 …화주.. 있어?

동우 가만 있으라니까

영주 ?… (한 채 동우 올려다보고)

남자 (삼 층에서 내리자)

동우 (급히 승강기 문 닫고 승강기 움직이는 것 기다렸다가 와락 영주 안고 입 맞춘다)

영주 (기습당해서 버둥거리며)어머, 동우야 동우야. 깔깔,(밀어내며)정신차려어. 왜 이래애.

동우 가만 있어. 아무두 없잖어.

영주 문 열려어. 누가 보면(하다가 입 막히고 녹을듯 한 기분에 포기해버린다)..

　　E 땡하는 소리 / 떨어지는 두 사람.

영주 (잽싸게 승강기 밖으로 고개 내밀었다가 아무도 탈 사람이 없자 서둘러 승강기 닫고 맨아래층 버튼 눌러놓고 이번에는 제 편에서 덤벼든다…… 제대로 된 입맞춤….)

　　승강기가 멈추고 문이 열리는 것도 모르다가

남자 (승강기 타다가 놀라서 주춤 했다가)여보쇼 여보쇼.(좀 웃기는 남자다)

둘 (놀라서 떨어지고)

남자   어어어어이, (뻐언히 보다가 문득 천장 살피며)어디 뭐 영화 찍나?

  (하고는 다시 둘 보며)…거 좀 심하지 않소?

영주   (이미 동우 뒤에 숨어버렸고)

동우   죄송합니다.

남자   어어어이, 심하네 심해애애..

S# 일 층 로비

  문 열린 승강기에서 튀어나오는 두 사람

  영주/ 주먹으로 동우 때리면서 /

S# 비서실

윤희   (제 자리에 오두마니 앉아서)…(시선 한군데 고정 넋 나가서)

S# 성북동 한여사 거실

이여사   …(거실 가운데 선 채 휠체어에서 한여사에게서 죽 받아먹고 있는

  노시어머니 보고 있다)….

한   ….(담담하게 죽 떠먹이다가)맛이 괜찮으세요?

노모   ……(그냥 우물거리는)

한   잘 드시는거 보니까 좋으네요.내일두 해드릴께요. (다 먹었다)

노모   (무반응, 그냥 먹기만)…

한   이제 다 드셨어요.(그릇 옆에 서 있는 가정부에게 넘겨주고 턱받이

  로 노모의 입게 닦아주며)구기동에서 왔네요, 어머니.얘기 좀 들어

  보구요.(수건도 가정부에게 넘기고 무릎 덮개 더 잘 덮어주고 이여사 쪽

  으로)……(시선 안 주는 채) 웬일인가.어려운 걸음을 다하구.

이여사   ……(그저 보며)

한   앉지.

이여사   ….(앉는다)

한   (여전히 안 보는 채)영주가 결혼하게 될거 같다구.

이여사   (안 보는 채) 안 그래두 그 문제때매 왔습니다.

한   ....(보며)

이여사   상대가.. 가당치두 않은 집이에요.본인은 똑똑한 모양입니
다만..

한   .....(보며)

이여사   ....호적으룬 제 자식이 아닙니다.막아주세요.

한   .....(그윽이 보면서)

이여사   (여전히 안 보는 채) 서방님께..단호하게 안된다 그러세요.막
을 분은.. 한분 뿐이세요.

한   왜 꼭 막아야 하나.

이여사   ...집안이

한   (오버랩의 기분) 집안 망가진거 이미 오래지 않아?

이여사   ....(본다)...

한   ...새삼스레 집안 걱정하는게 재미 있군.

이여사   전 아무 존재두 아니잖습니까.제가 아무 존재 아닌데 집안
망가진게 뭐있어요.

한   ...두집 살림하는 집 자식인가?

이여사   .....(보다가)그렇지는 않은 모양이에요.

한   그것만 아니면 막을게 뭐있어.

이여사   ....(보며)

한   남의 흉 잡기 전에 내 흉 먼저 살펴보게.두집 살림하는 집안 자
식이래두 할말 없는 게 우리쪽 처지 아냐.공연히 남의 집안 들먹이
다가 누더기 꼴 되지 말구... 욕심 그만 부려. (가만히 보며)..자네 욕

심은 끝이 없군.

이여사　(모욕감에)‥‥

노모　E 네 이녀어어어언! (느닷없이, 한여사와 이여사 고개 동시에 돌아가고)

노모　(휠체어에서 엉덩이 들썩이면서 연결)네 이년 이 죽일년 이녀어어어어언!내 집안 망쳐먹은 년 이년 /이 도옥하구 무서운 년 이년,네 이녀어어어언!!(이여사 / 당황할 필요는 없고 냉정하게 빠르게 일어나 나가고)

한　(벌써 노모에게 달라붙어서)진정하세요 어머니,진정하세요, 진정하세요.

노모　이이이이 밸 읍는 화상! /예가 어디라구 그 악독한 년을 들여놔, 들여놓기일! (에서)

S# 성북동 정원

빠르게 나오고 있는 이여사

이여사　(나오고)…

S# 대문 앞

기사　(차 문 열어준다)

이여사　(뒷자리에 몸 던지듯)

S# 차 안

이여사　(자리 제대로 잡으며 흘러내린 한쪽 모피 숄 자락 확 잡아당겨 여미고 앞 보며 입 꾸욱 다문다)…(한동안 그대로 있다가 기대면서 고개 창으로) 미용실로 가요.

기사　E 네,사모님.

S# 서울 야경

S# 비서실

윤희 (코트까지 다 입고 앉아서 전화기 들고… 기다리다 일단 끊고 다시 건

다 / 오피스텔)… (전화기 놓고)…

S# 회사를 나오고 있는 윤희(밤 9시쯤)

S# 회사 근처

걸어온 윤희, 지하철 계단을 두 개쯤 내려가다가 되돌아서 올라온다.

S# 오피스텔 앞

택시가 와서 멎고 윤희 내린다.

S# 오피스텔 승강기와 복도

윤희 (열리는 문에서 나와 선 채로)…(잠시 동우 방 쪽 보다가 핸드백 뒤지

면서 동우 방 쪽으로)..(일단 벨 누르고 기다렸다가 열쇠로 문 연다)

S# 오피스텔 안

윤희 ….(들어와서 보면)

흐트러진 잠자리, 아무 데나 널려 있는 옷들.

윤희 (코트 벗어 걸어놓고 우선 구겨진 시트 위에 널부러져 있는 파자마

집어 들고 보다가)…(파자마 코에 붙이고 얼굴이 우그러진다)….

S# 호젓하게 술 마실 수 있는 장소

술잔 각각 들고 서로 눈싸움 하는 것 같은 동우와 영주.

동우 …

영주 …

동우 …

영주 …

동우 왜 말이 없지?

영주 ……(보며)

동우 응?

영주 꼭 말해야 해? (홀짝 한 모금 마시고 내리며)말없이 이렇게 너랑 눈 맞추구 있는 것두 나는 참 좋아.

동우 ……(쏘듯이 보다가 한 모금 마시고 내리면서 보며)뭔가 하구 싶은 말 있는거 아냐?

영주 ……

동우 ……(보며)

영주 그래. (시선 옆으로 돌리면서)할 말이 있어….(다시 동우 보며) 나 엄마 둘이야.

영주 E (미동도 않고 그대로 보는 동우 위에) 호적 엄마, 낳은 엄마. 우리 엄마…

영주 처녀 때 아버지 회사 경리하다가 오빠 낳았대… (시선 내리며) 우습다 경리하다가 어떻게.

영주 E 아일 낳지?

동우 (오버랩의 기분) 꼭 얘기할 필요없어.

영주 E 아니? 할거야 해야 해.

영주 그땐 아마 회사가 지금처럼 안 컸었나봐…어쨌든 엄마는 오빠를 낳았구 자식 못낳았던 아버지 부인,그러니까 호적 엄마는··우리 엄마 정리하구 오빠만 받아 키울려구 무진 애를 썼대나봐··할머니하구 같이….(홀짝 마시고) 우리 엄마가 죽어두 말을 안들었대…안들었을 뿐만 아니라 다 끝냈다 그러구는 꽁꽁 숨어서… 오년 만에 날 또 낳았대.

동우 (오버랩의 기분) 영주야.

영주 …?

동우 힘든 얘기… 안해두 돼.할 필요없어.이미 다 알구 있는 얘기야.

영주 니가 알구 있는 거랑 내가 얘기하는 건 달라.

동우 너랑 무슨 상관야. 니 잘못 아닌데.

영주 (상관없이) 그때 할머니가 큰엄마 데리구 성북동으루 나가신거 같아.잘은 모르지만.그리구 우리 할머니‥노망 나시기 전까지 우리 아버지는 물론 우리두… 안보셨어.나 그렇게 세상에 나온 애야.

동우 ‥‥‥(보며)

영주 (술 마시는데)

동우 (자리 옮겨 영주 옆으로 가 어깨 안아준다)

영주 (돌아보며) …안됐니?

동우 (당겨서 가슴에 안는다)

영주 내 입으루… 처음야.

동우 그래‥

영주 너…. 사랑해.

동우 ‥‥‥

영주 우리‥ 재믻게 살다 같이 죽자아‥

동우 (더 깊게 안으며)…

S# 오피스텔
윤희 (우두커니 앉아 있다)‥‥

S# 오피스텔 앞
윤희 (타박타박 나온다)‥‥‥(나오다 멈춰 선다)

    택시에서 내리고 있는 동우.

    오피스텔 현관으로 걸어오다가

동우 (멈춰 서며 본다)‥‥‥

윤희 ·····(보며)

동우 ···(보다가 다가가 서서)···왜 왔어.

윤희 ·····(보며)

S# 다른 장소

윤희 (마주 서서 / 절실하다)생각을 돌려 맘을 바꾸라구우!

동우 (안 보는 채)···

윤희 (더 다가들며) 딴 회사루 옮겨.당신 유능하잖아.찾아보면 얼마 든지 딴데 있을거야. 자기 회사루 오라 그런 사람두 있다면서·· 맘 바꿔 응?

동우 (오버랩의 기분 /땅 내려다보고 있다)그럴 생각이 없어. (딱딱하게)

윤희 그럼 안돼. 이건 옳지 못해!

동우 (보며) 윤희야 (안 딱딱하게)

윤희 (오버랩의 기분)우리 지난 날 생각해.우리가 함께 보낸 시간을 생 각하라구.

동우 너

윤희 (동우의 '너'와 상관없이 연결)난 동우씨한테 존 일이라면 뭐든 지 다 했어.

동우 (이 갈듯) 그래 알아.

윤희 (오버랩의 기분) 어느 한 순간두 우리 둘을 따루따루 생각해본 적 이 없어.

동우 (오버랩의 기분) 알아!

윤희 최선을 다했어.뭐든지 최선 다할려구 노력했다구!

동우 공치사 하지마! (터지는)나두 알구 있단 말야!

윤희 ·····(보면서 슬픔으로)우리 이렇게 끝나구 말면···지난 날이 다

아무것두 아닌게 돼.

동우 (안 보는 채) 그런 미련따위 나한텐 없어.

윤희 ……(보며) 내가…앞으루 살아갈 수 있을거… 같애?

동우 ….죽진 않아. 걱정할거 없어.

윤희 ‥(보다가 울음터지며) 그러지마.혜림아빠 그러지마.(하며 동우에
게 달라붙으며 껴안는다) 나한테 어떻게 이래.혜림이한테 당신 /어떻
게 이럴 수 있어.(목이 꺽꺽 막히면서)사람이 어떻게 사람이 어떻게

동우 (오버랩 / 윤희 떼어내면서)내 말 들어 너. 내 말 들어!(윤희 좀 흔
들듯 하며)나는 휘파람 불며 이 짓 하는 줄 아니?너같이 착하구 참
을성 많구 헌신적인 여자 흔하지 않아!너 아니었으면 난 아마 졸업
두 제대루 못했을거야.널 만나서 난 손해본게 없어!

윤희 (오버랩의 기분 / 터지듯)그런데 왜 그래.그런데 왜 그러냐구우.

동우 ….(보며)

윤희 그러지마 당신.그러지마 그러지마‥

동우 (윤희 잡았던 손 맥없이 툭 떨어뜨리며)나두 모르겠다.

윤희 ……(그저 보며)

동우 난…… 뛰구 싶어…한뭉에 해치워버리구 싶어.병든 부모, 못사는
동생들‥너, 혜림이 한테 둘러싸여 있는 나 자신이 따분하구 염증
나.(씹어뱉듯) 난 평생동안 손바닥만 한 자갈밭 호미루 갈아먹는 /
그렇게는 살기 싫어.

윤희 왜 그렇게 생각해.

동우 저기 강건너 기름진 땅이 바다같아.

윤희 당신꺼 아니야.

동우 내껄루 만들면 돼.훔치는게 아냐 내껄루 만드는거야.

윤희 혜림인 어떡하구.혜림이 공중에 떠버려어!아빠 없는 애 되잖아!

동우 니가 결혼하면 되잖아.

윤희 ⋯⋯⋯(서늘해져서)

동우 적당한 (외면하면서)사람 찾아서 결혼해.혜림이 호적에 올려주는 조건만 보면 돼.

윤희 ⋯⋯⋯정말⋯돌았구나.

동우 (탁 돌아보는)⋯⋯

윤희 완전히 돌아버렸어.

동우 그래⋯ 돈 놈 취급하구 어쨌든 /나 성가스럽게 하지마.

윤희 ⋯⋯(보며)

동우 차차⋯ 보상한다⋯ 보상할거야.양육비두 주구

윤희 빚진 거 없어⋯돈으루 받아낼 건 없어.

동우 ⋯없다 생각하면 더 좋구⋯(여전히 안 보는 채)

윤희 ⋯⋯(하염없이 보다가)코트가 좋으네⋯ (씁쓸하게)⋯

S# 달리는 지하철(늦은 밤)

S# 지하철 안(승객 좀 드문 편)의 윤희

윤희 (구겨지듯 앉아서 주머니에 손 넣고 /마알간 얼굴로 흔들리는데 /눈물만 끊임없이 지이이이 흐르고)⋯⋯

S# 언덕길을 터덜터덜 흔들흔들 오고 있는 윤희

   생각이라는 것이 빠져나간 것 같은 모습⋯⋯

S# 대문 앞

윤희 (와서 멈추고 대문 본다)⋯⋯(핸드백 안에서 콤팩트와 립스틱 꺼내 보안등 아래서/덧칠하면서 무표정한 얼굴에서 또 눈물 한 방울이 뚜르르 /얼른 손끝으로 닦아내고 열쇠 대문에 꽂는다)

S# 마루

지숙 (몇 년 전 모델 석유난로에 기름 넣으며 바싹 달라붙어 있는 혜림 밀어내며) 저리가 아아아.냄새 나는데 뭐 볼게 있다구 바싹 붙어있어어어.

이모 (헌 양말들 꺼내 수선 중이다, 오버랩의 기분)넘치지 말구 잘해 괜히 (하는데)

윤희 (들어오며 / 아무 일 없는 듯)다녀왔습니다아.어머 혜림이 아직 안자?

이모 전화두 없이 왜 이리 늦어어?

윤희 회식 있었어요.혜림이 왜 안자 으응?(아이 잡으며)

이모 아 오줌 누러 나왔다가

조모 (이모와 동시에) 아 자다가 깨(이모가 그만두고)오줌 누러 나왔다가활딱 깨서 같이 노는거야.

윤희 그랬어? (아이에게)쉬하다 깨서 노는거야?(무릎 꿇은 자세로 아이 마주하고)

혜림 (오버랩의 기분) 엄마 귤 안사왔어?

윤희 ? 어머, 엄마 깜박했다.미안해서 어떡하지?

혜림 으응. 괜찮아 괜찮아.(엄마 머리 쓸듯이 하며) 괜찮아.

윤희 (답삭 안고)

조모 안남었니?

이모 (지숙 돌아보며 /난로에 불 붙이고 있는 중이다)안남었어?

지숙 왜 날보구 그래애?난 귤이 어떻게 생겼는지두 모르는데에?

이모 시끄러 너 말구 누가 있어.

지숙 어이구우, 귤 좀 박스띠기루 사다 놓구 먹었음 소원이 없겠다.

밤낮 달랑달랑 열개 사다놓구는 심심하면 만만한 나야 나.

이모 그러게 피자 배달이래두 해서 귤 좀 박스떼기루 사들여봐, 한 버언.

지숙 실업자 자극하지 마슈.한순간에 삥 돌면 인도교 난간에 올라 가 나체쇼 벌일지두 모르니까.그럼 엄마 뭐해야는지 알어?이 엄 동설한에 쌩쌔앵 디리부는 강바람 맞으면서 (두 손 입에 나팔 만들 어 붙이고)지숙아아 / 지숙아아 아이고 엄마가 잘못했다아.이 미련 한 엄마를 용서해라아 /용서하구 제에발 내려와라아 /

이모 어이그 어이그 혼자보기 아까워 증말,혼자보기 아까워.

조모 (오버랩의 기분)저녁 잘 먹었어 그래?

윤희 네, 그럼요.

지숙 뭐 먹었는데?

윤희 으음, 곱창 전골.

이모 곱창전골 한번 해먹으까?(엄마에게)

조모 해먹지 뭐.

지숙 안씻어?

윤희 귀찮아, 닦아내구 칫솔질만 할래.(일어나며) 혜림아 자야지?

혜림 (그동안 할머니 무릎에 앉아 할머니 뺨 만지작거리면서)쪼꼼만 있 다가.

윤희 쪼꼼만이야 그러엄?

혜림 네에.

윤희 (방으로)

조모 안졸려?

혜림 할머니 할머니.

조모   왜 왜애.

혜림   할머니 얼굴 왜 구겨졌어?

조모   욘석아 늙어서 구겨졌다 왜(간지럽히며)

지숙   (일어나며)뭐 먹을 거 없나 진짜아?(주방으로)

혜림   응 이모, 규율.

지숙   귤 없다니까아?

혜림   흐웅, 규율. 규율, 규율

지숙   (주방으로 들어가다 돌아보며, 오버랩의 기분) 야 이 춘데 나더러 귤 사오라는 거야 또오?

S# 윤희의 방

윤희   (벗은 코트 반으로 접어 들고 무릎 꿇고 앉아서)……

S# 동우의 오피스텔

동우   (누워서 한 손 팔베개 하고)…(타는 담배 손가락에 끼어 있는 채 가슴에 놓고)……

S# 윤희의 방

윤희   (혜림 안고)잘자라 우리 아가아아아.앞뜰과 뒷동산에에에에 (정식으로 부르는 건 아니고 조용조용 가만가만)새들도 아가양도…다들 자아는데…달님은 영창으로…. (하다가 목이 멘다)……(아이 내려다보며)….

S# 어느 군부대 면회소

동우   (제대 직전 / 군복 차림 /들떠서 뛰어 들어와 윤희 앞에)왔니? 놀랐어.어떻게 온다 소리두 없이 와아?

윤희   보구싶어서. 잘 있었어?

동우   늑막염은 어떻게 잘 나아가구 있는 거겠지.

윤희 응, 다 나았어 이제 흐훗, 동우씬 어때?

동우 손가락만 꼽구 있다.하루 이십사시간이 왜 이렇게 길구 날 가
는 게 왜 이렇게 더딘지 /환장하겠다.

윤희 제대 앞두군 다 그렇다드라.보여줄 거 있어 (벌써 지갑 꺼내며)

동우 뭔데?

윤희 응, 잠깐… (지갑에서 갓난쟁이 혜림이 사진 꺼내 내민다)

동우 …(얼떨떨한 채 보고) ? (시선 든다) 이게 뭐야.

윤희 애기.(아무렇지도 않게 맑고 밝게)

동우 ….(굳어버리면서 보는)

윤희 한달 됐어.데리구 오구 싶었는데 너무 쳐서.(코 찡그리며 웃는)

동우 낳았단 말야?

윤희 움. (자랑스럽게) 늑막염 거짓말야.

동우 (숨 짧게 토해내며 잠깐 고개 돌려 황당한)

윤희 ….(보며)

S# 부대 근처

동우 …(말없이 걷다가 멈추며)멍청한 짓 했어. (낮게 내뱉고)우리가
지금 애낳구 살 처지야? (한심하게 보며)

윤희 몇번이나 병원 앞까지 갔다가 못했어.동우씨 죽이구 애기 죽
이구 두 사람 죽이는 것 같아서.(좀 골나서 다소 어리광스럽게 투덜거
리는)…

동우 …왜 얘기 안했어.난 해결본 줄 알았단 말야.

윤희 군생활 하는 사람 공연히 맘 쓰구 걱정할까봐 안했어 (뿌우)

동우 …(보다 걷기 시작하며)기분이 묘해.결혼두 안하구 애아버지부
터 됐어.

윤희 　(가볍게 따라 걸으며 팔짱 끼며)결혼하믄 되지 뭐?곰방 제댄데 취직하구 일년 돈 모아서 결혼함 되잖아.

동우 　처녀 엄마되구 넌 그렇게 아무렇지두 않니?(옆으로 보며 /저도 약간은 가벼워져서)

윤희 　살인자보담 낫잖어?

동우 　젖 안먹여?애 어떡하구 온거야.

윤희 　회사 나가야는데 젖을 어떻게 먹여.담주 월요일부터 출근야.받아주신대 회장님이. 늑막염 휴직 끝났어. (귀엽게)

동우 　웃을 일 아냐.애 엄마 처년척하면서 직장 다니는 거 쉬울 거 같아?들통나면 모두 사기당한 기분일 거야.

윤희 　그렇다구 사정있어 애부터 낳았다구 이실직고할 수두 없잖아.돈은 벌어야구…잠깐 나쁜 짓합니다.

S# 윤희의 방

윤희 　E (아이 내려다보는 윤희 위에 연결)사정 좀 봐주세요 /그래서 날마다 기도해 나. 하느님 봐주실거야….(윤희 그대로)……

F.O

S# 일진상선에서 쏟아져 나오는 퇴근 인파(저녁)

S# 인파 속에서 나오는 동우

동우 　(부지런히 걸어 주차장으로)

S# 주차장

동우 　(제 차 있는 곳으로 온다)

윤희 　(저만큼에서 기다리고 있다가 빠르게 다가와 선다)

동우 　(차 문 열다가 보고) ?

윤희 　….(조용히 보는)

동우　성가스럽게 굴지 말라니까 왜 이래.

윤희　집에 가서 혜림일 봐.혜림이 얼굴 보구두 생각 바꿀 수 없다면
　　　…내가 손 들게.

동우　…..(쏘아보는)

윤희　가서 보자구.

동우　약은 꾀 쓰지마.혜림일 보든 안보든 마찬가지야.앨 앞세워 날
　　　어떻게 해보자는 생각은 하지마.니 입으로 나 돌았다구 했잖아.나
　　　돌았어. 미친 눔 취급하구 말면 그뿐이잖아.여기 회사야. (이 갈듯)
　　　나 약속있어. (차에 타려)

윤희　혜림아빠.

동우　(눈 질끈 감는다)

S# 근처 고궁 안

동우　(둘 다 앞 보는 자세)‥ 나 혜림이한테 정 없어. 알잖아.

윤희　정 없다구 의무두 없어?

동우　(탁 돌아 쏘아본다)…내가 지금 의무같은 거 아는 사람 같아?

윤희　(앞 보면서)… 혜림일 한번 봐.

동우　…..(앞으로) 안 가.

윤희　…..(그대로)

동우　(더 강하게) 안가!

윤희　(탁 돌아본다)….뜻대루 하구 싶은대루그렇겐 안돼. (차게)

동우　?

윤희　E 노영주씨 만나 사실 얘길 해서라두 내가 막을거야.

동우　(오버랩의 기분 /인정사정없이 후려갈긴다)

윤희　(픽 엎어져버린다)….

116

동우 　아무 짓두 하지마. 하면 안돼.

윤희 　…(천천히 일으켜 우선 상체 세운다)

동우 　절대루 하면 안돼. 가만 안놔둬 내가.

윤희 　…(비틀거리며 일어나는)

동우 　…(보다가 탁 돌아서 "뚜벅" 걸어가는)…(그러다가 되돌아보며)…
　　넌 그렇게 못할거야…(잠시 더 보다가 가버린다)

윤희 　(그쪽으로 고개 돌리면서)…

S# 오피스텔 전경(밤)

S# 승강기와 복도

동우 　(내려서 자기 방 쪽으로)………(키 꽂고 열려는데/이미 열려 있다)?…
　　(문 연다)

S# 오피스텔 안

동우 　(들어오며 본다)………

윤희 　(의자에 앉아서 고개 조금 내리고)……

동우 　……(한참 보다가/움직이기 시작해서 가방 놓고 옷 벗어 장에 넣고 하
　　는 동안 에도)

윤희 　…(그대로 앉아 있다)

동우 　(처리할 것 처리하고 윤희 돌아본다)……

윤희 　(그대로)……

동우 　(윤희 앞으로 가 의자 빼서 앉으며 부드럽게)윤희야.

윤희 　(고개/시선 내린 채)…

동우 　(눈 잠깐 감았다 뜨며)언제 왔어.

윤희 　…(시선 들어 본다)

동우 　나같은 놈하구….아직두 더 할 얘기가 있니?

윤희 ……(보며)

동우 나같은 놈하구/ 아직두 얘기가 하구 싶어?

윤희 (혼잣말하듯/일어나며)물 먹구 싶어.

동우 앉아 있어. 내가 주께.(일어나 냉장고에서 물병 꺼내 따라 내민다) …(보며)

윤희 ……(올려다보다가 받아서 마신다)…

동우 ….(보다가 제 자리로 앉는데)

윤희 (물컵 입에서 내리며)그래 나(시선도 내려 있는 채) 맨날 똑같은 얼굴…똑같은 화제…나두 알어 내가 그렇게 매력있는 애 아니라는 거.싫증 나구…

윤희 E (보고 있는 동우 위에) 심심하구/지루해졌을 수 있어… 알어. 연애두 오래하다보면

윤희 그렇다드라……(물 잔 탁자에 놓으며 안 보는 채) 우리 처지…당신 처지 내 처지… 모두 다 지겨울수 있어 그래 알어.그렇지만/….그렇지만.. (목이 메며) 어떻게 얘기할지 모르겠어. (울음이 차오르면서)난 그냥 눈물만 나.

동우 윤희야 (오버랩의 기분)

윤희 (오버랩의 기분)(보며)나를 좀 가엾게 생각해주면 안돼?…. 난 당신 밖엔 남자 몰라.맨 첨 만난 사람이 당신이구 첨 사랑한 사람이 당신이구/당신 맘두 내 맘두…의심해본 적 없었어.당신하구 나/따루따루 두 사람이란 생각두 안했어. 우리 하나라구 생각했었어.

동우 (눈 감는다)…

윤희 E 나 가엾게 생각해줘.부모 없이 이모하구 할머니한테서 크면서../나 어렸었어.

118

동우   (눈 뜨고 본다)

윤희   E (연결)할머니랑 이모가 아무리 잘해주셔두 틈틈이 외롭구 쓸쓸한 생각 많이 하면서 자랐어.

윤희   잊었어? 우리 서루 참 많이… 안됐어하면서 사랑했었어. 당신…사랑한단 말은 안 했어두/말 아닌 걸루 나 한테 참 잘해줬었어. 나 그거 못잊어. 그걸 어떻게 다 잊으란 거야. 당신은 잊을 수 있어?

동우   ·····(보며)

윤희   우리 할머니…이모…(다시 울음 차오르면서)어떻게 해애…혜림 인 어떻하구우우.(하며 두 손으로 눈 덮는다)

동우   ······(보다가 후우우 한숨 내쉬며 일어나 창 쪽으로 가서 창을 열어젖힌다)…

   E 늦은 밤 도시의 소음이 들어오고.

S#   동우 시각에서 바깥 풍경

S#   오피스텔 안

동우   (창밖 보며)·······(있다가 돌아보면)

윤희   ····(눈 가린 채)

동우   이제 그만 가봐…. 이래봤자 … (바지 주머니에 손 넣으며) 소용없어.이제 맘 바꿀 수두 없구…(윤희 쪽으로 가 서서 내려다보며)바꾸 구 싶지두 않아····· 니가 얼마나 황당할지 알아.내가 얼마나 나쁜 눔 인지두 알구…너한테 싫증이 나서라기보다… (냉장고로 가며)저절 루 굴러들어온 기횐…안 놓치겠다는 거야. (냉장고 열고 맥주 캔 하나 꺼내 따면서)이런 기회는 누구한테나 오는 것두 아니구/(한 모금 빠르게 마시고 내리며/캔 내려다보며)자주 오는 것두 아냐. 놓치기 싫어.(다시 한 모금 홀쩍 빠르게 마시고 내리며 창 쪽으로 가며) 너는 내가/

부모형제두 귀찮아 하는 눔인 거같겠지만

윤희 (손 내리며 동우 쪽으로 돌아앉으며 강하게 오버랩의 기분)아냐 그렇게 생각 안해. 그런 사람 아냐!(아냐 하면서 일어선다)

동우 (오버랩의 기분)우리 아버지 어머니/평생 죽어라구 일해두 벗어날 수 없는 가난/염증이 나.다들 존 옷입구 존 차 타구 잘먹구 잘 사는데/내 형제들은 나 빼놓구 공부두 제대루 못했어.화가 나서 견딜 수가 없어.

윤희 (오버랩의 기분)그런 사람 많아. (달래는)우리같은 사람들이 더 많아.

동우 (윤희 말하는 동안 마시고 내리면서)(오버랩의 기분)너는/천성이 마음이 부잔 애라 몰라.나는 그렇지가 못해.난 찌들구 뒤틀리구 이 그러진 눔야.

윤희 당신 능력있어 유능해.승진두 남보다 빠르구 열심히 발전하면.

동우 (오버랩의 기분)어느 천년에. (시니컬하게)그래봤자 월급쟁이야.길바닥에 널린 게 월급쟁이야. 월급쟁이 뛰어야 벼룩이구/좀 낫다면 개구리 정도야.내 월급 얼만지 알잖아.그걸루 나 살기두 바쁜데 언제 집사구 뭘루 내부모 따듯하게 해줘.

윤희 (오버랩의 기분/안타까워서)모두 다 그러구 살어어어.

동우 모두 다 그러구 살라 그래.나는 정말/싫어!

윤희 ….(보다가)그런 맘으루…접근했던 거야?

동우 (힐끗 보고 창 쪽으로 돌아서며)그런 거 아냐.의도적인 접근같은 거 안했어.

윤희 그럼…어떻게 된 거야.

동우 (그대로인 채) 우연히 부딪혔어…그야말루 우연히….술 한잔 하자 그러드라… 거절…못했어.사주 딸 비위 긁어놀 필요 없잖아.

윤희 ….(보며)

동우 (한 모금 마시고 내리며)건방지구 맹랑한 여자라 생각했어.첨엔/ 그뿐이었어…. 그런데 작정하구 덤비더라….(돌아서 보며)만나다 보니까 좋아두 지구/…그렇게 된 거야.(뚜벅뚜벅 싱크대로 가 캔 올려놓고 돌아서며)이제 그만 가라.

윤희 ….

동우 다시는 여기 오지 마.우린 끝났어.

윤희 ….(시선 내리며)

동우 (다가와 보며)…잊어버려….미친 개한테 물렸다 생각해.

윤희 (와락 허리 안고 몸 붙인다)…

동우 ……(그대로)

윤희 (푹 무릎 꺾어져 주저앉으며 다리 껴안고)…이렇게 빌께…나 이렇게 빌테니까 마음 바꿔 줘어.혜림이는 어떡하구 우리 할머니는 어떡해애애….

동우 (윤희 잡아 일으키려는데)

윤희 (안 일어나려고 하면서 올려다보며)나는 괜찮아.나는 어떻게 되든 상관없어. 그렇지만 혜림이하구 우리 할머니/할머니 당신한테 잘해주셨잖아.당신 좋아하시잖어우리 할머니이이.

동우 (이 악물다시피) 일어나!(강제로 거칠게 일으키며)이게 무슨 꼴야 너!너 자존심두 없어?내 앞에/ 니가 왜 무릎을 꿇어.(윤희 흔들면서)개자식은 난데/ 개자식한테 뭘 빌어 너!

윤희 나 가진 거 없어서 당신한테 줄거 암것두 없어.그렇지만 우리

동우 (오버랩의 기분)너한테 받은 거 많아!(흔들면서) 너무 많아. 염

치없을만큼 많이 받았어. 질리두룩 많이 받았단 말야!

윤희　(오버랩의 기분) 혜림아빠.

동우　(오버랩의 기분)난 그것두 지겨워!끝없이 해바치기만 하는 니/
그/ 미련한 헌신두 이젠 지겹단 말야! 불평할 줄두 몰라/불만두 없
어/아까운 것두 없어/의심할 줄두 몰라/눈치두 없어/…난 것두 지
겨워. 정말 지겨워.

윤희　…..(보며)

동우　(밀어내며)가…..다시는 여기 오지 마.(하고 저도 조금 돌아선다)

윤희　…..(밀쳐져서)

동우　….

윤희　(천천히…소지품 챙겨들고 천천히 나가고)…..

　　　E　문 닫히는 소리에.

동우　(돌아본다)…..

S#　복도

윤희　(나와서 승강기 쪽으로)…….

S#　승강기 앞

윤희　(버튼 눌러 놓고 기다린다)…..(승강기 와서 열리고 들어가는) 승강
기 문 닫히고….

S#　오피스텔 로비/승강기

윤희　(승강기에서 내려 현관 쪽으로 천천히….아주 천천히)…

S#　오피스텔 밖

윤희　……(나온다)…..(몇 걸음 옮기다가 멈춰 서서)…..

S#　동우의 시각으로 오피스텔 광장에 서 있는 윤희

S#　오피스텔 안

동우 (바지 주머니에 손 넣고 창에서 내려다보다가 돌아서 창틀에 머리 기대는)….(눈에 가득한 눈물)…..

S# 그대로 서 있는 윤희…

S# 오피스텔

동우 (창틀 아래 벽에 등 붙이고 두 다리 벌려 세우고 앉아 타는 담배 손가락에 낀 채 팔 떨어트리고)….

S# 오피스텔 근처 고수부지 길

윤희 (강둑 길을 하염없이 걷고 있는)…..(얼굴은 오히려 무표정)……

S# 윤희의 집 마루

윤희 (현관에서 어두운 마루로 들어선다)…..(제 방으로 가는데)

조모 E 에미냐아?

윤희 (멈추고)네에 할머니.

조모 (앉은 채 내의 바람으로 문 열며)왜 이렇게 많이 늦어어.밤길 다니다 사고라두 당하면 어쩔려구우.

윤희 네 안주무셨어요?

조모 끄응 (일어서 나오며)들어올 식구가 안 들어오구 있는데 잠이 오나아.(부엌으로)

윤희 죄송해요 할머니…

조모 E 늦어지면 즌화하구 아예 게서 자아. 인적 끊어진 밤길 다니는 거보다 그게 낫다.

윤희 …네에.

조모 (물컵 들고 나오며)데려다는 주든?

윤희 그럼요 할머니.

조모 (자기 방으로 들어가며)혜림이 우리 방에서 잔다.깨울 거 없이 놔두자.

윤희   ··네에.(할머니 들어갈 때까지 기다렸다가 제 방으로)

S# 윤희의 방

윤희   (들어오면서 불 켜고)……(핸드백 늘어뜨리고 한참 동안 섰다가 이
윽고 천천히 옷 벗기 시작한다)……

   E 안방 문 여닫히는.

윤희   (돌아본다)····(마루 기척에 미닫이 열고 내다보는)

조모   (혜림 안고 들어오며)귀신같이 지 에미 온 건 안다. 데리구 자라.자
리 펴 어이.

윤희   네.(서둘러 혜림 자리 펴고/혜림 받아 안아서 눕히며)얼른 주무세요……

조모   씻었어? 불너 주래?

윤희   아녜요. 그냥 잘래요 할머니. (안 보는 채 혜림 토닥이는)

조모   ····(보다가 윤희가 벗어놓고 미처 처리 못한 옷가지 처리하면서) 회
사는… 혼인하구두 댕길 수 있는 거야?

윤희   ···네··(혜림 토닥이며)

조모   좋은 세상이다.옛날에는 다 그만 뒀어야 했는데····몇년은 더 벌
어야지 그럼… 혜림이 봐줄 사람 있겠다 무슨 걱정야.집칸이라두 만
들 때까지는 어린 거 안쓰럽구 힘들드래두 벌어 모아야지 그럼(꿍얼
꿍얼)···혼인 달 잡어노니 내가 아주 그냥 날어갈 거 같어.뭐냐 머리
에 엿붙여논 거 모양 내내 꿈꾸웁하구 개운찮더니····

윤희   ……

조모   고단하다 어이 자거라. (나가며)

윤희   ···(할머니 문 여는데) 할머니 (아이 보는 채)

조   (돌아본다)

윤희   ..(안 보는 채) 할머니는.....강서방 좋아요?

조모   좋구 싫구 어딨어. 내 식군데.....왜애.

윤희   나는 할머니...강서방 싫어질려구 해애(하며 본다)

조모   ?.....

윤희   성미가 너머 못됐어..아무리 지숙이가 심한 말하구..이모두 좋
      아라는 안한다지만 그래두 발 딱 끊구/...너무하는 거 아뉴?

조모   싸웠니?

윤희   생각하면 괘씸해.그래두..할머니두 계시구 그런데 사람이면 어
      떻게 그럴수 있냐구...나쁜 사람 같애요.결혼해두/..어쩌면 ...할머
      니한테 잘 안할 거 같애요. 그런 사람 나 필요없어.

조모   별 쓰잘데기 없는 소리두 다 한다.사내자식 밸 건드려 논 게 잘
      못이지.

윤희   밸 건드렸다구...그래야 해?

조모   그 밸두 없으면 사내자식이냐? 걱정할 거 읎서.저두 떳떳치 못
      해 불편한데 꼭 도둑놈 취급을 하니 기분 나쁘지 안 나빠? 오오냐, 결
      혼식 올릴 때까진 발걸음 안한다/내가 사내자식이래두 그래.워낙
      에 얼렁덜렁한 데두 읎는 녀석이구/지 발이 와지질 않는데 으떡해.

윤희   .....

조모   공연히 그러지 마.나는 다 이해하니까.

윤희   .....

조모   만났으면 기분좋게 있다 들어오지 끌끌, 맥이 읎더라니 쯔쯔
      쯔쯔...어이 자. (하고 나간다)

윤희   ....(앉은 채/가슴이 찢어진다)

제4회

S# **소양호 전경(낮)**

S# **동우 친가/**
  뜰에 윤희의 신발과 부모, 동숙의 신.
  식구들 신은 가지런하지 않아도 됨

S# **안방**

모친 …글쎄 그게…(남편과 아랫목에 /동숙이는 옆에서 곁눈으로 간간이 윤희 보는 상태)

윤희 (무릎 꿇은 자세로 앉아서 엄마 입 보며)…

모친 (윤희와 눈 못 맞추면서 /미안하기는 하지만 미온적이다)일이 어떻게··그렇게 되니 그래애애…우리야 그저 니가 고맙구…새끼까지 생겼는데 그저 하루 빨리 면사포를 씌워야지 것두 미안하구… 그랬는데…근석이 환장을 했나부다……

윤희 ……(서늘하게 보며 /기대했던 반응이 아니다)

모친 (옆의 남편에게)뭐라구 말 좀 허세요오.

부친 (방바닥만 내려다보면서 /두 손은 샅에 쑤셔 박고 앉아)무무슨 말을 해.

윤희 ....(부친 보며)

부친 그눔이 화환장한 거지.

윤희 (오버랩의 기분 / 다가들듯 한)혜림이가 있어요, 아버님.혜림이 생각을 해서라두 좀 말려주세요, 말려주셔야 해요.제 편이 돼주세요, 아버님. 네에?

부친 .....(묵묵부답)

윤희 (엄마에게) 어머니임.

모친 ...(안 보는 채)

윤희 어머니.

모친 (오버랩의 기분) 근석이 어디..누구 말 듣는 눔이래야지이.

윤희 ....(보는)

모친 말 안들어어 (여전히 안 보는 채)그렇게 오래 교제를 했으면서 ...너는 그눔 모르니? 자식이래두...어찌나 쌀쌀맞구 어려운지 이 날까지 나..이눔아 소리 한번을 못해봤다.

윤희 ....(보는)

모친 E 말린다구 우리 말 들을 눔두 아니구....어떡하니...웬만한 눔 같으면 모르겠는데... 염치없는 소리다만 그냥 니가 접구 단념을 하는 게..

모친 (여전히 못 보는 채)단념을 하는 게... 좋지.. 싶구나.

윤희 ....(보며 /옆에서 동숙 안된 얼굴로 보는)

모친 그렇지요, 영감?

부친 .....

윤희 (약간 반발하듯) 그럼 혜림이는요,혜림이는 어떻게 되구요.

모친 ……(안 보는 채 괜히 머리 득득 두 번 긁는다)

윤희 혜림이는 어떻게 돼두 상관 없으세요?

모친 그러니 그걸… 낸들 어떡하니이.

윤희 ……(보며)

S# 선착장으로 나오고 있는 윤희와 한 걸음 뒤에서 따라오고 있는 동숙

윤희 ·······

동숙 ……(따라오며 눈치 보는)…

윤희 ······

동숙 얼마나 기가 막힐지… 알아요.

윤희 ······

동숙 오빠 어제…. 전화했었어요.

윤희 (멈추고 본다)…

동숙 언니 올지두 모른다구….엄마.. 펄펄 뛰었어요,그러는 거 아니라구요.도대체 어떤 기집애냐구 욕을 욕을 하면서…

윤희 (다시 걷기 시작)

동숙 오빠 회사 쥔 딸이라면서요.

윤희 ….(그냥 걷는)

동숙 ··우리 엄마 아부지…이해하세요, 언니…..너무 못살면··그럴 수 두 있다구… 그렇게요.

윤희 ······

동숙 미안해요 언니…… 정말 미안해요.

윤희 (멈추고 돌아보며)이제 그만 들어가요. (부드럽게)

동숙 미안해요.

윤희 (한 어깨에 손 올리며)추워요, 들어가요 그만.

동숙 (그 손 잡으면서 울먹해져서 비죽비죽)미안해요, 정말루.

윤희 (고개 잠깐 흔들듯) 아가씨가 /동숙씨가 그럴 건 없어요.

동숙 (오버랩의 기분 / 울면서)우리 식구… 비겁요.나 너무 속상한 거 있죠?

윤희 (쓸쓸하게 웃으면서)고마워요, 동숙씨. 고마워요.

동숙 (두 손으로 얼굴 싸고 아예 쭈그리고 앉는다)

윤희 ····(내려다보다가)······(고개가 호수로 돌아간다)·····

S# 배 안

윤희 ······(가만히 앉아서)·········

윤희 E 빨리 가아. (소리 크게 못내고)

S# 윤희 골목(여름 / 늦은 밤)

윤희 (허리 답삭 / 꽉 / 껴안는 동우 밀어내며) 늦었단 말야아.(아주 밝고 명랑)

동우 몇분 더 늦는다구 지구가 깨지니? 가만 좀 있어어.

윤희 (칠색 팔색 / 마구 밀어내면서)우리 이모한테 들키면 다리부러 져어어.

동우 그럼 아예 니방에 들어가 진치구 눕지? (기막혀 웃는 윤희 팔목 잡아 몇 걸음 대문께서 떨어지며)잠깐 이리 좀 와봐.

윤희 (끌려가며) 왜애애애.

동우 (눈 맞추고) 우리 학교 때려치구포장마차 하면서 사까?

윤희 미쳤어. 졸업 코앞에 두구 왜 그런 망발을 하는 거야?

동우 아냐, 나 가끔 진짜 그런 생각들 때 있어.

윤희 난 날마다 그래, 그래두 건 안돼.내가 여기서 그럴래?좋아, 우리 그러자 그럼 나 앞길 창창한 남자 하나 망쳐 먹는 거 돼, 나 그거 안해.

동우   (느닷없이 윤희 한쪽 가슴을 움켜잡아 버린다)

윤희   (입 딱 벌리며) 돌았어어! (갈기려 들면 벌써)

동우   (저만큼 떨어져 나가면서 히히닥 거리는) 하하 들어가라.

윤희   아프단 말야아. (발 가볍게 구르며)

동우   (가슴 움켜잡았던 손 들어 손가락 장난 하면서) 난 좋았는데? 하하,
미안해. 잘자라, 잘자.

S#   서울로 돌아오는 버스 안의 윤희

동우   E 잘자아‥‥

윤희   ‥‥‥(표정 변화 없이 그대로)‥‥‥

윤희   E 으으으으 말두 못하게 추워어.

S#   동우 자취방

윤희   (부지런히 목도리 풀고 반코트 벗고 하면서) 온세상이 꽝꽝, 꽁꽁,
땅땅얼어붙었어. 갑자기 왜 이렇게 춘거야? 무지무지 춥다. 내말 지
금 이상하지. 입이 얼어서 말두 제대루 안되는 거 같아. 으으으으으
(두뺨, 손바닥으로 싹싹싹 문지르면서 깔개 쪽으로) 뭐하구 있었어? 놀
랬지. 밥은 먹었어? 반찬 뭐했어? (깔개로 파고들며) 웃 춰, 웃춰웃
춰. 발이 젤 시려. 무슨 버스가 히팅이 전혀 안되는 거 있지? 버스서
얼어 죽는 줄 알았어.

동우   (윤희가 벗어내는 목도리, 장갑, 코트 받으며 있다가 좀 야단치듯) 그
러게 춘데 뭐하러 와. 집에 있지이. (받아든 것 치우며)

윤희   갑자기 머리칼이 으아아아아 고슴도치 까시처럼 사방으루 짝
뻐치잖아.

동우   나 보구 싶어서.

130

윤희   엉.

동우   (픽 웃으며 윤희 옆으로)이렇게 해봐.(윤희 발 꺼내며) 발 내놔.

윤희   왜애애

동우   내 글쎄. (발 꺼내서 한쪽 들어 발등 빠르게 싹싹싹싹 문지르기 시작)

윤희   ‥‥(보다가) 놔둬. (발빼며)안그래두 돼애.

동우   가만 있어. 금방 녹여주께.(문지르며)

윤희   괜찮다니까아? (발 빼며)

동우   가만 있어.(괜히 눈 부릅 떠 보이며)

윤희   (오버랩의 기분) 발이잖아아. (빼며)

동우   발이면 어때. 나 니 발 몰라?‥‥(부지런히 문지르는)

윤희   ‥‥(헤에 입 벌리고 보며 맡겨둔다)

동우   (다른 발로 바꾸다가 문득 보고)입은 왜 벌리구 있냐.

윤희   <u>으흐흐</u>

S# 버스 터미널 벗어나고 있는 윤희(저녁 때)

윤희   E (웃음 연결)<u>흐흐흐흐</u> 너무 좋아서.

윤희   ‥‥‥(빠른 걸음으로 걷는)‥

동우   E 괜찮아?‥‥

S# 캠핑 텐트 안(밤)

동우   ‥‥‥(윤희, 티셔츠에 반바지 /동우는 반바지에 러닝셔츠. 둘 마주 보면
        서. 동우의 한 손은 윤희 목 언저리로 올라가 있고)‥‥ 괜찮겠어?(둘다 양
        반다리 / 마주 앉아서)

윤희   ‥‥‥(보며 / 입에는 씹던 오징어 다리 한 개 물려져 있고 / 뿌우한 얼굴)‥

동우   응?‥ 윤희야.

윤희   ‥‥(보며)

동우   응?···· 응?

윤희   (입에 물린 오징어 다리 탁 빼내면서)그런걸 물으면 어떡해.(뿌우/
        투덜투덜)별 웃기는 걸 다 물어 진짜.(목에 있는 동우 팔 떼어내며)그
        렇게 물음 내 대답은 물론 안돼야.

동우   ····(보다가 시선 아래로 떨구며)알았어 그래.

윤희   ·····(뿌우한 채 보며)

동우   ····(그대로)

윤희   불쌍해 보여두 안돼.

동우   ····

윤희   ····(보며)

동우   후우우우우우 (숨으로 정리하려 하며) 미치겠다.

윤희   ····(보다가)늑대가 토끼 잡아먹을 때 잡아먹어두 괜찮냐 묻구 잡
        아 먹니? ··바보같애.

동우   ? (돌아본다)

윤희   ···(보다가 얼른 고개 딴 쪽으로 돌린다)

동우   (윤희 고개가 돌아가는 동시에 덮치듯 쓰러뜨리는)

윤희   (마주 껴안으며 마주 호응하는)···

S# 지하철 승강장

윤희   ······(빈 벤치 한 켠 /주머니에 손 넣고 앉아 있는 /무표정에 눈만 뭔가
        골똘히 생각하는)······

S# 동우 오피스텔 안

        E 울리는 전화벨

동우   (넥타이 매다가 받는다)네에··· 여보세요.

윤희   F (오버랩의 기분) 어떻게·· 있었네.

132

동우   ….

윤희   F 잠깐만 봐.

동우   이제 볼일 없잖아. 바빠 (수화기 내리는데 /수화기에서 들리는 소리)

윤희   F 오분두 안돼?

동우   …

윤희   F 단 오분두?

동우   (짜증스러워져)구기동 가야한단 말야 지금. (에서)

S# 근처 카페(밖에는 눈이 펑펑 쏟아지고 있다)

동우   (들어와서 곧장 뚜벅뚜벅 윤희 자리로 가 푹 앉으며)뭐야. (야비하게
        는 하지 말 것)

윤희   ….(보며) [윤희 앞에만 놓여져 있는 찻잔]

동우   오분이라면서.

윤희   마지막으루…. 한번만 다시 생각해.

동우   …..(보며)

윤희   우리 관계 따분해졌을 수두 있어.그냥 남들처럼 한걸음 한걸
        음…그게 깝깝할 수두 있구 이런저런 짐…빨리 벗어버리구 싶을수
        있을거야.또·· 노영주씨 세련되구 이쁘구 근사해.좋아질 수두 얼
        마든지 있어.거기 비하면 나는··게임이 안돼 알아. 그렇지만 마지
        막으루 부탁해.다시 생각해줘….

동우   (보며)…..

윤희   나한테 싫은 점 있음 말해.나 고칠께.결혼 재촉… 안하께.재촉해
        서 미안해 응?

동우   (외면)…

윤희   나 혼자면 이렇게까지 안 매달려.나 싫어서 간다는데 구질구

질하게 안 붙잡아. 근데 혜림이가 무슨 죄야.혜림인 아무 잘못 없

잖아.

동우　(외면한 채 그대로)…

윤희　당신두 힘들 거야.

동우　(오버랩의 기분) 힘든 줄 알면 제에발 날 좀 내버려둬.(보며 / 나직이)

윤희　……(보며)

동우　모르는 척 해.끝난 일루 접어치우자구.

윤희　혜림이한테 뭐라 그래.

동우　……(보며)

윤희　혜림이한테

동우　(오버랩의 기분)혜림이혜림이혜림이 (싫증나서)

윤희　(오버랩의 기분) 뭐라 그래.

동우　죽었다구 해. 죽었다면 될 거 아냐.

윤희　…….

동우　얼마든지 욕해. 저주해……니가 할 수 있는 건 그것밖엔 없을 거야.

(안 보는 채)

윤희　그건 …안할래. 안할거야…(안 보면서) 안할 수 있어.

동우　….(보는)

윤희　(담담하게) 벌써 줄 끊구 달아나기 시작한 연인걸.(가만히 보면

서)다른 하늘루 날아가 버렸는데…나 왜 끊어진 연줄 들구 서서…

(쓰게 잠깐 웃으며) 미워하구 저주하구 그런 짓 해?안 그럴 거야. 나 더

힘들기 싫어.

동우　….(보며)

윤희　(일어나 출입구로)

동우   …(잠깐 있다가 일어선다)

윤희   (찻값 내고 나간다)

S# 카페 밖

윤희   (나와서 돌아보며 동우 나올 때 기다리는)…

동우   (나온다)… (보며)

윤희   가께.

동우   …미안하다. (보며)

윤희   (끄덕이며 좀 웃으며)

동우   ….(보며)

윤희   ….(보다가 제 방향으로 걷기 시작한다)

동우   ….(보면서)

윤희   …..(상관없이 걷는)

동우   ….(보고 있고)

윤희   ….(걷고 있고)

동우   …(보다가 어느 순간 돌아서 반대 방향으로 걸어가는)…

　　　[각각 반대 방향으로 벌어져가는 두 사람.]

S# 눈 쏟아지는 골목을 오고 있는 윤희…

윤희   (구멍가게로 들어가고)

　　　[펑펑 쏟아지는 눈과 지나는 행인 두서넛‥]

　　　[고양이를 쫓는 개.]

윤희   (귤 봉지 들고 구멍가게서 나오는데)

S# 마루

윤희   (들어서며) 혜림아아아.

조모   E 에미 왔다 에미. (와 거의 동시에)

제4회   135

혜림　(안방에서 튀어나오며) 엄마아아아.

윤희　어어 그래 엄마왔어.(반 부츠 벗으며) 잘 놀았어?

혜림　(귤 봉지 뺏으며) 응.

윤희　안 보챘어? (다른 쪽 벗으며)

혜림　아아니?

조모　(혜림보다 한발 늦어 나오면서) 눈 오시니이?

윤희　네, (눈 털어내며)

이모　(앉은 채 내다보며) 저녁은.

윤희　아니 아직

이모　곱창전골이 감자탕 됐다.곱창이 없더라구 (모습 사라지며)

이모　E 어이 언니 밥차려줘.

윤희　놔둬어. 내가 찾아 먹으께에.혜림이 들어가.할머니랑 들어가 응? (아이 조모 쪽으로 밀며)들어가세요.

조모　안 나오니? (혜림 앞세우고 돌아서며)

지숙　(안방에서 나오며)어디서 오는 거야?

윤희　(제 방으로 가다 돌아보며)실장님네.

지숙　아니 아침부터 지금까지 돌잔치 부역시키구 저녁두 안먹여 보내?

윤희　어 종일 음식냄새 파묻혀 있으니까 느글거려 먹기 싫더라구.(겉옷 벗으면서)

지숙　(부엌으로 가며)뭣 좀 안 싸줘 돌집에서?

이모　E 저건저건 그지냐?!(다 닫히지 않은 안방 문)

지숙　아 당근 아냐아! 돌집 파틴데에!

지숙　E 엄만 왜 점점 목청만 커져어?(부엌으로 들어가며)

136

윤희　(제 방으로)

S# 윤희의 방

윤희　(들어와서 옷 장에 걸어넣고 앉아서 스타킹 벗어 탁탁 털어서 적당
　　　히 접어 화장대 위에 놓다가 문득 거울 속에 제 얼굴 보며)‥(마알간 얼
　　　굴)‥‥

S# 영주의 거실

동우　(코트는 벗은 상태 /소파 근처에 서서 이여사가 나오기 기다리는 중
　　　이다)‥ (아무리 안 그럴 작정이지만 어쩔 수 없이 긴장되는)

영주　(맬맬 웃으면서 양팔 겨드랑이에 넣어놓고 /동우와 팔짱 끼는 게 아니
　　　고 / 고개 갸웃하고 재미있어서 보는)‥풋, (웃어버린다)

동우　왜 그래.

영주　(팔 풀면서)뭘 그렇게 긴장해서 그래애.긴장할 거 없어어아무두 안
　　　잡아먹어어.

동우　…(보는)

영주　뻐덩뻐덩해. 킬킬.(쿡쿡 찌르면서) 풀어풀어.우리 집에 사자 안키
　　　워.괜찮아아아.

동우　재밌어?

영주　귀여워죽겠어 흐흐. (하는데)

이여사　(나오는데 /드레스에 가까운 검정 옷. 심플하지만 작정한 치장이다)

영주　? 엄마 어디 파티 나가우?

이여사　(묵살하고 웃음기 없이)영은이는 안들어왔니?

영주　오늘 장애아 차량봉사 하는 날이잖아. 아직 들어올때 안됐어.

이여사　(의자로 움직이면서) 앉아요.

동우　(영주 본다)

제4회　137

영주 눈길은 줘야지 엄마.안 그래두 긴장해 있는데에.

이여사 회장님 말씀 들으니까 긴장할 사람 아니든데 뭘.(동우 보며) 앉으라구요.(교양 있게 / 부드럽게)

영주 (엄마가 싫지만) 앉아.

동우 인사 여쭙겠습니다.강동우라구 합니다. 안녕하십니까.

이여사 ....(그냥 보며)

영주 엄마. (뭐라고 대답은 해야지이)

이여사 (오버랩의 기분)집에 오라구 한거 /결혼해두 된다는 의미루 받아들이진 말아요.그러기에는 아직 내가 정리가 안됐어요.

동우 ..알겠습니다.

이여사 그리구.. 나만 좋다 그래서 되는 일두 아니에요. 즈 오빠두 있구 다른 어른들두 계세요.

영주 (싫증 나고)

동우 ....(엄마 보는)

이여사 어쨌거나 왔으니 앉아요.

영주 (발끈)어쨌거나 왔으니 앉으라니 엄마가 오래 놓구서 왜 불청객 취급을 해요?

이여사 (딸 올려다보며)일일이 그렇게 니가 나서서 카버 안하면 안될 정도루 이 사람 모자라니?

영주 ...(미워서 보다가) 앉아.기죽지 마. 기죽을 것 없어.(동우 의자로 밀어넣듯 하며)

동우 (오버랩의 기분)그냥 어디 영주 방에 좀 가 있을래? (나직이)

영주 ?

이여사 ?

동우   (조금 웃으며)나 모자란 사람 만들지 말구.

영주   …알았어.(하고 앉으며 동우 잡아당긴다)

동우   또 그런다. 나두 앉을 줄 알아.(좀 언짢아져서)

영주   (올려다본다)

동우   그럼… 앉겠습니다. (앉는다)…(아무도 안 보는 채)

영주   (동우 보며)….

이여사   …..(동우 보며)

동우   ….(그대로)

이여사   ….(보며)여자는… 인물에 약하지.

동우   (쓴웃음)

영주   남자두 마찬가지야.

이여사   (오버랩의 기분)내 딸 어디가 좋아요.

영주   (입이 딱 벌어지고)

동우   (쓴웃음과 함께 안 보는 채) 이뻐서요.

이여사   이쁜 건 젊어 한때에요.여자는 꽃하구 마찬가지죠.시들면 볼
       품 없지.

동우   (보며) 우려하시는 점 단도직입으루 말씀해 주십시오‥ 대답하
       겠습니다.

이여사   ….(잠깐 허를 찔렸다가 / 그러나 표정으로 군이 나타낼 필요는 없다)
       우리 애가 누군지 알구 시작한 교제죠?

동우   그렇습니다.

이여사   쉽지 않을거다 망설여지지 않든가요?

동우   망설여졌었습니다.

이여사   지금은 어때요.

동우 ….

이여사 지금은 어떻죠?

동우 정.. 안된다시면… (시선 내리며)저로서는 방법이 없습니다.집
안 보잘 거 없는 건 제 잘못이 아닙니다만,(보며) 아마 (좀 웃으며)평
생 / 입맛이 쓰겠지요.

이여사 그 얘긴 우리 애를 포기할 수두 있다는 의미에요?

동우 ….그럴 수두 있습니다.

영주 ..(동우 지켜보다가) ? 동우야.

동우 가만 있어.

영주 너

동우 (연결) 비참하게 만들지 말구 가만 있어…. (영주 쏘아보며)가만
있어. 우리 얘긴 나중에 해.사모님 말씀중야.

영주 (엄마에게) 엄마 아무리 그래두 소용없어.난 무슨일이 있어두
할거에요.허락 없어두 해.나 할 수 있어요.

이여사 (오버랩의 기분)이런 딸을 어떻게 생각해요.

동우 (쓰게 웃으며)..골치 아프시겠습니다.

영주 엄마.

이여사 아줌마아. (오버랩의 기분)

여자 E 네에. (주방에서 대답하고 나와서)

여자 네 사모님.

이여사 준비 다 됐어요?

여자 예에.

이여사 (일어나며) 저녁 먹자.

동우 영주 (일어난다)

140

이여사   (우아하게 주방으로 앞서고)

영주   (눈 내리깔고 있는 동우 보며)…

S# 윤희의 방

윤희   (감자탕 뼈다귀 들고 뜯어 먹고 있다)…… (뜯어 먹으면서 점점 울음
이 차올라서 울기 시작한다. 울면서도 뼈는 뜯으면서)흑, 흐윽. 흑흑,

지숙   (밥 한 공기와 수저만 들고 들어오며)이런 땐 먹어두 먹어두 살 안
찌는게(방문 닫고 돌아서며) 얼마나 (복인지 몰라 / 하다가)?…

윤희   (돼지 뼈 든 채 흐느껴 운다)

지숙   ?…… (보다가 앉으며)왜 그래 언니…. 응?··왜 그래…… 무슨일야아

윤희   (뼈 놓고 수저 들며)아냐… 암것두 아냐.

지숙   …..암것두 아닌게 아닌데 왜 그래…… 뭐야….무슨 일이냐구우!

윤희   (국물 뜬 수저 띄우면서)조용해 조용해 너어.

지숙   언니 (오버랩의 기분)

윤희   (오버랩의 기분)할머니랑 이모 들으셔.(울음 비어져 나오며)좀
조용히 하라구우. 흑흑흑 (흐느끼며 출렁거려서 비어버린 숟가락으로
다시 국물 뜨며)그래두 살아야잖어?··살래믄 먹어야지 지숙아?

지숙   …..(보다가 윤희의 숟가락 모질게 뺏어내면서)말해 언니…… 나만 알
게. 무슨 일야…. 말해애….그자식 바람 난 거 아냐?…응? 바람났지
그렇지…말해. 그렇지? (에서)

S# 영주 식탁

　　정식 코스 양식 먹는 중. 메인을 먹는 중이다.

　　모두 아무 말 없이 먹고 있는……

영주   (먹으며 엄마 보는)….

이여사   (그저 먹고 있고)….

영주 (동우 본다)

동우 …(그저 먹는)

영주 (와인 잔 들며) 마셔.

동우 (와인 잔 들어 영주와 함께 마시고 내려놓는다)

영주 (와인 병 들며) 들어.

동우 (잔 대주고)

영주 (따르며) 사형수 최후에 만찬두 이거보단 낫겠다.

이여사 차 갖구 왔어요?

동우 ?‥네.

이여사 아줌마.

여자 (자기방에 있다 나오며)네 사모님.

이여사 와인 한병 더 내요. 같은 걸루요.

여자 네에. (아웃)

이여사 차는 놓구 가세요.

동우 아니 그만 하겠습니다.

이여사 술은 얼마나 해요.

동우 마셔두 되는 땐‥남부럽지 않게 마십니다.

이여사 조절은 되나요?

영주 너무 잘해. (조절을)

이여사 술버릇은 어때요.

동우 글쎄요 별루…

영주 똑같애. 달라지는 거 없어.

이여사 돌아가신 회장님 뵌 적‥ 있어요?

동우 없었습니다. 제가 입사 했을때는

이여사　(오버랩의 기분)거의 병원에 계셨지요.

동우　....(보며) 예.

이여사　.....

S# 영주의 집 앞(밤)

　　대문을 나오는 영주와 동우.

영주　기분 더러워?

동우　(제 차 쪽으로 가며 / 자동 개폐 시동 걸며)더럽지두 깨끗하지두 않아.

영주　우리 엄마 묘하지. (따르며)

동우　흠흠.

영주　의심이 많아서 그래. 누구두 안 믿어.

　　영은의 자동차 들어와 바로 두 사람 옆에 선다.

영은　(문은 이미 열려 있고 / 고개 내밀고) 언니이.

영주　영은이야. 늦었다.

영은　(차에서 내리며) 정건이가 오늘은 광명으루 수원으루 갈데가 많
　　았어. 안녕하세요?

동우　안녕하세요.

영은　(귀에 대고 소곤거리는)엄마 이상하게 안구셨어?

영주　이상하지 않으면 우리 엄마 맞니?

영은　만나서 반갑습니다.

동우　반가와요.

영은　(오버랩의 기분) 나 먼저 들어가?

동우　(오버랩의 기분) 아닙니다. 간다.

영주　응.

동우　(차 문 열고) 안녕히 계세요.

영은 흐훗 안녕히 가세요.

동우 (차 타고 뜨자마자)

영은 와아아아 근사하다 언니야? (눈 크게 뜨고)

영주 그렇지?

영은 어디서 저런 보석을 줏었어?

영주 호텔 화장실에서. (대문 쪽으로 돌아서며)

영은 뭐야? (따르며)

영주 작년 창사기념 그때 쯤 나 장염으루 병원 들락거렸잖아 왜.

영은 엉.

영주 기념파티날 옷 뻐쳐입구 엄마랑 같이 갔는데 자기 상사 마중하려구 주루룩 현관에 서있던 남자들 중에 저 사람 끼어 있었어, 눈에 띠더라.

영은 화장실이라면서.

영주 (대문으로 들어가며) 디너 하는데 갑자기 또 화장실이 너무너무

S# 대문 안

영주 급해지잖아. 정신없이 뛰어들어가 해결보구 나왔는데 글쎄 저 남자가 바루 내가 들어갔다 나오는 그 칸, 문앞에 서 있는거야. (문 닫고 마당으로)

영은 어머 왜애?

영주 회사 사람들하구 맥주 마시다 화장실 갈려구 나왔는데 내가 말릴 새두 없이 총알같이 남자 화장실루 뛰어들어가더래.

영은 어머머.

영주 뿌작뿌작 설사하는 소리 /낑낑거리는 소리 다 들려주구. 급한김에 술한잔 하자 그랬지 뭐.

영은   깔깔‥ 깔깔깔깔깔.

S# 윤희의 방

눈물 콧물 닦은 휴지가 수북하고.

윤희   …‥(감정 수습은 어느 정도 돼 있는 상태고 얘기도 다 해버렸다)… (뜨문뜨문 남아 있는 흐느낌 끄트머리와 허탈감과)…

지숙   …‥(노려보듯 윤희 보는데 흐르고 있는 눈물, 손으로 쓱쓱 닦아내며) …드런 자식. 납‥ 뿐 자식…‥(저도 허탈하다) 내 뭐랬어. 헌신하다 헌신짝 된다구 그만 좀 하랬잖어!이상하다 이상하다 / 맛 간거 같다구 했잖아 내가!(소리는 지를 필요 없음)

윤희   나 둔하잖어.

지숙   ……둔하구 맹꽁이구 구식이구 미련해. 알어?(하고는 불끈 일어나 나가다 돌아보며) 엄마랑 할머닌 어떡해…언제 알면 몰라?

윤희   (안 보는 채) 나중에.나 기운 좀 생기면…

지숙   …‥(보다가 나간다)

S# 마루

지숙   (윤희 방에서 나와)…‥(기가 막힌데)

조모   E 얘가 얘가 사람 잡겠네.아 두번 고지, 어째 한번 고야.홍단 나구 고하구

이모   E 그러구 걸어갔잖아아

지숙   (고개 안방으로)

S# 안방

고스톱 치다 싸우고 있는 모녀.

조모   그래 한번 걸어가면서 홍싸리 띠하나 붙이구 담에 육목단 띠 붙여 고 또 했으니까 투고잖아.

이모 ....(그런가)

조모 아냐?

이모 노인네가 정신두 좋아.

조모 쓰리고! 너 주우우겄다.

S# 마루

조모 E 쓰리고!

지숙 (제 방으로 들어간다)

S# 지숙의 방

지숙 (들어와 아무렇게나 침대에 옆으로 퍽 걸터앉고)……(이 자식을 어떻게 하지?)

S# 윤희의 방

윤희 (상 문께로 치워놓고 혜림 잠자리 만드는 중이다. 상 들고 나간다)

S# 마루

윤희 (나오는데)

이모 E 아하하하하, 하하, 엄마 밟혔다. 하하하하 깔깔.

윤희 (안방 쪽 보며 잠깐 멈추고)

조모 E 이게 어떻게 된게 이 모양야 그래애. 에에에이, 다 해놓구 이게 뭐야 그래애.

이모 E 깔깔깔깔 깔깔 (윤희, 부엌으로)

S# 지숙의 방

지숙 (벌렁 누워서)…… (천장 보며)

S# 안방

  다시 시작한 고스톱

이모 (화투 돌리면서)먹는 판 세판이유.

조모 김새서 하기두 싫다.똥 흔들구 쓰리고면 그게 어딘데 어이구 분해 나 잠 다 잤어.

이모 <u>흐흐흐흐흣</u>,그 재미에 고스톱이지 뭐어.

조모 (화투 펴보며) 그지다 그지.이거 뭐야, 무슨 패를 이렇게 줘어.

이모 (제 패 펴보며) 아이구 망했다.나두 망했어 엄마.

조모 아 빨리 쳐. 나 열받었어.

이모 (치며) 뚜껑 열렸어?

조모 아 그걸 먹으면 어떡해.그거 밖에 없는데에.

이모 나두 그거 밖에 없어어어.

조모 이거 큰일났네, 맨땅에 헤딩하게 생겼네 이거 으응?

이모 (재밌어서 엄마 보는데)

윤희 (들어온다)

이모 (돌아보며) 감자탕 맛있지.

윤희 네. (아까부터 자고 있는 혜림 쪽으로 가며)

이모 아 빨리 쳐어. 양로원 화투 못치겠네 증말.

조모 낼게 없어, 낼게.

이모 비풍초 육구똥.

조모 이거 어떡하나아.

윤희 (그동안 혜림 안아들고)안녕히 주무세요 할머니.

조모 오냐. 에이그 그래 줘라 줘.(하고 팔공산 껍데기 내놓고 뒤집으면 팔광이 붙어버린다) 히익.

이모 이게 뭐야 이게에.

조모 (신나서 거둬들이며)내가 이런 사람야 내가, 깔깔.

윤희 (웃으며) 이모?

이모   어 그래, 어이가 자라 자.고단하겠다 응?

윤희   (웃어 보이고 혜림 안고 나가는데)

모녀   (자유스럽게 계속하세요)

S# 마루

윤희   (혜림 안고 제 방으로)

S# 윤희의 방

윤희   (혜림 안고 들어와 자리에 눕히고 덮어서 여며주고 그 옆에 아무렇게나 구겨져 누우며 마알갛게 눈 뜬 채)·····

S# 동우 오피스텔

동우   (침대에 엎드린 자세로 누워 눈 뜨고)········

윤희   E (담담하게) 벌써 줄 끊구 달아나기 시작한 연인걸····다른 하늘루 날아가 버렸는데···나 왜 끊어진 연줄 들구 서서···미워하구 저주하구 그런 짓 해? 안 그럴 거야. 나 더 힘들기 싫어.

동우   (몸 뒤집어 천장으로 /눈 뜬 채)·····

윤희   E 마지막으루····한번만 다시 생각해······우리 관계 따분해졌을 수두 있어. 그냥 남들처럼 한걸음 한걸음···그게 깝깝할 수두 있구 이런저런 짐··· 빨리 벗어버리구 싶을 수 있을 거야. 또·· 노영주씨 세련되구 이쁘구 근사해. 좋아질 수 얼마든지 있어.거기 비하면 나는··게임이 안돼 알아.그렇지만 마지막으루 부탁해.다시 생각해 줘····

동우   (눈 감는다)···

S# 윤희의 집 전경(밤)

뜰에 약간의 눈이 얇게 쌓여 있고.

S# 윤희의 방

윤희   (어둠 속에 혜림이 쪽으로 누워 팔 혜림이 손잡고)……(거의 아무것
       도 안보여도 상관없음)…

       E 지숙이 방문 여닫는 소리 작게 들리고…이어서 가까와오는 기척.

지숙   (방문 열고)… 언니 자?

윤희   …

지숙   자?

윤희   아니.

지숙   (들어오며) 나두 안자. 잠이 안와.

윤희   ……

지숙   불켜두 돼?

윤희   맘대루 해.

지숙   (스탠드 하나 켜고 윤희 머리 옆에 앉으며)얘기 좀 해.

윤희   (몸 돌려 그저 보며) 무슨 얘기…

지숙   그냥 이렇게 고스란히 당하구 말어?

윤희   (좀 웃으며) 그럼 어떡해.

지숙   그냥 놔둬?

윤희   (부스럭거리며 일어나 앉는다)…

지숙   나 너 싫어졌다. 딴 여자 좋아졌다 / 그러냐? 오오케이 빠이빠이
       그러구 말어?

윤희   너 뭐하구 싶은데.

지숙   우선 회장님 앞으루 편지 한장 써서 우체통에 집어넣구 담엔 /
       혜림이 데리구 쳐들어가 그자식 책상 위에 올려놓구 까발려버리구
       / 담엔 그 자식 죽잖을 만큼 패줘버리구 담엔 그 여자 만나서 /언니
       진짜 그 여자 누군지 몰라?

윤희 …몰라.

지숙 알아낼려면 못 알 것두 없어.그 자식 뒤 밟으면금방 잡을텐데 뭐.

윤희 (오버랩의 기분) 그건 해서 뭐해.

지숙 분풀이.

윤희 얻는 건 뭐야.

지숙 후련하기는 할 거 아냐, 적어두.

윤희 지숙아…. 니 맘 알어.그런데 나…그렇게까지 불쌍한 여자 만들지 마… 그거 해서 나한테 돌아올게 뭔데.거기까지 떨어지구 싶지 않아.딴 생각하지 마.

지숙 안 분해?

윤희 남자 여자 서루 좋아하다가…좋아하는 게 없어지면 끝이지 뭐.왜 날 안 좋아하냐 계속 좋아해라 강요할 일두 아니구. (남아 있다)

지숙 (오버랩의 기분) 언니는 그렇다 쳐,혜림인 뭐야. 책임 없어?인간두 아냐.어떻게 언닐 버려?

윤희 버렸다는 말하지마.버려진 여자 싫어.그냥 싫어져서 떠났다구 해.

지숙 언니가 저한테 어떻게 했는데.(남아 있다)

윤희 (오버랩의 기분) 내가 좋아서 한거야.그 사람한테 빚 준거 없어.그러니까 받을 것두 없구 분풀이 할 것두 없어.

지숙 ….(보며)

윤희 나 초라하게 만들 생각하지마.그냥 깨끗하게 잊어 줄거야.깔끔하게‥ 그렇게 끝내자.

지숙 …멋있다.

윤희 (시선 내리며 조금 웃는)응‥ 멋있구 싶어….누구보다 나자신 위
해서.

지숙 ‥‥(보며)

윤희 (보며) 쓸데없는 생각하지마.

지숙 (벌렁 팔베개하고 누우며)불공평 해.

윤희 ‥‥‥(보다가 제가 베고 있던 베개 밀어 넣어준다)

지숙 (베면서) 엄마 가만 있을 거 같아?

윤희 …(보며)

지숙 양쪽 손에 연탄 집개 들구 달려갈 거야.

윤희 (그냥 웃는다)

지숙 (벌떡 일어나 앉으며)언니는 웃어져? 웃을 여유가 있어?

윤희 멋있을려구 그래….

지숙 ‥‥‥내가 그랬잖어어어,싸가지가 바가지라구우우.그 자식 맛간
게 언제부턴지 알어? 작년 여름부터야.집에 와서두 뚜우우하구 앉
었구,할머니랑 엄마한테두 마지 못해 /마지 못해 하는 거 다 보였
어.혜림이한텐 남에 애 쳐다보는 거 모양 그러구 /어쩜 그렇게 눈
치코치가 없니.눈 멀쩡하게 뜨구 아무 것두 안보여 아무 것두.바보
/ 멍충이.

윤희 자자‥ (하며 일어나 베개 하나 더 꺼내는데)…(베개 보며 / 동우의 베
개다)

지숙 ? (힐끗 보고는 벌떡 일어나 베개 낚아채 나간다)

윤희 ?

S# 마루

지숙 (나와서 커튼 팍팍 걷고 마루문 열고 베개 냅다 던지며)그지같은

자식.

윤희　　(방 나와서 보며)··

S#　마당에 내동댕이쳐진 동우의 베개

F.O

S#　일진상선 전경(낮)

S#　비서실

윤희　　(전화하고 있다) 회장님 연설문 아직 다 안됐나해서요··네, 알겠
　　습니다. (끊는데)

배실장　　(자기는 먹고 들어오면서)서대리 교대합시다.

윤희　　네. (책상 대충 치우기 시작)

배실장　　오늘 지하 설렁탕 좋아요. 딴데 가지 말아요.

윤희　　네. (좀 웃으며 지갑 꺼내드는데)

인주　　(빼꼼히 들여다보며) 서대리님.

윤희　　어, 그래. 다녀오겠습니다.(하며 인주 쪽으로)

S#　회장실 복도

인주　　(두 사람 승강기 쪽으로 가며)뭐 먹으까요?

윤희　　실장님 그러시는데 지하 설렁탕이 좋다는데?

인주　　금 춘데 우리 그냥 설렁탕 먹구 말까요?

윤희　　그래, 그러자구.

S#　지하 식당

인주　　(들어오며)근데, 언니 뭐 고민 생겼죠.(속살거리는)

윤희　　??

인주　　그 사람하구 뭐가 안좋아요? (식판 쪽으로 가며)

윤희　　그런 거 없어. 무슨 근거루 그래? (가며)

인주 얼굴 색이 안좋아요.내가 얼굴 색깔 좀 보잖아요.

윤희 선무당 사람 잡네. 아무 일두 없어.좀 피곤한거 말구는.

인주 (식판 하나 집어주며)금 다행이구요.

윤희 (그냥 웃고 받아들고)

인주 (제 것 집어 들며)그냥 한번 찔러봤어요.근데 얼굴색은 확실히 안좋아요.조심해요. 무슨 나쁜 일 생길 전줄지두 모르니까.

윤희 썰렁해. 무서운 소리 하지마.(설렁탕 받고 /인주 받는 것 기다렸다 가 식탁들 쪽으로 돌아서 움직이다가 잠깐 멈칫하는)

동우 (사원들 사이에 앉아서 설렁탕 먹고 있는 중이다)..

인주 왜 그래요?

윤희 아냐, 빈자리 찾는거야…(움직여 가는데)

동우 (다 먹고 휴지로 입 닦다가 문득 윤희 본다)

윤희 ..(잠깐 눈 마주치고 그냥 지나간다)

동우 ….(김이 좀 샌다)

S# 회장실

윤희 (차 들고 들어오는 위에)

이여사 E 안됩니다, 회사는.

이여사 (연결)못맡깁니다, 어떻게 되라구 맡겨요.

회장 마땅히 (하다가, 윤희가 신경 쓰여 그만두고 기다린다)

윤희 (차 놓고 물러나는데)

회장 비행기 정시에 도착했나 좀 알아봐요.

윤희 네, 알겠습니다 회장님. (나간다)

회장 마땅히 근석이 맡아야 할 회삽니다.

이여사 마땅히 맡아야 할 녀석이 그 모양이니 어떡해요.

회장   저는 이 자리가 편칠 않아요.

이여사   …알구 있습니다.

회장   근석두 삼십대 중반입니다. 철날 때 됐어요.

이여사   평생 철 안들구 죽는 사람두 있어요.

회장   뒤에서 제가 돕겠습니다.

이여사   …(보며) 재목이 되는데두 제가 이러나요? 저는 세상 사람들 말 같은거 무섭지 않습니다. 무슨 일이 있어두 회산 흔들리지 말아야 해요.

윤희   (문께 들어와 서서) 정시에 도착 했답니다, 회장님.

회장   됐어요. (에서)

S# 국제 공항 앞(입국 출입문)

이미 건물에서 나와 빠르게 건널목 건너면서 /영국, 영은보다 먼저 운전기사/작은 가방 들고 뛰어서 건너세요.

영국   …목숨을 걸었어? (영은, 팔짱 꼈다)

영은   응.

영국   영주가?

영은   응.

영국   어떤 눕인데 고 깍쟁이가 목숨까지 걸어? 아니 목숨까지 걸 일은 뭐야.

영은   엄마가 아니다 그러거든.

영국   왜.

영은   우리 회사 사원야. 아주 가난한 사람이래. 엄만 순수하게 안봐.

영국   흠흠 (엄만 그럴 수 있지) 그래서 영준 목숨 내놓구 싸우구 있는 중이니?

154

영은   엄마가 침으루 쿡쿡 찌르면 언닌 송곳으루 반격하구 어쨌든 좀
　　　재미없어 요새.(다 건넌다)

영국   언젠 재밌었나 뭐.

S# 주차장 차 있는 곳

영은   (다가오며) 얼마나 있을 거야?

영국   탈상까진 있어야겠지.열흘쯤 남았나?

영은   엉.

영국   이여사는 육체적으루 건강하시니?

영은   (눈 흘기면서) 언니때매 속상하지만 뭐 특별히 아프신덴 없어.
　　　말을 꼭 그렇게 해야해?

영국   흠흠.

영은   (기사가 열어주고 있는 문으로 타고)

영국   (반대 쪽으로 간다)

S# 차 안

영국   (타면서) 너는 어때.

영은   뭐 다 좋아.

영국   봉사활동 여전히 잘하구?

영은   계속하구 있어.(하며 오빠 팔 낀다)

영국   열심히 해. 니 덕에 우리 다같이 천당 좀 가보자구.(동생 좋은 눈
　　　으로 보며)

영은   뭐 존 일 없어?

영국   날마다 좋지. (해놓고)아저씨 안녕하세요? (기사에게)

기사   (사오십 대) 예에, 무고합니다.

영국   예, 무고한게 좋죠.좋은 일이에요(하고 영은 보고 웃다가 문득)

아 참, 사모님 수술은 참 잘됐어요? (영은, 좀 놀라서 오빠 보고.)

기사 예, 염려 덕분에 (그저 황송할 따름) 잘 지내고 있습니다.

영국 그거 다행이군요 (해놓고 영은에게) 지난번 출국할 때 위수술 한다 그러셨거든.

영은 (대답처럼 영국 가슴 한 손바닥으로 토닥토닥)

영국 ?·· 무슨 뜻야.

영은 아무 뜻 아냐.

영국 (영은 코 잡아당기며) 건방진 놈··

영은 ㅇㅇㅇㅇㅇ.

S# 달리는 자동차

S# 회장실

윤희 (문 열고 들어오고 있는 중이다)···(테이블의 회장 옆에서/회장 심각하게 서류 검토하는 중)···(기다리다가 조심스럽게) 회장님.

회장 음?··

윤희 지사장 도착했습니다.

회장 음, 들여보내.

윤희 네. (화면에서 아웃되는데)

회장 (서류 보면서) 서대리.

윤희 네, 회장님. (돌아보며)

회장 미주수출 영업부 강동우 좀 찾아봐.

윤희 ····네.

회장 오라 그래요.

윤희 ··네, 회장님. (나간다)

S# 비서실

윤희   (나오자 곧장 구내 다이얼 찍는다 / 선 채)

    F 벨 가고 / 한 번에

동우   E F 미주수출 영업부 강동웁니다.

윤희   회장님께서… 부르십니다.

동우   ….

윤희   (수화기 놓는데)

배실장   (코트 입으며)나 신문사 사람 만나러 나가요.

윤희   네.

배실장   (목도리 하며)서대리 며칠 또 괴롭겠군.

윤희   ..(본다) ?

배실장   지사장 말야아.

윤희   네에.. (배실장 나가고 / 켜놓았던 컴퓨터 앞에 앉아서 작업하기 시작
    한다)….

동우   (들어온다)

윤희   (돌아보았다가 얼른 시선 피하며 일어서 회장실 문으로)

동우   저기 잠깐.

윤희   (돌아본다)

동우   (낮은 소리로 시선 내린 채)그동안 고맙게 해줬던거 잊지 않아.

윤희   ….(보며)

동우   곧… 괜찮아질거야.

윤희   (그냥 회장실 문 열고)강동우 대리 왔습니다 회장님.

회장   ….

윤희   (동우 본다)

동우   (들어간다)

윤희   …(담담하게 제자리로 움직이는데)

영국   E 서윤희씨.

윤희   (돌아보고 웃는다)어서 오십시오, 지사장님.(허리 굽히며)

영국   쯔쯔쯔쯔쯔쯔.(해놓고 / 윤희 앞으로)아직두 여기 지키구 있
        어요?

윤희   네에.

영국   (손 내밀며)이 회사가 그렇게 좋아요?

윤희   네. (하고·· 약간 망설이면서 손 내민다)

영국   (손잡고) 여기서 썩다 시집은 언제 갈려구 그래요.사람은 만들
        어 났소?

윤희   (오버랩의 기분 / 손 빼고 움직이며)기다리세요, 들어가세요.

영국   오랜만이요.

윤희   네. (조금 물러나며)

영국   (들어가고)

윤희   (닫히는 문 보며 웃음기 사라진다)

S# 회장실

영국   E 안녕하십니까.

회장   (테이블에서 기대앉은 채 보며)들어오라면 들어오기는 하는
        구나.

영국   안그래두 일간 들어오게 돼 있는데 왜 부르셨어요.

회장   인사하게. (어정쩡하게 세워놓았던 동우에게)영주 오래비야.영
        주가 결혼하겠다는 사원이다.

영국   아아 얘기 들었어요, 작은아버지…(하고 동우 본다)

동우   강동웁니다.

영국 ··(그저 담담히 보면서)노영국이요.영주가 좋아할 타입이군요.(회장 돌아보며) 결재 하시는 거에요?

회장 검토 중이야.(일어나며) 자넨 이제 나가두 돼.

동우 네. (자존심 상하지만 내색 않고) 그럼.(목례 회장에게 하고 / 영국에게도 목례하고 나간다)

영국 ····(나가는 동우 보며)

회장 느낌이 어떠냐.

영국 (돌아본다)

회장 ···말해봐.

영국 유능합니까?

회장 곧잘 하는 모양이다.

영국 (끄덕인다)····

회장 마음에 안드냐?

영국 제가 결혼 하는거 아니잖아요.

회장 집안 일에 관심 좀 가져라. 네 동생 일야.

영국 예. 있는동안 관찰해 보겠습니다.

S# 비서실

윤희 (컴퓨터 작업한 것 프린트 뽑아내는 중. 다시 읽어보면서)···

S# 동우의 사무실 복도

동우 (핸드폰 전화하면서 사무실에서 나온다/주변이 신경쓰여서) 몰라. 검토 중이라구 말씀 하셨어.(복도에서도 주변 신경 쓰며 복도 끝으로 움직이며)나는 검토 중인 사업계획서야 지금.(쓴웃음)

S# 운전 중인 영주(시내)

영주 (핸즈프리) 그리군 뭐라셨어?

동우 E F 자넨 이제 나가두 돼.

영주 뭐라구?

동우 F 검토중이야. 자넨 이제 나가두 돼.

영주 (김새서) 너 자존심 상했겠다. 오빠 뭐라구.

S# 복도 창가

동우 (바깥 내다보면서) 구경꺼리 보는 것처럼 보더라. 완전히 구경꺼리지 뭐.

영주 E F 신경질나 죽겠다 진짜.

동우 그럴거 없어. 감수해야 되는 일야.

영주 E F 미안하다 동우야. 참아줘, 응?

동우 됐어 끊어. 들어가봐야 해.

영주 E F 참아줘 응?

동우 됐다구. / 끊는다. (끊고 빠른 걸음으로 사무실 쪽으로)

S# 사무실

동우 (들어와 제자리로 움직이면서) 한정수씨 나 좀 봅시다.

한 예·· (저쪽 자리에서 동우에게) 예, 무슨 일이십니까.

동우 어제 얘기한 비수기 영업활성 방안 말야 시작은 했어?

한 예, 이제 곧 할 겁니다.

동우 언제할려구 그래. 시간 만만찮게 걸릴텐데. 막판에 나한테 찡얼거려두 나 몰라. 내코두 석자야. 알지?

한 에이 그래두 좀 도와주셔야지.

동우 (오버랩의 기분) 웃기는 소리 하지마. 이번엔 국물두 없어. 알아서 해. (하는데)

지숙 (벌써 동우 옆까지 쳐들어와 있다) 강동우씨.

동우   ? (픽 돌아보는데)

지숙   (따귀 모질게 갈겨버린다)

동우   ? (얼결에 당하고 /주변 사원들 황당하고)

지숙   할말 있어? 여기서 할까?

동우   ....(이 악물고 보는)

지숙   여기서 하까? 것두 나쁠 거 없구.

동우   (쏘아보며 어금니 꽈악 무는)

지숙   (테이블에 놓여 있던 물 잔 집어 획 끼얹고) 어금니는 왜 니가 무니.
      나쁜 자식.(하고 탁탁탁 나가버린다)

동우   ......(침착하게 주머니에서 손수건 꺼내 얼굴 닦는다)

한   ...무슨.. 누구에요 에? (황당해서)

동우   나 참 기가 막혀서.

한   누구에요.

동우   (오버랩의 기분) 신경쓸 거 없어오피스텔 정신 병자야.(해치우고
      앉아서 책상 위 서류 뒤적이는데 /소리가 들리는 건 아니지만 사원들 분
      위기가 다 느껴진다 /불끈 일어나 나가버린다)

사원   (동우 나가자) 뭐랑감? 뭔짓을 하구 저렇게 당하는감?

사원2 정신병자라잖아.

사원   정신병자 치구는 너머 말짱하잖아?

사원2 말짱한 정신병자가더 무선 거 모르는군 그래.

S# 흡연 구역(회사)

동우   (담배 태우는).......

S# 비서실

윤희   (연설문 카피하고 있다)....

S# 성북동 거실

여자 (벌써 거실로 올라선 영국 /반가워서 어쩔 줄 모르는)방금 할머님 목욕시키셨어요.얼른 들어가 보세요, 들어가세요.

영국 네에, 여전하시네요 아주머니(움직이며 여인 어깨 싸주면서)

여자 (영국 좀 두드리듯 하며)아이구우 반가와라.죽은 남편 살아온 거 보다 더 반갑네 그냥 내가.(하며 노인 방 노크 자기가 한다)

영국 (조금 소리 내어 웃고)

한   E 네에.

여자 지사장님 오셨어요 사모님.

S# 시모의 방

한   (로션 발라주다가) ? (돌아본다)

영국 (들어오며) 저 왔습니다 어머니.

한   ?… 무슨… 일 생겼니?(의외다. 담담하고 차분한 채)하루 이틀 전 에나 들어올 거다 생각했는데…

영국 작은 아버님이들어오라 그러셔서요.

한   ……(보며)

영국 할머님. (하고 앉다가 문득 한 보고) 아무일두 없어요.영주 결혼 문제두 있구 그래서 겸사겸사 일찍 부르신 모양이에요 할머님. 저 왔습니다.

조모 (관심 없이 로션 바르라고 얼굴 내민 채)….

한   (발라놓았던 로션 마무리 해주면서)영국이 왔어요, 인사 받으셔 야죠.(로션 치우고 물러 앉으면서)인사 드려라.

영국 예. (일어나 큰절)….

조모 ……(얼굴 내민 채 그대로)

영국   (한 본다)

한   오늘 별루 안 좋으시다.(안 보는 채) …밖으루 모시자.

영국   예. (조모 안아 들면서)할머니 거실루 나갑니다.

S# 거실

영국   (조모 안고 나와 휠체어에 앉힌다)

한   (거들어주며) 잠은 자구 왔니?

영국   네, 잘자면서 왔어요.(하고 몸 일으키는 한여사 부드럽게 안으며)……

한   ……(그저 가만히)

영국   (몸 떼고) ….보구 싶으셨죠.

한   (웃음기 없이) 몸은 탈 없냐?

영국   좋아요.

한   구기동에… 가봐라.

영국   ….네….

한   차 한잔 마실 시간은 있니?

영국   그럼요.

한   (주방 쪽으로)….

영국   ….(한여사 뒷모습 보면서)…

S# 회사 근처(저녁 / 퇴근 시간)

윤희   ….(퇴근하고 있다)……

동우   (길가에 차 세워놓고 기다리고 있다가 윤희 앞으로 나선다)

윤희   ? (놀랄 새도 없이)

동우   (윤희 잡아 운전석 옆자리로 밀어 넣고 운전대로)

S# 차 안

윤희   ?… 왜 이러는 거야?

동우   (입 꽉 다물고 부릉 출발)

윤희   …..?

S# 달리는 동우의 차…

제5회

S# **윤희집 근처 언덕길(밤)**

세워져 있는 동우의 자동차.

S# **서민 동네 공터 같은 곳**

(동우 자동차가 세워져 있고)

윤희 ·····(가만히 보면서)

동우 (꽤 흥분 상태다) 원망두 뭣두 안하겠다는 니 말/ 믿었어····· 양심

이 찢어지게 아팠어. 그래놓구 지숙이 시켜 그런 짓 하게 해?

윤희 ····(그대로)

동우 담엔 뭐야·····말해. 알아야겠어.

윤희 ····(그대로)

동우 너 지금 뭐하는 거야. 사람말 안들려!?

윤희 (보며)내가 시켰다구 생각해?

동우 ?··

윤희 ···(보며)

동우 아니란 거야? (좀 강하게)

윤희 (보면서 오버랩의 기분) 혜림이 데리구 가 당신 책상 위에 올려놓

구 다 털어놓겠다구 까지

윤희 E (동우 위에) 했었어. (좀 화나는)

윤희 (연결) 걔 다혈질인 거 알잖아. 믿거나말거나 나 / 절대루 그런

짓하면 안된다구 말렸어. 당신 위해서가 아니라 나 위해서. 나 유치

하구 싶지 않아 그리구/ 당신하구 그런 마지막/ 싫어…. (보며)

동우 ….(보다가/윤희 말은 믿어진다/고개 잠깐 외면했다가 도로 보며)

그럼 이모는 언제…내일인가? (내일 쳐들어올 건가? 이모두 다혈질

이니까)

윤희 (보는 채) 이모랑 할머닌 아직 모르셔.

동우 (돌아본다)

윤희 걱정마. 그런 일 없게 할테니까.

동우 있었잖아! (보는 채 퉁명스럽게)

윤희 (가만히 본다)…

동우 (조금 돌아서듯 하며) 내가 이렇게 된데는/느이 이모하구 지숙

이가 기여한 거 많아그동안 날 얼마나 불쾌하게 했는지 알아? 날/

꼭/·· 언제든 딴데루 튈놈 취급하면서

윤희 (오버랩의 기분)결국 그랬잖어.

동우 (탁 돌아본다)

윤희 이모랑 지숙이가 맞었는데 뭘 그래.

동우 (오버랩의 기분) 도둑놈 될 생각없는데 도둑놈 취급당하며 목졸

리는 기분 넌 몰라.

윤희 (쓰게 웃으며) 그래서 도둑놈이 돼쳤다는 합리화야? 그럴 필요

없어. 안그래두 돼. 얘기 끝났으니까 나 간다. (하며 돌아서는데)

동우   아직 남았어.

윤희   (돌아본다)?

동우   ....(보는 채)

윤희   뭔데.

동우   (보며)다른 직장으루 옮겨.

윤희   ?.....(보며)

동우   그게 서로를 위해 잘하는 짓이야.

윤희   ....(그대로 보며)

동우   안그래? (보는 채)‥ 피차 거북하잖아.

윤희   ....(그대로)

동우   마음 정리하는데두 그게 좋아.

윤희   (오버랩의 기분) 나 아직 그런 생각은 안들어.

동우   .....

윤희   좋은 직장야. 내 나이에 다른 직장 쉽지두 않을 거구.

동우   ....(보며)

윤희   옮겨야겠다 싶어지면 … 그때 생각할께.

동우   옮겨. 그게 좋아.

윤희   (쓰게 웃으며) 누구한테 좋아…. 나/ 그거까지 해줘야해?

동우   ....(보며)

윤희   (공터 벗어나 제 집 방향으로 걸어가기 시작)

동우   ....(보면서)

윤희   (별로 빠르지 않은 걸음으로 언덕길 올라가는)…

동우   ....(보는)

S# 언덕길 올라오는 윤희

윤희 E ….(고개 숙이지 말고 앞 보면서) 미워하지 말자. 어이없어하지두 말자. 원망없이 보내구 미련없이 잊자. 어쩔수 없었겠지. 마음이 변한 걸 어떡해. 마음이 변하면 사람두 변하는 거… 변한 사람한테 배반감 가지면 뭐해.

S# (거의 집 근처)

윤희 (귤 봉지가 들려 있고/같은 템포로 걸어오는/고개는 조금 숙여 있고)

윤희 E 외롭다구 생각하지 말자… 혼자인 거 보다 그래두 우리는 둘이니 얼마나 다행이야…. 불행하다구 생각하면 안돼. 정말 불행한 사람은 나보다 그 사람인지두 몰라…….

이모 윤희야아. 윤희 아니니? (팔깍지 끼고 웅크리고 부지런한 걸음으로 오다가 윤희 뒷모습 보고)

윤희 (돌아본다)?…이모.

이모 (부지런히 옆으로 붙으며) 날 춘데 부지런히 걷잖구 걸음이 왜 그래애? 술 먹었니?

윤희 이모느은. 오늘 별루 안 춘데 뭘.

이모 안 춰두 동지섣달이다. 어이 부지런히 걸어.

윤희 (웃으며)네에.

이모 (오버랩의 기분) 에에이 상종못할 인간들. 성질 같아서는 그냥 기름틀이구 뭐구 다 뜯어내 치구 말았음 좋겠구먼.

윤희 기름집요? (웃으며)

이모 이건 단 한달두 제날 제시간에 돈내놓는 꼴을 못봐 내가. 무슨 핑곌만들든 꼭 핑계야 핑계. 꼭 열흘미뤘다 보름미뤘다/ 한번 가 두번 가/ 점포 쥔이 아니라 구걸다니는 꼬락서니야 응?

윤희 ….(그냥 쓴웃음으로 흘리는)

이모 지난달엔 아들 맹장수술 시켰다더니 이달엔 시아버지 치질 수
  술이란다.

윤희 (조금 소리 내어 웃고)

이모 어찌나 울화통이 터지는지 시아버지 궁둥이 구경하러 가자 그
  럴래다 그래두 점잖은 체면에 그럴 수는 없어서 그냥 이 악물구 참
  었다.

윤희 (그냥 웃으며 대문에 열쇠 꽂는다)

S# 마루

이모 (앞서 들어오며) 엄마아 배고파 밥주우. (윤희 따라 들어오고)

조모 (빨래 널어놓은 것 만져보고 있다 돌아보며) 어이구 어떻게 같이
  들어와.

이모 만났어. 밥줘 빨리. (겉옷 벗으며)

조모 숨넘어간다. (부엌 쪽으로 움직이며) 기름집은 어떻게 됐어.

  (윤희 제 방으로 들어가고)

이모 이달엔 시아버지 치질수술 했대. 열흘있다 보잡디다. 어이구
  지겨워. 확 내쫓아버리구 말든지 증말. (양말 홀렁홀렁 벗어 아무렇
  게나 던지며)

지숙 (혜림 데리고 나오며(오버랩의 기분)) 놔둬 엄마. 없는 사람들
  이 집세 좀 미루기루 뭘 그리 야박하게 그루우. 내쫓지두 못할 거
  면서.

이모 따아따/십원 한푼 못벌어들이는 게 후하기는. (혜림이 잡아 안
  으며)

지숙 점포 몇개 갖구 유세떠는 거 같잖아아.

이모 소행머리가 괘씸해 그래. 이건 눈알 빠안히 뜬 사람 놓구 눈알

빠안히 뜨구 요리 거짓말 조리 거짓말.

조모 (큰 쟁반 들고 나오며(오버랩의 기분)) 상이나 펴. 어지간히 하구.

이모 어이 상펴. 배고파 돌아가시겠다.

지숙 (얼른 상 펴놓고/상 차리는 것 돕는다)

이모 (앞의 제 대사에 연결) 으이구우우우 우리 강아지 잘 놀았냐?

혜림 네에. (하는데)

윤희 (겉옷 벗어놓고 귤 봉지만 들고 제 방에서 나오며) 혜림아?

혜림 엄마아. (이모에게서 벗어나며)

윤희 (귤 봉지 주고 안으며) 잘 놀았어?

혜림 아빠 어딨어?

윤희 ?아빠가 어딨어?

조모 (상 놓으며(오버랩의 기분)) 낮잠자다 지 애비 봤나봐. 애비 왔다구 변소며 부엌이며 사방 찾었어.

윤희 (혜림 앞으로 안으며…)

이모 (윤희와 상관없이 혜림 코 잡아당기며) 에구구구(오버랩의 기분) 요것두 인간이라구 꿈두 꾸구 ㅎㅎㅎㅎ,

조모 (오버랩의 기분/쟁반 지숙에게 건네며) 강아지두 꿈꾸는데 그럼 으ㅎㅎㅎㅎ (이뻐서/지숙은 쟁반 들고 부엌으로/이미)

이모 (오버랩의 기분)들어오다 참 내가 복덕방에 좀 물어봤는데 (젓가락 집어 반찬 아무거나 먹으며)삼천에 스물네평짜리 깨끗한 거 하나 있다더라. 수퍼 뒷켠 언덕에 새루 진 거 있지 왜. 삼천오백 사천씩 놓는데 아들 장가보낸다구 급하게 삼천만 받어달란대. 닐이라두 가 보구 계약하는 게 어떨까 싶은데 엄마.

(윤희 무슨 말인가 하려구 입 뻬끔하고)

170

조모 (상관없이) 싼 거면 잡는게 버는거지 그럼.

이모 그럼 낼 잡자. (오버랩의 기분)

윤희 (오버랩의 기분) 저기 이모. 서두를 거 없어요. 천천히 하지 뭐 아직 멀었는데 벌써부터

이모 (오버랩의 기분) 싼 거 나왔을 때 잡아채 놓자아아? 오백이 어딘데에?

지숙 (밥그릇들, 된장 뚝배기 들고 나오며(오버랩의 기분))매앤 빈 아파트인데 급할 거 뭐 있어

이모 아 오백이 (더 싸단 말야)

지숙 (오버랩의 기분) 더 싼지 비싼지 어떻게 알어. 엄마는 세상 요리 다 아는 거 척하면서 귀는 얇아서 암튼. 맨 빈거라는데 찾아보면 싼거 또 있어. 괜히 왜 몇백씩 집어넣구 썩혀?

이모 돈 한 푼 못벌어들이는게 감놔라 대추놔라는 선수지 선수.

지숙 돈돈돈돈, 엄마는 운명하면서두 도온 그럴거야. 돈 좋아하다 돈에 돌면 약두 없어. 조심합시다아. (밥상 앞에 앉으며)

이모 (흘기면서) 쓰잘데기 없이 주둥이만 선생이다 그래.

조모 밥이나 먹자. (밥뜨면서) 같은 말이래두 그게 뭐야.

이모 (수저들며) 주둥이에서 나오는 소리만 하잖어.

지숙 (밥 떠 올리며) 요 주둥이에 들어가는 밥두 아깝지 엄마.

이모 (싸악 흘기며) 내 속에 들어갔다 나왔다. 아까워 피눈물이 난다 그래.

조모 내 강아지 많이 먹어라아? <u>으흐흐흐흐</u> 요 단추 만한 게 언제 커서 지 에미한테 효도하나아.

이모 (식욕 좋게 먹으며) 대학 졸업하구 실업자나 안되면 효도지 뭐.

지숙 (아무렇지도 않다) 아이구 정말

조모 (연달아) 경복궁 타령두 한두번이다 그만 좀 해라.

이모 시렁치두 않잖어어. 더 약 오르는 건 이 기집애 시렁치두 않은 거란 말야아.

윤희 (혜림이 먹이는 위에)

조모 E 아 그럼 너 그럴 때마다 싸구 누었으면 좋겠냐? 속 존 것두 트 집야 왜.

지숙 E (오버랩의 기분) 자꾸 그래 자꾸. 가출하는 수 있어 나.

이모 E 어이구 무서워죽겠다. 해라? 해. 해봐 한번.(에서)

S# 인마이 메모리 앞

  [들어오고 있는 동우의 자동차·]

S# 대어져 있던 영주 차 안의 영주

영주 (백미러로 바로 제 차 뒤에 세워지고 있는 동우의 차 불빛에 차에서 내린다)

S# 자동차 밖

영주 (내려서 보고)

동우 (제 차에서 내려 문 닫고 영주 쪽 본다)····· (잠시 보다가 영주 쪽으로 다가가 서서) 오래 기다렸니?

영주 삼십분 쯤. 막혔니? 어디서 오는 건데.

동우 막힐 시간이잖아···· 왜.

영주 잠깐이라두 니 얼굴 보구 들어가얄 거 같아서. 낮에··· 작은아 버지 너한테 그러셨다는 거/너무 신경쓰이구 화나.

동우 (쓴웃음) 검토중?

영주 골났니? 솔직히 말해. 골났지.

동우 괜찮아. 너한테 골날 건 없으니까.

영주 동우야.

동우 ....(보며)

영주 너 나 믿어야해.... 남자때매 이렇게 초조해본 적 없어.

동우 ....(보며)

영주 너 골나서... 딴 소리할까봐 겁나... 딴소리하지 마 응?

동우 ...(보며)

영주 난 밥맛없을 정도루 남자 무시하구/무시하면서 경계하는 아이야. 나 좋아한다는 남자 말 믿어본 적 없었구....남자 여자 사랑 자체를 ··나 거의 안 믿었어. 아마 우리 아버지 엄마 탓일 거야...그리구··결심해 논 거 있었지. /··만약에/··만약에 내가 좋은 남자/ 내가 갖고 싶은 남자가 나타난다면 절대루 놓치지 말구 내가 먼저 선택하구/그 남자두 나를 선택하게 만들자.

동우 ....(보며)

영주 그게 너야. 나 너한테 반했어... 홀려버렸어....무슨 일이 있어두 딴생각하지마. 나 믿구/ 나한테 맡겨. 나/ 너 안내놔. 내꺼야. 누구두 못 뺏어가. 알았어?

동우 ....(보며)

영주 골내지 마. 우리 집에서 너 자존심 상하게 하는 거 말할 수 없이 미안하구 부아나.

동우 가까이 와. (나직이)

영주 ...(보며)

동우 안아보구 싶다... 와.

영주 (다가들고)

동우   (안는다)····· (안고 눈 뜨고)

영주   무시해버려. 신경두 쓰지 마.

동우   나는······믿니?

영주   (몸 떼고 본다)···

동우   내 마음은 믿냐구. (마주 보며)

영주   ····(보다가 시선이 동우의 입으로 가며) 가슴이 뛰어. 우리 차안으
       루 들어가자.

동우   ·····(보며)

영주   (서둘러 제 차 뒷좌석으로 먼저 들어가며 잡은 동우의 손 잡아끈다)

동우   (자동차 안으로)

S# 자동차 안

영주   (벌써 동우 목 휘감고 얼굴 붙이고)

동우   (호응하는)···

S# 윤희의 방

윤희   (혜림이 잠옷 단추 채워주고 있다)····

혜림   (뜬금없이) 엄마 바보야?

윤희   ?그게 무슨 소리야아?

혜림   엄마 바보야?

윤희   엄마 바보라구 누가 그래?

혜림   지숙이 이모가.

윤희   ···이모가 그래?

혜림   (끄덕이며) 바보래.

윤희   이모가 너 놀리느라 그런 거야. 엄마가 왜 바보야. 바보 아냐. 엄
       마 똑똑해. 바보가 어떻게 회사 댕겨?

혜림 (끄덕이며)지숙이 이모느은? 취직두 못하구 시집두 못가구우?

　　날마다 신경질만 부리구우? 할머니가 속상해 그치?

윤희 그런 소리함 못써.

혜림 우리 엄마는 시집 갔는데.

윤희 …(보며)

혜림 우리 엄마는 회사 다니는데 그치?

윤희 (그냥 안아버리며) 이제 그만 자는 게 어떨까. 잘 시간인데 응?

혜림 혜림이 안졸린데?

윤희 엄마는 졸려.

혜림 그럼 할수 없지 뭐. 엄마 뽀뽀.

윤희 그래 뽀뽀/쪽/ (아이 눕히고) 잘자아?

혜림 응. 엄마두. (눈 감는다)

윤희 …..(내려다보며 혜림이 손 만지작거리며 있다가)…. 혜림아.

혜림 응? (눈 뜬다)

윤희 엄마 좋아해?

혜림 응.

윤희 엄마 늙어두 좋아해줄 거야?

혜림 (뽀시락 일어나 앉는다)

윤희 자자니까 왜 일어나?

혜림 엄마두 늙으면 할머니처럼 얼굴 구겨질거야?

윤희 그러엄. 늙으면 다 할머니처럼 되는 거야.

혜림 …..

윤희 왜애?

혜림 (도로 누우며) 혜림이는 안 그럴 거야.

윤희 흐흣, 니 맘대루? 그래. 그럼 혜림이는 늙지 마라. (덮어주며) 안늙을 수 있으면 좋지 뭐…

S# 마당(밤)

S# 모녀의 방

이모 (엄마의 발톱에 매니큐어 같은 발톱 무좀약 발라주면서 구박하는) 있는 약두 못발르구 왜 발톱을 이 모양을 만들어 놔 그래.

조모 약이 바르면 들어야지 괜찮은가아 싶다 도루 제턱이구 도루 제턱이구 약값이나 싸? (꿍얼꿍얼)

이모 바르다 말다 그러니 나아? 바르다말다 그럼 내성이나 생기지 뭐.

조모 다 살었는데 발톱이 어떠면 무슨 상관야.

이모 어이구 이제 또 식구 있는대루 다 무좀 만들어놀려구.

조모 고스톱 안쳐?

이모 복수전 하자구?

S# 지숙의 방

지숙 (컴퓨터 두드리며 글 쓰고 있는데)

　　　E 노크

지숙 네에. (컴퓨터 보는 채)

윤희 (들어온다)

지숙 (컴퓨터 두드리고 있다 돌아본다)… 어 언니. (아무렇지도 않게)

윤희 너 쓸데없는 짓 왜해. (좀 야단치는)

지숙 …(보며 잠깐 있다가 컴퓨터로 얼굴 돌리며) 약과지 뭘 그래. 우리집 다 무골충야? 지렁이두 못돼? 적어두 지렁이는 된다는 거 알려줄려구 그랬어 왜…나두 유치하구 치사한 거 싫단 말야. 그래두 그건 했어야했어.

윤희 ….(보며)

지숙 그냥 있을려니까 소화가 안되더라구. 갔다오구 나니까 소화 좍좍 돼. 정말 많이 봐준 거야 그거. 내 지성때매.

윤희 ….(그저 보며)

지숙 (돌아보며) 그 자식 뭐래? 더 당하구 싶대? 더 해주까?

윤희 (오버랩의 기분) 다시는 아무 짓두 하지 마. 내가 시켰다구 생각해. 어쨌거나 혜림이 아빠구/ 그 사람 발뒤꿈치 무는 거 나 싫어. (다 부지게)

지숙 알았어 잘났어. 됐어.

윤희 약속해.

지숙 …

윤희 약속하라구.

지숙 알았다니까?

윤희 나 너한테 화 많이 났어. 아깐 패주구싶었단 말야.

지숙 …(나가는 것 보다가 문 닫히자 비죽거리는) 드응신 (혼잣소리)

S# 마루

윤희 (나와서 마루 중간에 서서)….. (잠시 멍하니 있다가 추슬리고 부엌으로)…

S# 부엌

윤희 (불 켜고 들어와 냉장고 열고 소주병 찾아낸다/반쯤 남아 있는 소주, 컵에 따라 벌컥벌컥 마시는데)

S# 오피스텔

동우 (상의는 벗었고 넥타이 풀면서)…. (소주 들이키고 있다)··

S# 구기동 거실

영국   (거실로 올라서면서) 안녕하세요 아주머니. 저 왔습니다.

여자   좀 일찍 좀 들어오지 사모님 기다리시는데요.

영국   예에 하하

영은   (오버랩의 기분/밖에까지 마중 나갔다가 영국 따라 들어오며) 엄마
          화나셨어. 뭐하느라 이제 들어오는 거야? (소곤거리는)

영국   주무시니?

영은   안 주무시는 거 알잖아.

영국   하하 (웃으며 영은 건드리며 안방 쪽으로 가서) 저 들어왔습니다.

S# 안방

이여사   (가운 걸치고 있는 중이다)…

영국   E 안 주무시는 거 알아요. (이여사 문으로)…. 좀 늦었어요. 오라
          는 데는 없어두

S# 거실

이여사   (나온다)

영국   (엄마 나오는 바람에 문에 부딪힐듯 좀 뒤로 물러서게 되면서/연결)
          갈데는 많아서요.

이여사   (소파로 가며)성북동엔 갔었니? (안 보는 채)

영국   네 그럼요. (엄마 따르며) 인사드렸어요.

이여사   ….(앉으며)할머님.. 알아보시든? (안 보는 채)

영국   오늘… 안 좋으시대요.

이여사   (안 보는 채)오늘 뿐만이 아니라 쭈욱 별루시라더라. (이하 혼
          잣소리)알아보는 거 반갑잖은 나나 잘 알아보시지. (하고 보며)저
          녁은 성북동에서 먹었니?

178

영국　아녜요, (앉으며) 극단하는 친구한테 가서 먹었어요.

이여사　극단 사람들 보는 게 더 급하든?

영국　아 참 (영은 보며) 여기 전화가 어떻게 되지? 제틀랙 때문인지 영 생각이 아니더라 (영은은 앉으며 흘기고) 집에 계셨었어요?

이여사　작은아버지 뭐라시든. (오버랩의 기분)

영국　‥별말씀 안하시든데요? 아 참 그 친구 봤어요. 그 영주,영준 없니? (영은에게)

영은　잔다구 들어갔어.

이여사　(오버랩의 기분) 회사서 그 아이 봤다면서. 그래 너는 어떻든.

영국　영주가 죽자사자 한다면서요. 길지 않은 인생에 죽자사자 할 상대가 생겼다는 거 축하할 일이에요.

이여사　아무렇게나 대답하지 마. 너 오래비야. 세상에 없이 혼자 똑 똑한 줄 아는 영주같은 성격이/허방짚구 낭패보기 더 쉬운 법야.

영국　‥‥(가만히 엄마 보며)

이여사　작정하구 달라붙어 이용만 당하는 거면 어떡해. (영은은 싫증 나고)

영국　(좀 기대앉으며) 저처럼 내키잖는 결혼했다가 위자료 허벅지게 주구 이혼하는 거 보다야, 지가 좋다는 사람하구 살면서 가난한 시집 좀 살만하게 도와주는 편이 훨씬 낫잖아요?

이여사　회사 삼켜버리면 어쩔 거야.

영은　회살 어떻게/지분이 다 있는데 (남아 있다)

이여사　누가 경영하냐 말야. 니 오래비는 평생 이러구 살 사람이구.

영국　뭘 그렇게 걱정하세요. 능력만 있으면 사위가 하면 어때요. 능 력없으면 전문 경영인 시켜두 되구요.

이여사   네 숙부님두 이제 손떼구 싶어하셔.

영국   (끄덕이며) 은퇴하시구 싶을 연세시니까요.

이여사   아들이 돼서는 사위 경영시키라 소리하면서 부끄럽지두 않니?

영국   전 능력이 없거든요. 흥미두 없구요.

영주   E 오빠 들어왔어?

영은 영국   (돌아보면)

영주   (이 층 제 방에서 나와 금방/계단 쪽으로 움직이면서) 아까 회사서
그 사람 봤다면서.

영국   어 그래 봤어. (여자, 녹차 탁자에 내려놓는다)

영주   (계단 빠르게 계속 내려오며) 어땠어?

영국   어 준수하더라. 괜찮아.

영국   E (아들 보는 이여사 위에) 니가 왜 빠졌는지 알겠던데?

영국   (영주 돌아보는 채) 우선 외형이 니 허영심에 딱 맞겠구 체격두
나무랄데 없든데? 눈빛두 살아있구. 실력두 꽤 있다든데?

영주   실력있어. (다 내려왔다/오빠 옆으로)

영국   그럼 만점짜리잖아. 뭐가 문젠 거야 지금.

영주   (앉으며 입 열려고 뻐끔하는데)

이여사   (영국에게 오버랩의 기분) 나는 그 눈이 싫어. 야심이 너무 많아.
(하며 일어선다. 영국 영주는 이여사 말 시작하자 곧장 돌아보고)

영주   (날카롭게 반발하는) 엄마!

영국   (영주 제지하고)

이여사   (아들에게) 부모 이상가는 바보는 없다드라. 너한테 뭘 기대할
게 있다구/… 내가 밸이 빠졌다. (하고 자기 방으로)

영국   ……(앉은 채 가만히 엄마 들어간 방문 보며)

영주　....(엄마 퇴장하는 것 보다가 포기하고 찻잔 들면서) 오빠 그거 알
　　어? 자기가 부정직하면 덮어놓구 남두 다 부정직하다구 생각하
　　는 거.

영국　(웃으며)너 그거 알어? 자기가 정직하면 부정직한 놈두 덮어놓
　　구 정직하다구 생각해 버리는 거.

영은　그거 알어들? (찻잔 들고 일어나며) 오빠랑 언니는 엄마에 대해서
　　지나치게 항상 너무 비판적 이라는 거.

둘　(올려다보고)

영은　그리구 나는 그게 늘…좀은 슬프다는 거. (하고 계단으로)…

영국　.....(퇴장하는 영은 보며)

영주　....(시선 내리고 차 마시는)

S# 윤희의 방

　　[어둠 속에서]

윤희　(꼬부리고 누워서)....(소리 없이 우는)....(머리맡으로 팔만 뻗어 휴
　　지 뽑아 일어나 앉으며 코 푸는)패앵…패앵…후우우우우 (숨 토해내는)
　　....(그리고 한동안 있다가 나가는데/약간 한 번 비틀 하는)

S# 오피스텔

동우　(누워서 소주병 병나팔 부는)……. (눈 뜬 채 그대로 있다가 불현듯
　　전화 집어 들고 찍는다)

　　　EF 전화벨 가는 ….다섯 여섯 번째

동우 모친　(깊게 잠에 빠져 있다가 받는) 여보세요오.

동우　…

모친　F 여보세요?…여보세요…

S# 동우 친가 안방

모친 여보세요…. 말씀을 하세요.

부친 끊어 버려어.

모친 (수화기 놓으려는데)

동우 F 저에요.

모친 아이구 애비구나. 애비냐? 여보 애비에요. (영감 흔들며)

S# 오피스텔

동우 주무셨어요?….

모친 F 자지 그럼 시간이 을만데에 (에서)

S# 윤희네 거실 밖 마당

윤희 …..(쭈그리고 웅크리고 앉아서)…… 그다지 의도적이지 않은 바람이 잠깐 지나갔으면

윤희 ……

F.O

S# 영국의 거실(낮)

영은 (계단 바쁘게 내려와 주방으로)

S# 주방

영은 (들어오며)오빠 없어요 엄마.

이여사 (차려진 상 손보다가)?

여자 아침에 일어나 보니까 현관문 열려 있었어요 사모님.

영은 (조금 엄마 눈치 보며 앉는다)…

이여사 ….(차분하게 수저 들며) 먹자 (나직이)

S# 성북동 영국의 방

한 (영국 침대 옆에 걸터앉아) 더 잘래?…..일어나 움직이는 게 졸성 싶은데….배 안고파?

영국 몇…시에요.(잠에 취해서)

한 열두시 넘어 한시가 다 돼 가.

영국 (일어나 앉으며) 안녕히 주무셨어요?

한 속 너무 비워두면 못쓴다. 어이 일어나 씻구 인사드리구 밥 먹자.

영국 예에. (하고 하품 터지는 얼굴에 두 손 올려 손바닥으로 썩썩썩 부비
고 침대 내려선다)

한 (가운 집어 대준다)

영국 (웃으며 입고 한여사 어깨 한 팔로 싸안고 문으로 움직이며) 날씨는
어때요. 춘가요?

한 (같이 나가며) 어제보단 누그러졌더라 뉴스보니까.

S# 거실

영국 (같이 나오면서 터지는 하품) 아 흐으으으으웅, 우선 커피 한잔 주
세요 어머니. 정신 좀 차리게.

한 물부터 마셔. (주방으로 움직이며) 커핀 밥먹구 먹구.

영국 (여기선 별수 없지 하는 뜻으로 혼자 웃고 기지개 펴며) 으으/으으
으으.

한 (주방으로 들어가다 잠깐 돌아보며 조금 웃고)

영국 하하 하하하하(하는데)

여자 (주방에서 차 쟁반 들고 나온다)

영국 ? 누구 손님 오셨어요?

여자 물리치료 받으셔. (노모 방으로)

영국 아아, (하고는 할머니 방으로)

S# 노모의 방

노모, 정식 물리치료사 한테서 치료받는 중이다.

여자 (찻잔 옆에 놓아주는데)

영국 (들어오며) 수고 많으십니다.

치료사 예. 안녕하세요. (가정부는 자기 할 일 하고는 빠지고)

영국 (할머니 내려다보며) 시원하세요?

노모 ....(눈 뜬 채)

영국 (할머니 손 잡아 올리며) 치료받는 거 좋으세요?

노모 (멍한 눈이 영국에게)

영국 영국이에요. 할머니 손자요.

노모 ....(그냥 보는)

영국 흠흠, (안쓰러워서 손 만지며)...

S# 일진상선 현관 로비

　　점심 먹고 들어오는 사원들 가운데 인주와 윤희/회전문에서 나오며

인주 (윤희 다음 칸에서 나오며) 라니냔지 라자냔지 맥 하나두 못추잖
　　아요. 기상예보 밑구 잔뜩 별렀던 업체들 곡소리나게 생겼대요.

윤희 (둘 같이 승강기 쪽으로 움직이며) 호들갑을 너무 떨드라. 호들갑
　　심하면 대충 빗나가드라. (별일 없었던 듯)

인주 설연휴에 뭐할 거에요?

윤희 그냥 쉴 거야.

인주 집에서요?

윤희 응.

인주 재미 하나두 없다. 휘앙세랑 어디 안가요?

윤희 난 집이 젤 편해. (승강기 앞) 집떠나면 고생이지 뭐 (하다가 굳
　　는다)

영주 (승강기 앞에 대여섯 사원에 섞여 동우와 함께 서 있다가) 식사하구

들어오세요?

윤희 ··네 ··안녕하세요.

영주 (동우에게) 비서실 서윤희 대리, 몰라?

동우 (목례)

윤희 (목례하는데)

경비 (영주를 알아본/) 저기 이리루 오십시오. 저쪽 거 타구 올라가세요. (거의 회장만 타는 승강기)

영주 감사합니다. (동우 팔 가볍게 당기며) 저거 타자.

동우 ···(영주와 그쪽으로 가서 바로 승강기로 숨어든다/승강기 걸은 그쪽에도 있다)

인주 ?·····(멍한 채 영주 동우 움직이는 것 보고 있다가 윤희에게 소곤거리는) 무슨 일이에요?····· (윤희 대답 안하고) 저 남자 강동우대리잖아요. 우리 회사 영화배우/ 몰라요?

윤희 몰라.

인주 둘이···그런가? (마침 승강기 열린다)

윤희 ····(대꾸 없이 승강기로)

인주 (승강기로)

S# 움직이는 승강기

인주 ····(생각하고 있다가) 어디 가는 거에요 둘이? (여전히 소곤거리는)

윤희 회장님 뵈러 가는 거 아니겠어?

인주 (소곤소곤) 그렇죠. 맞죠. 어머머머머, 그럼 결혼하나?

윤희 조용해.

인주 어머머머 어머머머머····· (눈치 보다) 뭐 아는 거 없어요?

윤희 ····

인주 없어요?

윤희 없어……

S# 비서실

윤희 (들어오는데) 다녀왔습니다.

배 회장님 지금 중요한 면담 중이세요 전무님. (전화 중/오래 걸리시
나?) 글쎄요. 그건 잘 모르겠는데요·· 끝나시는대루 연락드리겠습니
다 제가…예 알겠습니다. (끊고) 노영주씨랑 불쾌한 녀석 와 있어요.
차 준비해요.

윤희 네·· (탕비실로 돌아서는데)

S# 회장실

회장 (두 사람 앉혀놓고) 성북동에서는 별 이의가 없으시구… 네 엄마
는 기권하겠다구… 새벽에 얘기 나눴어.

영주 (웃으며) 네 작은 아버지.

회장 웃지마라. 좋기야 하겠지만 너….엄마한테 왜 그렇게 싹수없이
굴어. 사춘기두 아니구 이제 좀 어른스럽게 포용해두 되잖아.

영주 …네.

회장 누구 인생에나…남 모르는 그늘과 상처는 있는 법이야. 누구보
다두 이해하구 감싸야할 자식이 돼서는 너는 기회만 있으면 호벼
파는 모양인데… 그러지 마라. 그러는 거 아니야.

영주 저 건드리지만 않으면 순한 양이에요.

회장 (오버랩의 기분) 집안 사정 (영주 보며) 얘기했니?

영주 그럼요. 감춘 거 아무 것두 없어요. 감추기 전에 벌써 공개된 비
밀이기두 하구요.

회장 (오버랩의 기분 동우에게) 결혼은 5월에 하는 걸루

영주　(오버랩의 기분) 왜 오월까지요 작은 아버지.

회장　엄마 희망이야. 탈상하구 금방 자식 혼인시키는 거 남 보매 좋지 않아. 나두 동감이야.

영주　그럼 탈상하구 한달이면 되잖아요. 3월중순에 하겠어요.

회장　….(보며)

윤희　(차 들고 들어온다)

영주　오월까지 시간 벌어놓구 엄마 틈틈이 계속 브레이크 걸 거에요. 그럼 저 계속 또 엄마한테 고약하게 굴 거구 5월까지 기다리는 건 시간 낭비에 감정악화 밖에 얻을 게 없어요. 저두 엄마하구 나쁘구 싶지 않아요. 당겨 주세요 작은 아버지.

회장　(오버랩의 기분) 결혼은 하되/…. (하고 차 내고 있는 윤희 때문에 잠시 기다리는)…

윤희　(동우 앞에 마지막으로 찻잔 놓아준다)…

동우　…..

영주　E (동우 위에) 말씀하세요.

회장　기다려.

윤희　(가볍게 목례하고 나가는데/ 나가는 동안)

동우　…..

영주　….(회장 보며)

회장　…..(윤희 나가고) 미리 못박아 두는데 자네는 결혼하면서 곧장 영주 데리구 나가 공부 좀 하구 들어와. 호텔 구상 중이다가 유보했다는 얘긴 했니?

영주　안했어요.

회장　4,5년 공부하구 들어오면 몇살이 되나.

동우　서른…다섯 여섯입니다.

회장　너 먼저 나가 있어.

영주　? 왜요?

회장　이 방에서 나한테 왜요라구 반문하는 사람 아무두 없어 이 자
　　식아.

영주　(웃으며)회장님이시니까요. (핸드백 챙기며) 저는 작은아버지구요.
　　(하고 나간다)

S#　비서실

영주　(나온다)

윤희　(컴퓨터 자판에 스프레이 먼지 제거제 뿌리고 있다가 놓고 일어선다)…

영주　괜찮아요 일어설 거 없어요. (그러면서 저쪽 소파로 간다)

윤희　….(보며)

영주　(앉으며 콤팩트 꺼낸다) 미안하지만 나 생수 한잔 줄래요?

윤희　..네.(탕비실로)

S#　탕비실

윤희　(들어와 크리스털 컵에 냉장고 생수 따른다)…..

S#　비서실

영주　(입술 보충해 그리는 중)…

윤희　(탕비실에서 나오며 잠깐 보고 영주 쪽으로/컵 집어 드는데)

영주　(손 뻗히며)고마와요.(기분 좋게 웃으며)

윤희　…(어정쩡한)..

S#　회장실

회장　(옆 사이드 테이블에 준비해 두었던 봉투 집어 동우에게 밀어놓으며)
　　집어 넣어.

동우   ?..(본다)

회장   시골 부모님께 써. 회사 돈 아니야.

동우   ·····(봉투에 시선 박고)

회장   생활이 어느 정돈지는 모르지만··· 영주가 난감해하지 않을 만
큼·· 만들어 놔.

동우   ·····(보며)

회장   얘기루 들어 저혼자 짐작한 거 하구··· 실제 눈으루 보는 거하구
는 다를 수 있네. 쓸데없이 놀래킬 필요없어.

동우   ····(시선 내리고)

회장   사위두 자식이야. 집어 넣게.

동우   ·····(그대로)

회장   (일어서며) 됐네. 나가 봐.(에서)

S# 비서실

윤희   (컴퓨터 치고 있고)

영주   (사보 같은 것 대충 넘기고 있는데)

동우   (나온다)

윤희   (일어나고)

영주   (발딱 일어나 오며) 뭐라 그러셔? (나가는 동우 따르며) 왜 나 먼저
내 보낸 거야?

윤희   ·····

S# 복도

영주   (뚜벅뚜벅 걷는 동우 옆에 따르며) 나 내보내구 무슨 말씀 하셨냐
말야아아.

동우   (멈추며(오버랩의 기분)) 봉투 주셨어. (웃음기 없이) 시골집에 쓰라

구. (하며 주머니에서 봉투 꺼내 띄워들고) 얼마냐구 묻지마. 나두 몰라. 나중에두 묻지 마. 말 안할 거야.(에서)

S# 회장실

윤희 (세 사람 찻잔 거두고 있다)… (회장은 테이블에서)

   E 비서실에 울리는 전화벨

윤희 (쟁반 들고 뛰듯이 나간다)

S# 비서실

윤희 (나와서 서둘러 받는다) 네 비서실입니다. (언니 저 동숙이에요)?… 웬 일이에요?(저 지금 회사 근처에 있어요.)?서울 왔어요?(하는데 배대리 들어온다/시선으로 배대리 쫓으면서)무슨‥볼일 있어서 왔어요?(에서)

S# 회사 근처 커피집

   (카페 수준 아니고 조촐한 전문집이거나 아니면 아직도 촌스런 다방 수준이면 더 좋습니다·)

윤희 (문 밀고 들어온다)… (잠깐 멈칫한다)

동숙 (저쪽 자리에서 일어나는데/ 두 사람 찻잔은 이미 있다)

모친 (엉거주춤 일어나는 것도 앉아 있는 것도 아닌/윤희 쪽 보며)

윤희 ?……(다가와서)…웬일…이세요?

모친 (우물쭈물‥앉으면서) 앉자…앉아서‥우선 앉으라구. (시선을 영 못 맞추면서)

윤희 (동숙 보며 앉는다)? (의아한 채)

동숙 (시선 못 맞추는 채 앉는다)

윤희 ‥‥언제‥‥어떻게 무슨 일루‥‥

모친 (구겨쥐고 있던 손수건으로 괜히 이마 찍어내면서) 오늘 왔지이…

춘천만 나가두 어지러운데 그/그래서···애를 데리구 왔어. (괜히 피식 웃으며)그래두 어린 거니까···데리구 가라구 성화잖어 또오(영감이)

윤희   네에 (하며 동숙 보면)

동숙   (고개 숙이고 있다)····

윤희   ····그런데 저는 왜···보자구 하셨어요.

모친   얘기/··얘기 해애 (딸에게 작게)

동숙   엄마가 하세요오···(안 보는 채)

윤희   ·····?

모친   (물 한 모금 마시고 내리면서)··· 혜혜혜·· 혜림이 데리러 왔어어··

윤희   ?·····네에?

모친   (여전히 안 보는 채) 아무리 팔방으루 생각을 해두 그게 그렇구나아·· 혜림이는 우리 강씨 자손이구

윤희   어머니 (오버랩의 기분)

모친   (그냥 연결) 그리구 너 혜림이 데리구 있어 뭐해애.

윤희   어머니 (오버랩의 기분)

모친   (그냥 연결) 이렇게 된 마당에 너두 혜림이 우리주구 홀가분 하게 새출발하는게 뭐냐 가쁜할 거구

모친   E (그냥 보고 있는 윤희 위에) 우리두 그렇다아. 우리 자손 우리가 챙겨 키워야지 너한테 못할 짓 하구 애까지 떠맡기는 게 너머 뻔뻔한 일이구

윤희   (오버랩의 기분) 그사람 결혼해요 어머니. 그 여잔 혜림이 있는 거 몰라요.

모친   그야아 모르지이. 알게 하면 안되지이.

모친 E (윤희 위에) 내가 키울 거야 내가. 데려가서 내가 키울려구 그
래애.

윤희 정말 해두 너무 하네요. (목이 메며)어림없는 말씀 하지 마세요.
헛걸음 하셨어요. 저 그만 일어나겠어요. (빠르게 일어나 빠르게 나
간다)

동숙 ‥‥‥

모친 (괜히 딸에게) 꿀먹었냐?

동숙 죽어버렸음 좋겠어 그냥 이 자리서. (울먹해서)

S# 다방 골목 구멍가게 공중전화

윤희 (전화 들고) 강동우씨 부탁합니다‥‥‥집이에요 급한 일이라구 전
해주세요…네 감사합니다(에서)

S# 회사 근처 공원

(공원이니까 소리소리 지르지는 말고 감정만으로)

윤희 얼마나 더 할 거야. 어디까지 할 거야.

동우 (오버랩의 기분 달래는) 윤희야.

윤희 (오버랩의 기분) 나 그렇게 우스워? 아뭇 소리 안하구 바보처럼
당해주니까 신났니? 무슨 짓을 해두 상관없을 거 같애?

동우 (오버랩의 기분) 흥분하지 마. 흥분하지 말구 차분히 얘기해.

윤희 (울며 웃으며) 나 지금 돌 거 같애. 차분 못해. 정말야 돌 거 같아
(괴로워 정말 미칠 거 같다) 어떻게 인간이 이렇게까지 독하구 무서
울 수가 있어. 어떻게 사람이 이렇게까지 나쁠 수가 있지? 으응?

동우 (좀 올라서(오버랩의 기분))이성적으루 생각해. 널 위해서두 나쁠
거 없는 제안야.

윤희 그런 소리하지 마. 나 이제 알아. 나 위해서? 허/이제 그런 거짓

말까지 해? 내가 속아? 속아줄까?

동우 (인상 팍 쓰고)

윤희 당신 혜림이 한테 권리 없어. 당신 첨부터 낳지 말라구 했구/ 혜
림이 쭈욱 남의 애 보듯했어. 혜림이 아빠였던 적 한 순간두 없어.

동우 매도하지 마. 그건 아냐.

윤희 (다부지게) 미워하게 만들지 마. 그냥/ 나한테 생긴 이 일이 무
슨 일인가/남자 여자가 뭔가/ 어이없는채 서글픈채/그냥 이대루
있게 내버려둬. 당신 미워하구 싶지 않아 정말루. (좀 터지듯)

동우 ….(보며)

윤희 …..(숨 고르면서)

동우 ….(보며)

윤희 마음이 변하면….좋았던 기억두 없어지는 거야?…칠개월이 아
니구 칠년야….혼자 생각만 하지 마….내 생각두 조금은 해줘…..

동우 …..(외면)

윤희 혜림이…흐흐흥…나더러 죽으라 그래 차라리…. (그 자리 떠나
빠르게 걷기 시작한다)

동우 …..(외면한 채)

S# 공원 입구를 향해 흐르는 눈물 닦을 생각도 않고 빠르게 눈 거의 부릅뜨
듯 하고 입 꽉 다물고 걷는 윤희

S# 회사 현관 로비

윤희 (회전문 밀고 씩씩하게 걸어 들어온다)…

S# 서울 거리(밤)

S# 달리는 고급 승용차 안의 윤희(성북동 길)

S# 성북동 주방

한   (만두 빚으며) 저녁 먹구.. 오늘부턴 구기동 가 자라. 늬 어머니
      영주때매 속 불편한데…

영국   ….(식탁에 앉아 신문 보며)‥

한   들었어? (가정부도 빚고 있고/만두 상스럽지 않고 작고 이쁘게)

영국   네에.

한   결혼시키기루 했나부더라.

영국   (보며)언제요.

한   새벽에 니 엄마/숙부한테 자긴 모르겠으니 알아서 하라구 전
      화했나부더라. 좀 전에 숙부가 연락했더라. 애들 데리구 얘기했다
      구. 인사 올거라구.

영국   예에(신문)

한   할머님한테 좀 나가봐라.

영국   아, 예…(신문 챙겨들고 일어나면서) 그런데요 어머니.

한   ?…

영국   할머니 저러구 계실 때… 무슨/ 생각같은 거 하시는 건가요? 저는
      그게 늘 궁금해요.

한   (만두로)글쎄다 알수가 있나…… 생각은 무슨….빈 집…빈 그릇 같
      으신 거 아니겠니……혼은 떠나구… 비어있는 집.

영국   ……

한   (안 보는 채) 할머니처럼 될까 무섭다 나는… 부탁했지? …. 요양
      원에 넣어달라구.

영국   ….(그저 보며)

한   인생이라는 게 참….할머닐 보면 기가 막혀….그렇게 서슬 프르
      게 무서웠던 분이…어이 나가봐라.

영국   ..예…(나간다)

S# 거실

영국   (나와서 할머니 쪽으로) 할머니 뭐하세요.

노모   (손톱 이빨로 물어뜯고 앉아 있다)….

영국   아니 왜 손톱은 물어뜯으세요. 어디 봐요,(손잡아 보며) 손톱두
         없는데 왜 그러세요. 그러다 잘못하면 피나구 아파요 할머니.

노모   배고파.

영국   ? 배고프세요?

노모   배고파.

영국   알았어요. 잠깐 계세요. (주방 쪽으로)

노모   이년들이 나 굶겨죽일려구 들어. 배고파.

영국   (가다가 잠깐 돌아보고 웃고) 어머니.

S# 주방

영국   할머님 배고프시대요. 밥 안주셨다는데요? (웃으며)

한   (웃음기 없이) 하나 덥히게.

여자   예에(일어나는데)

윤희   E 사모니임.

영국   ?

한   ? 서대리 왔구나.

영국   ? 서대리 누구, (나가며) 비서실 서대리요?

S# 거실

영국   어어 서대리가 웬일요 어엉?

윤희   ….(저도 의외다, 목례) 저기 정원 아저씨가 마당에 계시다 열어주
         셔서….

영국   (오버랩의 기분/윤희 말은 상관없다) 어머니,서대리가 여기 웬일
       이죠? 서대리 왔어요 나와보세요.

한   (이미 나오며(오버랩의 기분)) 지난달 부터 생활비 심부름 서대
       리가 해. (영국/아아 하는/)잘 왔어. 만두 빚구 있으니까 저녁 먹구
       가라구. (소파로 가며)

윤희   아니 아니에요 그냥 이것만 전해드리구,(쇼핑백에 들어 있는 현
       찰 천만 원쯤과 약병들 몇 개) 갈께요 사모님.

한   이리 오라구.

윤희   (소파로)

한   (앉으며) 서대리 몫까지 넉넉하게 빚었어. 앉어.

윤희   …(궁둥이만 걸치고 앉으며 봉투 탁자 위에) 할머님 약…주셔서 갖
       구 왔습니다.

한   이것 좀 치워다우.

영국   예. (봉투 들고 한여사 방으로)

한   (영국에 연결) 특별한 약속 없으면 만두 좀 빚어주구, 아직 한 참
       더 (하는데)

여자   (달걀찜/차완무시/일식집 것처럼 집에서 만든 것 데워 들고 나오며
       (오버랩의 기분) 사모님.

한   아,(일어나며)할머님 시중 좀 들어줄래? 이리 내요. (쟁반 받아
       들고 노모 쪽으로/ 윤희 어정쩡 따라가고) 어머님, 저 지금 저녁하느라
       바쁘거든요? 그래서 서대리한테 부탁했어요. 잘 드세요오? (휠체
       어 옆의 의자/음식 먹일 때 쓰는) 마주 앉아서 떠 먹여 드림 돼. 안 뜨겁
       게 적당히 식혀서 응?

윤희   네, (하며 벌써 의자 휠체어 앞으로 놓고 쟁반 받아서 차완무시 컵

과 스푼 집어 들고 앉는다)…. (한 스푼 떠서 호호 불고) 안녕하세요 할머님.

노모 (윤희 보는‥이건 또 뭔가아아)

윤희 (한 돌아본다)

한 (끄덕여준다)

윤희 (먹인다)…

노모 (잘 받아 먹는다)…

한 (주방으로)….

영국 (그동안 벌써 나와서 보고 있다)…

윤희 …(차분하게 먹이는)…

영국 (보고 있는/굳이 의미를 부여할 필요는 없음)

S# 성북동 집 앞(밤)

동우 (영주 차 운전대에서/옆자리 돌아보며)…. 안 내려?

영주 (기대앉아 있다)….

동우 응?

영주 여기 오는 거 정말 싫어. 그런데 안올 수는 없어. 법적인 엄마구 할머님이 여기 계시구/작은아버지 혼내키시니까.

동우 잘 안해주시니?

영주 (몸 일으키며) 아냐 그렇지는 않아. 잘해주시는 것두 아니지만 눈치 주시는 것두 아냐. (꽃다발/고급품으로/핸드백 챙겨 들고 내리며) 내리자.

동우 (내린다)

영주 담담하셔. 파도 없는 바다처럼 늘 담담한 분야. 그런데 그 밑바닥을 누가 알겠어. 남편 뺏기구 삼십 오년 칩거하구 있는 그 속을.

(대문으로)

동우 침거하셔?

영주 거의. 거의 그렇다구 할 수 있지. (벨 눌러놓고) 직접적인 가해자는 우리 엄만데 나두 같이 가해자같은 기분이 들거든… 안그럴려구 해두 그래.

동우 …(보며)

영주 우리 엄만 자기가 피해자라 그러지만. 아버지랑 이혼 안해줘서 처녀루 늙어죽게 만들었다구. 적반하장이지.

인터폰

영국 F 누구냐 영주냐?

영주 오빠 여기있어?

S# 거실

윤희 (할머니 앞 의자에서 일어선 자세로 현관께 보고 있는)

영국 그래. 그녀석 같이 왔니? (문 열여주고) 어머니이! 영주 그녀석 데리구 왔는데요?

윤희 (빠르게 쟁반 들고 주방으로)

S# 대문 안

영주 (문 안에서) 들어와.

동우 (들어온다)

영주 오빤 잘 해. 우리 오빠 웃긴다 너. 우리 입장이 고약하다는 거 안게 우리 오빠 국민학교/아니 초등학교 오학년 때였는데/ (동우 팔 끼고 올라가며) 그때부터 오빠 저 혼자 여기 드나들면서 엄마엄마하면서 아들 노릇했다? 그리구 지금두 우리 엄마한텐 엄마소리 죽어두 안해. 그냥 호칭 없이 적당히 꾸구려 부치구 여기 엄마한텐 깍듯이 엄마야. 웃기지.

S# 거실

윤희 (핸드백 챙겨들며) 아녜요 그만 가봐야 해요 사모님. 늦는단 얘기 안했어요. 집에서 기다리세요.

영국 (오버랩의 기분) 아니 지금 만두 집어넣는다는데

윤희 (오버랩의 기분) 손님두 계시구 나중에요. 안녕히 계세요 사모님. (총총히 현관 쪽으로)

한 (나와 있다가) 그래요 그럼 잘가요. (돌아서는데)

영국 (오버랩의 기분) 서대리.

윤희 ? (돌아본다)

영국 누가 잡아 먹을려구 꽁지 물어요? 뭘 그렇게 서둘러요 저녁 먹구 가라는데.

윤희 (그냥 조금 웃어 보이고 현관으로)

영주 (들어오며) 들어와 동우야. 어 여긴 웬일이에요?

윤희 ⋯네⋯회장님 심부름 왔었어요⋯.

동우 (들어오다)?

영주 올라와 / 올라와.

동우 (영국에게 목례하고 올라오는데)

윤희 ⋯.(좀 허둥지둥 신 신고 나간다)⋯

영국 나 그 아주머니 성격 참 이상하네에 (하며 신 신는다)

S# 마당

윤희 (빠르게 대문으로)

영국 아주머니 아주머니,(따라나와서)

윤희 (돌아보며 멈춘다)

영국 (윤희 앞으로 와 서서 들여다보듯 하며) 지금 어디루 가요.

윤희 …집에요.

영국 남자하구 약속있는 거 아니구요?

윤희 ..아니에요.

영국 (앞서며) 그럼 나하구 잠깐 데이트 합시다.

윤희 ?..

영국 집이 어디요. 잠깐 나가 있어요 내 차 뺄 테니까.

윤희 아니 저 차 있어요 지사장님. 회사 차 타구 왔어요.

영국 아아, 현찰 들구 택시타게 함 안되지 참. 잘됐군. 나갑시다. 그 차 타구 갔다 오지 뭐. (앞서면서) 저자식 어쩐지 맘에 안든단 말야… (획 돌아보며) 나보다 모양새가 좋잖아. 기분 나쁘다구. 안 내려와요?

윤희 ….

S# 성북동 길을 달리는 자동차(윤희가 탔던 회사 차)

S# 차 안

영국 (카폰 들고) 저에요 어머니. 저 한 한시간 바람쐬구 들어갈려구요… 저녁 나중에 먹죠 뭐. 아직 배 안 고프거든요?… 아 서대리 타구 온 회사 차에 묻었어요 지금. 서대리 내려주구 제가 잠깐 쓸 거에요…예

S# 한여사 거실

한 (사람들 앉혀놓고).. 건성 대답하지 말구 과음하지 말라구…구기동으루 들어가. 때 걸르지 말구 뭐든 먹구…

한   E (보고 있는 두 사람 위에) 치과 다니는 일 밖에 아무 일 없어 요즘 ….것두 좋지…그래..

한 알었네.. 그러자구.

200

S# 차 안

영국 그럼 끊습니다. (끊고 전화기 처리하고 윤희 보는)……집이 어디요.

윤희 ….(안 보며)

영국 미스터 누구요 운전석.

허기사 헙니다 지사장님. (젊은 애)

영국 미스터 허. 서대리 집 아나?

허기사 예 압니다.

영국 그럼 됐구먼. (기대앉는다)

S# 거실

동우 누이동생 셋에 아우가 하납니다.

한 맏이구먼.

동우 예.

한 키우시느라 고생이 많으셨겠네.

동우 누이동생 둘은 결혼했습니다.

한 장학금으루 공부했다구?

동우 네.

한 ‥귀밑머리 마주 풀구 만난 부부/ 요새사람들은 이런 말 웃지 …나는 요새 사람이 아니야. 귀밑머리 마주 풀구 만난 부부…백발 될 때까지 정 따듯하게 해로하는 거 이상‥‥아름다운 건 없어……

영주 …..(보는)

동우 …..(보는)

한 한참 좋아라 할 때는 그게 뭐 그리 어려우냐싶지만…남녀 만나 몇십년 을 살어야하는 결혼처럼 어려운 게 또 뭐 있나… (영주 보며) 너는 영리한 아이니 알어서 잘 했겠지‥하겠지/‥너를 믿구…긴 말은 안하구 싶구나.

영주　네에.

한　거죽만 보면 남부럽지 않게 강한 아이네만…강한 척하는 걸세.

영주　?…(어떻게 알지?/한 보며)

한　부디..보이는 거 뒤에 감추구 있는 안보이는 걸 애껴주면서…
좋은 자식 낳아 키우면서…변치 말구 해로하기 바라네…

동우　..명심하겠습니다.

영주　(고개 조금 옆으로 돌리는데 눈물이 떨어질락 말락)…

동우　(문득 돌아본다)….

S#　달리는 차 안

영국　….(있다가 문득 윤희 돌아보며) 부모님이 엄하세요?

윤희　?…(돌아본다)

영국　남자하군 차 같이 타는 거 아니라구 교육받았어요? 왜 그렇게 굳
었어요 기분 나쁘게.

윤희　….

영국　아버님이 무서워요?

윤희　아버지 엄마 …안 계세요.

영국　?….(몸이 좀 등판에서 떨어지는)…

윤희　돌아가셨어요… 옛날에.

영국　그럼 고아란 말요?

윤희　(돌아보며) 외할머니랑 이모한테서 컸어요.

영국　크다니/몇살 때부터.

윤희　여덟..살요.

영국　……(보다가 도로 기대며) 알구 보니 측은 한 아가씨구면 그러니까…

202

윤희 ……

영국 그래서 늘 어딘지 모르게…뭔가 모르게 가련해 보였구면..이유
가 있었어.

윤희 ……

영국 (돌아보며) 어떻게 돌아가셨는데요?

윤희 ……(돌아본다)

영국 ….(보다가) 흠흠, 웬 관심이냐 그거죠. 소문두 나쁜 남자가 불쾌
하게 흠흠흠흠

S# 달리는 자동차

S# 윤희 동네 슈퍼 앞

　　자동차 멎고 윤희 내리고

영국 (다른 문으로 내리면서) 미스터 허.

허 (운전석에서 돌아보며) 네.

영국 잠깐 내려. (하며 운전석 쪽으로)

허 (내려 서는데)

영국 (느닷없이 내리고 있는 허기사 앞 통수 꿀밤 주며) 숙녀가 내리면 냉
큼 먼저 내려 문 열어주는 거야. 것두 몰라?

윤희 ? (놀라고)

허 예..잘못했습니다.

영국 앞으루 잘 해.

허 예 알겠습니다.

영국 (놀라 있는 윤희 돌아보며) 여기서 멀어요?

윤희 ….(보며)

영국 여기 내려놓구 가면 되는 거요?

윤희   네…네 지사장님.

영국   (씨익 웃으며)갑니다 그럼/ 데이트 즐거웠어요. (하며 손 내민다)

윤희   ?….(손 내려다보며)

영국   악수한번 하는데 뭘 그렇게 망설일 게 많아요. 무안하게 만들
지 말구 빨리 손 내밀어요.

윤희   …(손 내밀고)

영국   (잡고 두드려주고) 잘 있어요.… (하고 뒷좌석으로 몸 돌리다가 괜
히 허기사 또 툭 치며) 몇살야.

허   스스물 아홉입니다.

영국   됐어. (뒷좌석으로 오르고)

허   (괜히 윤희에게 필요 이상 꿈벅하고 운전대로)

　　부르르릉 뜨는 자동차.

윤희   ……

제6회

S# 구기동 외경(낮)

S# 영국 부친의 서재

배 모형들, 書架, 고인이 된 노회장의 近影 사진틀, 60대

중반, 단정하고 깐깐한 인상의 대형 사진 훑다보면/

이여사 (사진 마주하고 서서 맥 빠지고 서글픈 심정으로 사진 보며)‥‥‥

(손에 얼음 넣은 스카치 글라스)‥‥

(그대로 미동도 않고 사진 보다가 어느 한순간 훌쩍 한 모금 마시는데)

E 거실에서 들리는 전화벨

이여사 ‥‥(전화벨과 상관없다)

S# 거실

E 전화벨 울리고 있다.

여자 (주방에서 총총히 나와서 받는다) 네에 구기동입니다. (상당히 조
심스러운)‥‥ 아 네 사모님이세요 안녕하세요.(연결해서) 그런데 즈이
사모님 지금 안계시는데요.

S# 서재

이여사 (얼음만 남고 비워진 술잔 늘어뜨리고 방 안을 약간 흔들거리는 기분으로 서성거리는)······ (무의식 중에 빈 술잔 입으로 가져가다가 후루루 한숨 표 안 나게 쉬면서 테이블로/ 테이블에 스카치병 집어 삼분의 일쯤 따르는)·····

S# 故 노회장의 산소

절에서 탈상 祭는 이미 마치고 내려온 참이다. 숙부 노회장과 그 아내, 사촌 형제들 이남 일녀쯤, 영국, 영주, 영은, 그리고 강동우, 그리고 나이든 임원진들 이십여 명, 한옆에 비서실 배실장과 윤희, 그리고 중심처럼 한여사. 가랑비가 내릴수록 좋습니다만 제작상의 가는 눈발이 흩날려도 있으면 좋고 아니면 엄숙하고 조용한 분위기 속에 근친들은 이미 끝났고/ 임원들 한 사람씩 나가 들고 있던 국화 한 송이들 제단에 놓고 향불붙여 꽂고 짧게 묵념하는/ 이미 거의 다 마쳐가는 상태를 제단에 놓여진 꽃 숫자로/ 한여사/영국/ 영주/동우/··· 노회장/노회장 아내/영은/ ··· 기타, 노회장 자녀들과 임원들/ 한편에 배실장과 윤희···

배 (마지막 자기 차례가 되자 제단으로 움직이는데)

한 (소매 속에서 손수건 꺼내며 조용히 움직여 빠진다)

가족 모두 (한여사 보는)

회장 ······(형수 보다가 조용히) 서대리.

윤희 (빠지는 한여사에게 고개 돌아가 있다가 갑자기 불려져서)? (회장 쪽본다)

회장 댁까지···모셔다 드려요.

윤희 ···네 회장님. (하고 무리에서 서둘러 빠진다)

동우 (빠지고 있는 윤희 보며)····

S# 한여사를 쫓아 서두르는 윤희

S# 차분히 걸어오며 손수건으로 이마며 코 옆을 누르고 있는 한여사

윤희   (한여사 한 걸음 뒤까지 따라왔다)..... (걸으며 한여사 뒤 보는)

한   ....(상관없고)

윤희   .....(따르며)

S# 묘소 주차장

한   ....(나오다가 잠깐 걸음 멈추고, 자기 차가 어디쯤에 있는지 모르겠다)

윤희   (같이 멈춰서 눈으로 찾는데)

기사   (우루루 모여 있던 기사들 틈에서 빠져나온/ 뛰어오며) 여깁니다. 사
모님.

한   (그쪽 보고 움직인다)....

윤희   (따라 움직인다)

S# 자동차 있는 곳

한   (차 문 열고 대기 중인 자동차로 조용히 오른다)

윤희   ...(한여사 타고 문 닫아줄 때까지 기다렸다가/운전대로 가는 기사와
동시에 운전대 옆자리로 가 오른다)

S# 차 안

한   .....

윤희   (타면서 곧장 안전벨트 매는) 기사 출발하겠습니다 사모님..... (대
답 기다리다가 부드럽게 출발)

S# 묘역을 빠져나가는 한여사의 차···

S# 차 안

한   ......(깊게 앉아서 /등은 붙이지 말고/시선은 조금 아래로/아무것도
보고 있지 않은 상태)......

윤희   (앞자리에서 괜히 죄송한).........

한   E 서대리

한   (윤희 보며)··몇 년 모셨지?

윤희   ··일년··조금 넘습니다····· (하고 다음 말 기다리는)

한   ······(구겨 쥐고 있던 손수건 핸드백에 넣는)···

윤희   ····

S# 성북동 길

들어와서 집 대문 앞에 서는 자동차.

정원   (연락받고 대문 열고 기다리다가 자동차 문 열어준다)

윤희, 기사   (거의 동시에 차에서 내리고)

한   (내린다. 윤희는 내리자마자 한여사 내리는 쪽 근처에 와서 서고)····

(대문으로)

윤희   ···(들어가는 한 보며 잠시 망설이는데)

한   (돌아보며)··갈데 있어요?

윤희   아닙니다 사모님.

한   들어와 몸 좀 녹였다 가두룩 해요. (하고 들어간다)

윤희   ····(대문으로)

S# 정 원

한   (앞서 걷다가 잠깐 비틀하는)

윤희   (뒤따르다 얼른 부축한다)

한   아냐. 미끄러웠어···· (윤희 손 밀어내고 건물로)···

윤희   ····(보다가 따른다)

현관 아래 몇 걸음까지 마중 나와 있는 가정부.

S# 거실

한   (들어와 휠체어의 노모에게로/이 움직임과 상관없이 윤희/ 가정부

들어오고/거실 중간까지)

한   (겉옷 두루마기 고름 풀면서 다가가며) 다녀 왔습니다. 어머님.
(노모를 보지는 않고/ 노모한테라기 보다는 자기 자신한테 하는 말처럼)
···· (두루마기 벗자/)

여자   (한이 옷 벗을 기미가 보이자 이미 따라붙다가 얼른 벗은 두루마기
받아들고 안방으로 빠지고)

한   (의자 마주 놓고 앉으며 노모 무릎에 놓인 손에 자기 손 덮고)····(보며)

노모   ······(눈 맞추고 보며)

한   자알 치르구 왔어요···· 주지스님 독경두 아주 좋았구요··· 산에
가서 인사두 하구요··· 좋은데루 잘····갈 거에요.

노모   ·····(그저 보며)

한   어머님··가시면··· (목이 좀 메며) 만나실 거에요··· (한 손 올려 머리
만져주며) 그때··만나 보세요······· (보다가 손 내려 손 만지며 시선 내리
고)···· 나무는 천년두 살구 바위는 억년두 사는데··고작 몇십년 사람
한 평생··눈감으면 그만인걸 ···· (시선 들어 보며) 뭣때매 그렇게···아
파하구··

한   (윤희의 시각으로) 서글퍼하면서 살았나··· 그런 생각이 드네요······

윤희   ·····(그쪽 보며/안방에 들어갔던 가정부 주방으로/한 화면에)

한   (윤희 시각으로) 다 자알···(한숨 조금 섞어) 치르구 왔습니다.

한   (윤희 시각이 아닌) 그런 줄 아세요···· (일어서며) 저 차 좀 마시
구요. 겨울날··푸근하대두 속이 떨리네요··· (하고는 소파 쪽으로 움
직이며) 앉아요. 차 한잔 마시자구.

윤희   ····네.

한   (앉고)

윤희 …(소파로 움직여 앉는다)

한 아줌(하는데)

여자 (벌써 녹차 주전자와 찻잔 받쳐들고 나온다)……

윤희 (쟁반 탁자에 놓아지자 얼른 주전자로 손 뻗히는데)

한 내가 하지…. (찻주전자 손잡이 잡아 올려 유연하게 따르기 시작)

윤희 ……(한여사 보며)

S# 성북동 대문 앞

윤희 (대문에서 나온다)

기사 (차 문 열고있다)

윤희 (웃으며) 아녜요 그냥 걸어갈 거에요.

기사 (오버랩의 기분) 타요. (나이 사십 대) 데려다 주께.

윤희 아니 좀 걷구 싶어서 그래요. 좀 걷다가 택시 타든지 그럴테니
    까 걱정마세요.

기사 (오버랩의 기분) 아 걷기 쉽잖은 길이에요.

윤희 저 잘 걸어요.고맙습니다. 안녕히 계세요. (하고는 걷기 시작하
    다가 돌아보며) 차 집어너세요. 저 괜찮아요오.

기사 잘가요 그럼.

윤희 네에. (웃어 보이며)

S# 성북동 길

윤희 (타박타박 걸어오고 있는)……

    M

S# 법당 안

    M 연결

    윤희, 배실장과 출입구에 서서 맞고 있는데/ 영국이 한여사와 함께 들

어오고/ 회장 자기 아내 데리고 들어오고 다음으로 영주와 함께 들어
오는 동우/

동우 (들어오며 무표정한 채 윤희와 잠깐 눈 맞추는데)

영주 (동우 팔 당기는 데서)

S# 성북동 길

윤희 ....(타박타박)

S# 묘소

가족들 가운데 나란히 서 있는 동우와 영주… 영주/동우에게 귓속말
하는/

윤희 (그러는 두 사람한테서 시선 피해 눈 까는)....

S# 성북동 어느 카페

윤희 (혼자 앉아 커피 마시다 찻잔 두 손으로 들고 창밖 보고 있는).......
(한참 동안 정지된 것처럼 그러고 있다가 문득 정신 차리고 커피 마시
는데)

　E 출입구 문소리.

　M 출입구 문소리와 함께 아웃

윤희 ....(커피 마시는)

수연 　E 얘. (오랜만이다/정식으로 차려입은 건 아니고 성북동 집에서 코
트만 걸치고 뛰어나온)

윤희 어, 얘 미안해. 너 나오기 괜찮았니 정말?

수연 (앉으면서) 잠깐인데 뭘. 아줌마 오는 날야. (시계 보며) 나 삼십분
밖에 없어 윤희야. 갓난쟁이 금방 깰 시간이거든.

윤희 오래 안 뺏을게.

수연 전화두 못하구 미안하다. 무시무시한 시집살이에 애들 치다꺼

리 남편이라는 인물 치다꺼리/친구한테 전화해 수다떨 정신적인
여유가 없어.

윤희　알어. 그러니까 나두 전화 안하잖어.

수연　이건/시아버님 입원하셨다 퇴원하시면 시어머니 앰블란스에
실려가시지, 한숨 돌린다 싶으면 미국서 시누이 식구 나와 스페인
서 시동생식구 단체루 나와 나 돌기 일보 직전야. 내 머리 봐 너. 내
가 이러구 다니던 애니? (아무렇게나 뒤로 꾹 핀 꽂은 머리)

윤희　(웃는다)

수연　게다가 우리 엄마 증권으루 와장창 깨지구 생병 앓지, 얼마나
깨졌는지 말두 안해. 우리 집 거리루 나 앉는 거 아닌지 모른다 얘.

윤희　설마아.

수연　정말 오랜만이다. (옆에 온 아가씨한테 오랜만이다에 연결처럼)
커피주세요 (해놓고 다시) 작년 크리스마스에 보구

윤희　(오버랩의 기분) 재작년이지.

수연　어 재작년이다. 우우우우 세월이 어떻게 가는 건지 모르겠다
진짜. 너는 어때 그래. 어 근데 늬들 결혼은 언제할 거니 대체.

윤희　....(보며 쓴웃음)

수연　금년엔 하는 거니?

윤희　우리 결혼 안해 수연아.

수연　?....뭐?

윤희　싫증나서 헤졌어. (웃으며)

수연　(찡그리고 보다가 분위기 바꿔서) 너 장난치니?

윤희　아냐. 그만뒀어. 딴 여자 생겼어. 그래서 그만 뒀어.

수연　......(입 벌리고 보는)

윤희 그래서 말인데…나 회사 옮겨야겠거든? 어디 자리 없을까? 그래서 만나자 그랬어. 느이 아버지한테 한번 더 부탁드려볼수 없을까?

S# 동네 슈퍼 공중전화

윤희 저에요 할머니. 혜림이 잘 놀아요? (잘 논다) 어디서 전화같은 거 온 거 없구요? (애 때문에 불안해서/없다) 저 지금 수편데 뭐 사갖구 들어갈 거 없어요?

S# 윤희네 거실

조모 (쭈그리고 앉아 전화받는/ 걸레질하다가) 어 얘 그럼 너 육고간 가 곱창 좀 갖구 와라, 곱창 들어왔대서 빨래 삶는 거 내려놓구 가지러 나갈 참이었어. (네 알았어요 할머니) 아아아 얘 에미야 참 대파 한단 하구 깻잎두 좀 사구 거 뭐냐/ 굵은 소금 좀 한 됫박만 사.소금 떨어져가드라. 소금 없으면

혜림 (안방에서 쪼르르 나오며 오버랩의 기분) 할머니

조모 (돌아보며) 전골 못해 먹는다.

혜림 (오버랩의 기분) 할머니 나두. (손 뻗히며)

조모 어 잠깐 있거라 혜림이 바꿔주께. 빨리 끊어.공중전화래‥ 돈 들어 응?

혜림 여보세요? (여보세요?) 저는 강혜림이라는 사람인데 실례지만 누구세요?

S# 공중전화

윤희 (함빡 웃으면서) 저는 서윤희라는 사람인데요?

혜림 F 안녕하세요?

윤희 네에 안녕하세요?

혜림 F 반갑습니다.

윤희 흐훗, 네에 반갑습니다. (에서)

S# 구기동

이여사 (안락의자에 도도하게 눈 내리깔고 앉아 있는데/ 상당히 취해 있
다. 전혀 안 취한 것을 가장하는)

영국 ……(그냥 보며)

영주 ……(코트 벗어들고 서서 있는 대로 못마땅해서 보며)

영은 (속상해서 보는)

동우 (삼남매와는 조금 거리 두고 혼자 서서)

여자 (주방 앞에서 어쩔 줄 모르는/ 자기 책임인 것처럼)

영주 안 취한척 하지 마세요. 진동을 해요.

이여사 과장하지 마.

여자 저기 아까 조금… (소파 바깥 카펫 가리키며) 엎지르셨어요.

영주 ……(쏘아보다가 의자로)

영국 (영주가 움직이자 의자로)

영은 …(의자로)

영은 (마지막으로 앉는데)

이여사 왜 마셨냐구 물어보렴.

영주 ……(보는)

영국 날씨가 포근했어요.

이여사 내가 날 출까 걱정했다든? (아들 보며)……

영국 ……(그저 엄마 보며)

이여사 할짓이 없어서 마셨다 할짓이 없어서……

영주 ……(보며)

이여사 (영국 보며) 어떤 사람 내 배 아퍼 난 내자식들 거느리구 탈상
까지 도오도하게 치르는데/ 자식 도둑맞구 빈털털인 또 한 사람/
집에 처박혀 할짓이 없어 좀 마셨어…불만이니?

영주 E 왜 마셨냐구. (이여사 고개 영주에게)

영주 질문한 사람 없어요. 그리구 첫단출 잘못 낀 사람은 엄마에요.

영국 영주야.

영주 아버진 이미 돌아가셨어요. 더구나 달라질 건 아무 것두 없어
요. 장례식에두 탈상에두 못나타나야하는 엄마 집에 두구/… 우리
는 그렇게 즐거운 줄 아세요?

영은 (제지하려 입 뻐끔하는 위에)

영주 E (연결) 아무리 싸가지 없는 자식두

영주 오늘같은 날은 엄마 인생에 대해서 측은한 맘 얼마쯤은 가져
요. 그래서 오빠두 나두 다 집으루 들어온 거구요. 그런데 엄만 술
마시구 주정할 작정으루 버티구 앉어 우리 기다려요.

이여사 얼마쯤?

영주 엄마 장례식날두 그랬어요.

이여사 주정으루… 몰아세우니? (슬퍼져서)

영주 (좀 격해지며) 얼마나 아플까 정말 아플 거야…잘해야지 잘해야
지 결심하구 들어와보면 술 냄새 풍기면서 트집잡구 시비 거는 걸
루 얼마나 아픈지 데모해…. 보기 싫단 말야. 엄마가 잘못해 놓구 누
구한테 시위야. 우리가 잘못한 건 없잖아. (일어나며) 우리 웃기는
꼴 만들어논 건 아무 상관없이 엄만 언제나 엄마 인생만 끔찍해.잘
해주구 싶은 맘 다 달아나. (빠르게 동우 쪽으로) 나가자.

동우 가만 있어.

영주   나가자구.(잡아끌며)

동우   (인상 쓰는데)

영주   (상관없이 나가버린다)

동우   ….(어쩨야 좋을지 모르는데)

영국   나가보게.없는 편이 나.

동우   …(잠깐 보다가 나간다)…

영국   ….(엄마 보다가) 샤워하실 수 있으세요?

이여사   (한 손 이마에 올리고 있다)….

영은   목욕물 틀어노까?

이여사   법적으루 완벽한데 늬들이 뭐가 웃기는 꼴이라는 거야 대체.

　(반발)

영국   그만하세요.

이여사   늬 아버지가 납뿐 사람야.

영국   (오버랩의 기분) 그만 하세요. (강하게)

이여사   ….(아들 보다가 포기하고 스르르 일어선다)

영은   (얼른 일어서 엄마 옆으로 가 잡으려)

이여사   (밀어내고 자기 방으로)

영은   ….(보며)

영국   (일어서서 보며)…

S# 정원

영주   (팔깍지 끼고 서서)…… (마당 끝 보며)

동우   ……(옆에 서서 보며)

영주   ……(문득 동우 쪽으로 돌아서며 땅 보며) 동우야.

동우   ….(그저 보며)

216

영주　이러구 나면…나 자신두 싫어져. (땅 보는 채) 꼭 확인사살 한 거 같아 내가 징그러워.

동우　(보며) 상당히….못됐어.

영주　(본다)….

동우　왜 그렇게 가차없어. 대개/부모는 다 넘어가주잖아? 부모니까.

영주　나두 그러구 싶어 동우야 ··그런데 가해자면서 피해자 얼굴을 하구 유치하게 구는 게 밉구 싫어. (울먹해서)

동우　(안아준다)….

영주　(안으며)….(눈 감는다)

동우　…..(딴생각하는)

S# 윤희의 마루

윤희　(막 들어왔다/현관께서 팔 벌리고 무릎 좀 구부리고 과장해서) 자아 시작한다아?

혜림　(저만큼 거실에서 제일 먼 거리에 서서) 응 시작해.

윤희　혜림아아아아아 (아아의 끝은 손 바닥끝으로 입을 탁탁탁 막았다 뗐다하면서)

혜림　(그 소리가 끝날 때 기다렸다가 팔 벌리고 냅다 엄마한테 뛰면서) 엄 마아아아아아아아아

윤희　(앞에 들이닥쳐 부딪는 아이 답삭 껴안아 올리면서 아이 간지럽히는)

혜림　갤갤갤갤갤

조모　(윤희가 들고 들어온 시장거리 들고 서서 같이 웃으면서) 어이구어 이구어이구 좋아 죽겠다 좋아 죽겠어. 으흐흐흐흐,

윤희　지숙이 나갔어요?

조모　들어오는 중이다. 어이 옷갈어 입어라.

윤희   네. 혜림아.

혜림   응?

조모   (오버랩의 기분) 회장님 탈상은 그래 잘했니?

윤희   네 할머니. (조모 주방으로 돌아서고) 따라 들어갈래 여기서 놀
래. (마루에 레고 쌓기)

혜림   들어갈래. (엄마 올려다보며)

윤희   그래 좋아. (하고 움직이는데)

     E 전화벨

윤희   제가 받을께요오 (주방에).... (마루의 전화 받는다) 네 여보세요?...
(하고는 굳는다) 네 저에요. (소리 극도로 죽여서/..혜림이 문제...어떻게 생
각 좀 해 봤니? 몸이 굳을 정도로 황당하다) 그건 생각해보구 말구 할 문
제가 아니에요. (주방이 신경 쓰이며) 말씀드렸잖아요. 안돼요.

S# 동우 친가 안방

모친   (부친 옆에 무릎 아래로 두 손 쑤셔 넣고 보고 있고) 글쎄에 나두 자
식 키워낸 에미로서 자식을 떼어내라는 말... 할 짓이 아닌 건 알어
어, 그런데 니 장래를 생각해서 (그 사람이 또 말해보래요?) 아니 아
니야 그건. 그저 내 생각에 너를 위해서

부친   (오버랩의 기분 뻬언히 보고 있다가 불쑥) 누구 씨냐구 물어봐 씨.

모친   (남편 서슬에 흠칫했다가) 물으나마나 우리 씨지 누구씨에요.

부친   그그럼 우리가 거두는 거지/ 씨 임자가 거두는 거지, (동숙 밥
상 들고 들어오며 본다)

모친   (오버랩의 기분) 가만 좀 계세요.

부친   바밭은 아무 권리 읍서. 여러 말 할 거 읍다 그래.

모친   (오버랩의 기분) 니 장래를 위해서나 애 장래를 위해서 그게 말

이다

S# 윤희 마루

윤희 (오버랩의 기분) 죽어두 안돼요. 목숨을 내놔두 안돼요 아시겠어
요?.. 아니에요 생각할 필요없어요. 됐습니다. 전화 끊겠어요. (끊고
돌아서다 흠칫)

조모 (행주 들고 주방 앞에 나와섰다) 누구야.

윤희 별일 아네요 할머니 (혜림 손잡고 제 방으로 움직이며)

조모 별일 아닌데 뭘 무슨 목숨까지 내놓구 안된대. 누가 뭐 돈 꿔달
라니?

윤희 ?...(웃으며) 그 비슷한 거에요.

조모 아이구 아서라. 내 주머니서 나가면 그 순간부터 내돈 아냐. 더
구나 요새 세상에 무슨 돈을...회사 사람이니?

윤희 (혜림이 데리고 들어가며) 네에..

조모 없다면 그만이지 무슨 목숨까지 내놔아. (돌아서며)

S# 윤희의 방

윤희 (들어오면서 무릎 꿇어 세우고 앉아 혜림이 당겨 꼭 안는다)....

혜림 ....(잠시 그대로 있다가) 왜애?...혜림이 이빠서?

윤희 응...이뻐서. (하며 눈이 뜬다)

S# 주방

조모 (천엽 소금에 빠각거리면서/ 꿍얼꿍얼) 내사정 니사정 이사정 저
사정 봐주기 좋아하다 멍든 사람 여기 있잖냐아. 삼십년전 삼십만
원이면 그게 열여덟평짜리 연립주택 전세값이었다구우. 그걸 날렸
잖어. 내가.....아 날리구 싶어 날렸나 미제 장사하는 년이 으찌나 알
랑방구를 뀌구 수작을 부리는지...홀랑 넘어갔지 뭐. 사람이 팻살이

발동을 하니까 벨수가 읍더라구 그게 쯔쯔쯔쯔. (천엽 물에 씻으며) 돈은 그저 내 수중에 있을 때 내돈이지 내 손 빠져나가면 그 순간부터 허당/허당.

S# 거실

윤희　(제 방에서 혜림 손잡고 나오며 작은 소리로) 엄마 약사갖구 올테니까 놀구있어 응?

혜림　응.

윤희　(현관으로 나간다/급한 걸음)

S# 주방

조모　(끓는 물에 천엽 데치면서 중얼중얼 계속하고 있다) 하이구우우 그 돈 떼멕히구 내가 딸년한테 을마나 수모를 당했는데에..세월이 약이라구 세월 가니까 잊어버려서 이러구 살구 있지. 딸년한테 매만 안 맞었지 매만 안맞었어…… (가스 끄고) 하기는…. (천엽 도마로 옮겨 칼로 검은 부분 긁기 시작하며) 하기는 욕먹어두 쌌어어.전세 한채를 날렸으니 입이 광주리래두 할말 읍었어어. .. 아 그렇지만 뭐 지가 번 돈야? 허리뼈가 무너 앉을 정도로 미싱 밟어서 내가 몬 돈인데 지년이 무슨 권리루…… 하기사 지돈이래서 그랬나 그 고생을 해 몬 돈 날린게 너머 한심하구 기맥혀 그랬지 이해는 하네 내가.

S# 어느 레스토랑

저녁 먹고 있는 동우와 영주.

동우　….(썰면서 영주 보는)….

영주　(썰면서 안 보는 채) 왜 자꾸 흘끔거리니.

동우　(조금 웃으며) 이겼다.

영주　? (보며) 뭘 이겨?

220

동우 언제까지 말 안하구 있나/ 결국 먼저 입 뗄텐데/그랬거든.

영주 밥이나 먹자. (한숨 섞어) 기분 죽이야.....(먹으며)

동우 (바닥에 깔려 남아 있는 와인 잔 채워준다)....

영주 (잠깐 보고 한꺼번에 짝 마셔버리고 잔 내려놓으며 어때 하는 얼굴
        로 본다)...

동우 (잠깐 놀란 표정으로 눈 조금 키워 보이고 제 잔에 따르며) 기분 나
        아지는 방법 가르쳐주께.

영주 ...뭔데.(보며)

동우 (보며) 엄마한테 전화드려서/ 잘못했다 그래. 그럼 반은 나아질
        거야.

영주 나머지 반은? (보며)

동우 어디 가자. (음식 보며)

영주 어디?

동우 키스할만한데. (안 보는 채)

영주 ....(보며)

동우 (보며) 너 키스하는 거 좋아하잖어.

영주 (픽 웃으며 고개 옆으로 돌리는데)

       E 핸드폰 벨 소리

둘   (동시에 자기 것 체크)

동우 나야.네 강동웁니다.

윤희 F 지금 어디야.

동우 ..누구 찾으시죠?

윤희 F 거북하면 듣기만 해. 나 조금 전에 당신어머니 전화받았어.

S# 근처 공중전화

윤희 그런 전화 다시는 받구싶지 않아. 만약 다시 또 혜림이 내노란 전화하시면/ 그땐 나 가만 안 있을 거야. 이거 정말야. 괜히 해보는 말루 생각하지 마. 가만 안 있어. (하고 탁 끊는다)

S# 레스토랑

동우 … (전화 죽인다)

　E 전화 죽는 소리

영주 ….누구니?

동우 몰라. (씩 웃으며 전화 집어넣는다)

영주 몰라?

동우 잘못걸린 거야. 혼자 디립다 떠들더니 ‥끊는다. (포크 나이프 집어 들며)

영주 무슨 내용인데?

동우 뭐 그렇게 알구싶은 게 많니 너는.

영주 궁금하잖아아.

동우 남자가 안 만나주나봐.

영주 아니라 그러지 왜 다들어. 남의 사생활인데에?

동우 (와인 병 집어 들며) 내가 말할 틈을 안주잖아.

영주 (글라스 들며) 울어?

동우 아냐 울진 않았어. (따르는)

S# 윤희의 마당(밤)

S# 윤희 마루

　저녁 다 먹고 상도 다 치웠고 귤과 차 파티.

지숙 (김 나는 주전자에 비싸지 않은 재스민차 통에서 찻잎 손으로 적당량 집어넣으며) 할머니 혜림이 데리구 시장가거나 그러거든

지숙 E (지숙 보는 윤희) 한눈 팔지 마시구 애 간수 잘하세요. 괜히.

이모 (귤 먹으며) 할머니가 애 간수 잘못하구 다닌다구 소문났디?

조모 그러게. 자다가 뭐하는 거 모양 무슨 소리야 뜬금없이

지숙 테레비에 부모 찾구 형제찾구 그런 방송 못봤어? 가난해서 남의 집 보내졌다 헤진 사람두 많지만 그냥/ 그냥 시장갔다 애 잃어버린 사람두 있더라구. 접때 아침에 티비보다가 엄청 울었네. 얘기한다 그랬다가 까먹었었어.

이모 참 여유두 작작이구 한가하시기두 하다. 그런 걱정말구 취직 걱정이나 하셔. 돈 좀 벌어봐.

지숙 언니 회사 그만두구 점포하나 비워서 나하구같이 장사하까 그럼?

이모 ?…(조모도 이상하고/하는 말마다 엉뚱하다) 곱창이 속에서 곤두서니?

지숙 아니?

이모 늬들 장사하자 그랬니? (윤희에게)

윤희 (웃으며) 아뇨?

이모 (지숙 야단치는) 장사같은 소리 하구 있네. 장사 아무나 해? 무슨 장살 할 건데.

지숙 언니 내놓구 대폿집같은 거 하면 안될까? 간판은 처녀 엄마네.

이모 더운 밥 먹구 식은 소리 하구 있네. 끌끌끌끌끌.

조모 (오버랩의 기분) 흐흐흐흐흐/웃자구 하는 소리다

윤희 (애매하게 조금 웃어 보이며 귤 쪽 혜림 주는데)

조모 E (윤희 위에) 지딴엔 웃기자구 한 소리야, 흐흐흐흐

이모 아 엄마는 우습수우?

조모 웃으라구 한 소리가 하나두 안 우스운게 우스워 웃는다 왜 으
호호호호, 시집안가구 너랑 대포장사해?

S# 교외 카페

영주 (동우에게 어깨 감싸 안겨져 기대듯 붙어 앉아서 동우 손 만지작 거
리면서)난 아이를 최소한 넷은 낳을 거야. (동우 안 보는 채)

동우 (내려다본다/두 사람 한 화면에)

영주 기집애 둘 사내애 둘.사내애 둘은 당신 판박이루 기집애들은
내 판박이루. 사내애들은 운동이란 운동은 다 시켜볼 거구/기집애
들은 (동우 올려다보며) 음악 시켰음 좋겠어.어때?

동우 난 아이…별루 취미없어.

영주 (몸 떼며)?…왜애?

동우 ….(안 보는 채) 이 세상에 태어나 좋다는 생각을… 정말 단 한번두
해본 적 없거든.

영주 ….(보며)

동우 잘 먹이구 잘 입히구… 공부 제대루 시킬 처지두 아니면서/대
책없이 자식들 낳아 고생시키는 부모 무책임이… 치가 떨리게 화
가 났었어…… 내 동생들 다 공부 제대루 못했어. 내 아래 기집애 둘/
중학교 나와…공장 다니다 시집들 갔구/ 그 아래 아우는 고등학교
중퇴하구 농사짓구 고기 잡다가 가출해 있구/… 막내 기집애는 고
등학교는 졸업해 이번에…… 동생들 보면서…나를 포함해서/아버
지 어머니두 포함해서/ 차라리 이 세상에 태어나지 말았으면하는
생각 많이 했었어…… 책임질수 없으면 자식은 낳지 말아야 해.

영주 ……(보며)

동우 (쓰게 웃으며) 그래선지 …자식을 갖구 싶다는 생각이 없어. 무서

위…불안하구.

영주 이젠 안 그래두 돼. 우린 책임질 수 있잖아.

동우 (보며) 사람 일 어떻게 알아.

영주 ?…어떻게 알아라니?

동우 (쓴웃음) 사고루 우리가 죽을 수두 있구/ 회사가 거덜날 수두 있구 전쟁두 있을 수 있구·/ 그럼 애들 어떻게 되지?

영주 너 굉장히 걱정쟁이구나아. 자신만만한 거 아니었니?

동우 너한테 사기친 거야. (웃으며)

영주 (동우 얼굴 잡아 마주 보게 해놓고) 어둡구 침침한 과거 잊어버려 ….응?

동우 넌 배고파 본 적 없지.

영주 ……

동우 나는…우리 식구는 환장하게 배고팠던 적 /…많았어.

영주 ……(보며)

동우 너는 산동네두 한번 가본 적 없지. (보며)

영주 너를 사랑해.

동우 ……(보며)

영주 너를 사랑해.

동우 ……(보며)

S# 윤희의 방

윤희 (혜림이는 재워놓고 무릎 꿇은 자세로 아이 빨래 개키다가 고개만 돌려 사진 보고 있는)…………

S# 윤희의 마당(밤)

F.O

S# 춘천 시내

S# 춘천 어느 부동산 안

동우 (엄마와 동숙 앉혀놓고/ 부동산 매매 계약서에 쓰고 있다)···· (부동산과 매도인 한자리에)

동숙 ·····(쓰는 것 보면서)

모친 (후들후들 떨리는 손으로 엽차 잔 들고 엽차 마시다 흘리고 하면서 흘끔흘끔 아들이 쓰고 있는 것 보며)

동우 (다 쓰고 도장 누르기 시작한다.)

S# 놀이기구 같이 타고 있는 윤희 모녀

S# 새 아파트 단지로 들어와 멎는 동우의 자동차

S# 자동차에서 내리는 동우와 뻗정다리 모친/동숙이

동우 ···(먼저 내려 모친 내리는 것 보고)···· (다 내리자 앞서고)

S# 놀이터 안 걸으며 아이스크림 먹는 혜림 모녀

S# 아파트 승강기에서 내리고 있는 동우 세 식구

동우 (아파트 현관에 키 꽂아 열고 앞서 들어가 들어오라는듯 돌아보고)

모친과 동숙 (쭈밋쭈밋 들어간다)

S# 아파트 안

모친 (들어오며 놀라고 좋아서 벌어진 입이 다물어지지 않고)

동숙 (안 보는 척 하면서도 어쩔 수 없이 봐지는)···

동우 (다 잘 보라는 듯 이방 저방의 방문 열어놓고 돌아보면)···

모친 (주방에서 싱크대 쓰다듬고 있다)····

동숙 (그런 엄마 돌아보고 있고)···

동우 ·····(보며/계속 거의 무표정한)

S# 춘천 시내 다방

동우   (가구 팸플릿 봉투에서 꺼내 동숙 앞으로 밀어놓으며)펴보면 표시
해논 것들 나와. 니올케될 사람이

동우   E (오빠 보고 있는 동숙 위에) 골라 논 거니까 대리점 가서 그대루
만 실어다 채워달라구 해. 전화루 가격까지 끝내 놨어.

동우   영수증 받아놔 알았어?

동숙   (끄덕인다)

동우   (주머니에서 돈 봉투 꺼내 놓으며) 백화점 그릇 코너에 가서 그릇 사
서 채우구 이불두 사구 전에 껀 전부다 버려. 하나두 갖구 오지 마. 그
리구 싸구려 사지마 존 걸루 해. 다 존 걸루.

동숙   .....(끄덕인다)

동우   몸만 나오세요. 아무 것두 필요없어요. (엄마에게) 구질구질한 거
한 가지두 끌구 나오지 마세요.

모친   끌구 나올 것두 없어어. (좀 비굴하게)

동우   엄마 옷 맞춰놓구 아버지두/양복하구 코트 사드리구 너두 사
입어. 고를 줄 모르니까 그 사람들이 권하는대루 해. 그게 무난해. 알
었어?

동숙   (끄덕인다)

동우   점심 먹구 볼일봐. 갈비 잡수세요. 고기두 좀 사갖구 들어가시
구요.

모친   그래애 알었어어.

동우   (일어나며)그럼 난 간다.

모녀   (일어나는데)

동우   (벌써 카운터로 가고 있다)

S# **다방 근처 주차장**

동우　(빠른 걸음으로 와서 차 문 연다)

동숙　(바로 몇 걸음 뒤에 따라와서) 오빠.

동우　(돌아본다)……왜.

동숙　우리…괜찮은 거에요?

동우　……(보며)

동숙　나는……안 좋아요.

동우　……(보다가 그냥 자동차로 올라 문 닫고 시동 건다)

동숙　……(보며)

S# 차 전면 유리 통해서(동우의 시각)

모친　(뻗정다리로 부지런히 아들 쪽으로 오고 있는)……

동우　(기어 바꾸고 출발)…… (오고 있는 엄마 옆으로 스치며 빠져나간다)

모친　(멈춰 서서 아들 차 보며/ 잘 가라 소리도 못하고)……

동숙　……

S# 경춘 가도를 달리는 운전대의 동우……

S# 동우의 자동차

S# 스티커 사진 찍는 모녀

S# 장난감 가게의 윤희 모녀

S# 우동집

윤희　(우동 쪼로록 빨아들이는 혜림/먹이는 중이다. 웃으며) 맛있어?

혜림　응.

윤희　안 피곤해?

혜림　피곤해.

윤희　집에 가서 자까?

혜림　안졸린데?

228

윤희   피곤하다면서. (국수 입에 넣어주며)

혜림   아빠는 바쁘지 그치이이.

윤희   ·····(보며)

혜림   아빠는 회사 댕겨 그치? (윤희가 들고 있는 국수 젓가락 밀어내며) 그만 먹을 거야.

윤희   배불러?

혜림   응.(국수는 한 그릇이다)

윤희   그럼 이제 엄마 먹는다?

혜림   응 먹어.

윤희   (국수 건지다가…식욕이 없다. 그릇 들어 올려 국물만 두어 모금 마시며)····

S# 집으로 오는 골목길(오후 네다섯 시경)

윤희   (잠든 아이 업고 오고 있는)······ (뒤로 돌아간 손에는 장난감 봉지가 흔들리고)····

S# 윤희네 슈퍼 앞

동우의 차가 들어와 멎는데.

E 울리는 핸드폰

S# 차 안

동우   (핸드폰 꺼내든다) 네 여보세요.

영주   F 어디니. 몇시 쯤이면 니 얼굴 볼 수 있는 거냐구.

동우   아직 춘천야. 일이 많아.

S# 윤희의 마루

이모   (겉옷 벗긴 아이 꽉 껴안고 흔들어대며) 어이구우우우우 내새끼. 콧구멍에 바람 너니까 좋아 그래? (혜림이는 졸리고)

조모 (오버랩의 기분)애 졸리다 재워라.

이모 지금자면 어떡해애. 저녁 먹구 자야지이 응? 응? (쭉쭉거리며)

윤희 (오버랩의 기분) 저녁 안먹어두 돼요. 멕여갓구 들어왔어요.

이모 좋아하지.

윤희 그러엄.

조모 집안 강아지 마당에 풀어논 거지 뭐.

이모 강서방 나왔었어?

윤희 일 안 끝나서요오(남아 있는데)

이모 (오버랩의 기분) 아 그 회산 일요일두 없어? 너 노는데 그 화상은
      왜 못놀아 (하는데)

      E 전화벨

조모 (전화로 움직이며(오버랩의 기분))회사가 안 놀리는데 어떻게
      놀아아. 회사 일 봐야지. 여보세요?…여보세요… 아이구 강서방
      이냐?

윤희, 이모 (돌아본다/이모는 그냥 돌아보는 것이고 윤희는?)

조모 애들 지금 방금 들어왔네. 바꿔주께.(에서)

S# 슈퍼 앞

윤희 (차 앞에 와서 본다)….

동우 …(차 밖에서 기다렸다가)타.

윤희 ….(보며)

S# 근처 카페

동우 …..어디…나갔었니?

윤희 (안 보는 채)··놀이 공원.

동우 …..

230

윤희　……(있다가 시선 들어 보며) 왜……가만 안 있는다 그런 거 신경쓰여서?

동우　……(보며)

윤희　(시선 내리며) 걱정하지 마. 혜림이 내노라 소리만 안하면 아무 짓 안해.

동우　…할 수 있는 짓이 뭔데…

윤희　……(보며)

동우　애 데리구 와 난동피는 거?

윤희　……

동우　그거야?

윤희　(여전히 보며) 회장님께 말씀드리면 다 끝나는 거 아냐?

동우　……(미동도 않고 보며)…하지 왜.

윤희　……(보며)

동우　왜 안해 하지.

윤희　나 물에 빠졌다구 같이 빠트리는 거 싫구…. 혜림이 내노란 소리만 하지 마.

동우　(오버랩의 기분) 포기했어. 걱정하지 마.

윤희　….(보며)

S# 같은 카페/시간 경과

　　　말없이 앉아 있는 두 사람……

동우　….(시선 내린 채) 회사는….안 옮길래?

윤희　(오버랩의 기분) 그 여자… 사랑은 하는 거야? (안 보는 채)

동우　….(본다)

윤희　사랑은 해?

동우　…

윤희　사랑하지두 않으면서 그러는 거면……멈춰…멈추구….

동우　….(보며)

윤희　우리한테 돌아와.

동우　그 여자 좋아해. 멈추기 너무 늦었구/ 멈출 생각두 없어.

윤희　(시선 내리며 끄덕인다)

동우　미안하다.

윤희　(시선 들어 가만히 본다)…

동우　죽어서…벌 받으께. 벌받는 거 너 구경해.

윤희　(눈물 핑 돌며 조금 웃는다) 구경하면서/…기쁠 수 있을까?

동우　…..(보며 저도 눈물이 핑그르르 돈다)…

윤희　(고개 돌려 외면/눈물 뚜르르르)…

동우　…..(시선 내리며 눈물 떨어질듯)

윤희　나는 …지금 이 상황두 믿어지지 않지만…(딴 데 보는 채) 바루
　　　얼마 전까지 우리 사랑두… 믿어지지가 않어. 우리 정말··사랑은 한
　　　거야?

동우　….(보는)

윤희　(고개 그대로) 나는 분명 사랑했는데…. 아니었던 거야?

동우　사랑했어. 너두 알잖아.

윤희　(고개 내리며) 안다구 생각했었어… 믿었었구… 사랑이라는 게…
　　　이렇게 아무 것두 아니라는 거·· 몰랐어.

동우　(한 손이 이마 위로 올라간다)

윤희　…..(가만히 보며)

동우　…..(그대로)

윤희　……(보며)

동우　……(그대로)

S# 동네 골목길(밤)

　　묵묵히 걸어오고 있는 두 사람.

　　적당한 간격을 두고/ 발걸음도 서로 엇갈리는………

윤희　(문득 멈추고) 이제 그만 바래다 줘두 돼.

동우　……(보며)

윤희　(쓴웃음/가슴 찢어지며) 고마워 그래두 바래다두 주구….

동우　……(보며)

윤희　나 참 볼일없는 애야…위안이·많이 됐어… 당신두 괴롭기는 한
　　거 같아서….이해…하려구 해… 나이 더 먹으면 더많이 이해할 수 있
　　을 거야.

동우　……(보며)

윤희　가께…(하고 걸음 옮기는데)

동우　윤희야.

윤희　(돌아본다)…

동우　(다가와 서서)너하구 혜림이 한테 조금 준비한 게 있어.

윤희　?….(보며)

동우　(봉투 꺼내 들고 봉투 내려다보며)많지는 않아…

윤희　(시선 봉투로)

동우　E 차차 보상할께. 더 많이 할 거야.

윤희　(동우 보며)괜찮아.

동우　(오버랩의 기분)혜림이

윤희　(오버랩의 기분)내가 할 수 있어.필요없어.

동우　‥‥받아주면 좋겠다.

윤희　안 받을래. 혜림이 한테 필요한 건 아빠야. 쓸쓸하게 만들지 마.

동우　‥‥‥

윤희　‥‥‥(걷기 시작한다)‥‥‥

동우　‥‥‥‥(보며)

F.O

S#　약혼 드레스 입은 영주와 동우

스튜디오에서 사진 찍고 있다.

약혼식장으로 가기 전 촬영. 자유스럽게 처리하세요.

S#　비서실(오후 두 시)

윤희　‥‥‥‥(우두커니 앉아 있다)‥‥‥

배　(헐레벌떡 들어오다) 아직 퇴근 안 했어요? (하며 자기 자리로)

윤희　전화 기다려요.

배　(책상 서랍 열며/자동차 키는 테이블 위에 올려놓고) 지갑을 빠트
리구 나갔어요. 늙으면 죽어야한단 말 왜 있는지 알겠다구. (문으로
움직이며) 어떤 눔은 경영주 딸 홀려 비상을 하는 판에 어이 맥빠져.
갑니다.

윤희　네에‥‥‥(하고 또 멍청한데)

배　(다시 뛰어들어 오며) 미치겠네. (테이블 위 자동차 키 들고 나가며)
늙으면 반드시 죽어야 해. 반드시.

윤희　(조금 혼자 웃고 핸드백 챙기는데)

　　E 전화벨

윤희　(전화로 손 뻗히는 데서)

S#　패스트푸드

234

윤희 세시 다 됐는데 밥안 먹구 배고프겠다. (지숙과 함께 들어오며) 뭐하느라 밥두 못먹었어?

지숙 인터뷰.

윤희 뭐?

지숙 (빈자리에 앉으며) 여성지 있는 선배언니한테 일감 좀 달라구 목졸랐더니 하나 써보래서. (윤희 보며 앉는데)통과되면 원고료 주구 일감두 좀 주겠대.

윤희 어떤 사람인데?

지숙 칠남매 다 박사루 키운 어떤 팔짜 존 아주머니/할머니라 그래야 하나? 예순 다섯이라는데.

윤희 (와 서는 종업원)주문부터 해.

지숙 언니는 안 먹어?

윤희 난 콜라면 돼.

지숙 수퍼 스프림 젤 작은 거 하나하구 콜라 둘요. (종업원 아웃) 수연 언니 연락 없어?

윤희 어 아까 전화왔었어. 희망없어.

지숙 없어?

윤희 그럴 줄 알았어. 우리나라 여비서/특별한 능력이 필요한 것두 아니구/ 나같은 늙다리 받아줄데가 어덨어.

지숙 ....(보며)

윤희 좀… 답답하다.

지숙 그냥 다니면 뭐 어때.깔아 뭉개구 그냥 다녀어.

윤희 피차 고문야.

지숙 금 엄마 가게 하나 비라는 수밖에 방법 없다. 뭐 장사할 거 없을까 진짜? 만화 비디오 방같은 거 안되까? 꽃가겐 우리 동네서 안될 거구. 어마어마한 빌딩으루 출퇴근하다가 그럼 참 죽여준다.

윤희 나 장사 못해.

지숙 ……(보다가)그럼 시집이나 가는 수 밖에 방법 없지 뭐. 시집갈 자리나 열심히 찾아 봅시다.

윤희 (팔목 시계 본다)

지숙 어디 갈데 있어?

윤희 약혼식 시작되겠다.

지숙 ……약혼식 해?

윤희 세시.

지숙 ………(보다가 고개 딴 쪽으로 돌리며)비러먹을 눔. 약혼식장 무너져 버려라.

윤희 ……(시선 내리고)

S# 약혼식장

입장하는 영주와 동우……다른 사람들은 이미 다 자리 잡고 앉아 있고 두 사람 비워져 있는 자리로 가서 나란히 서고……인사하고…

S# 포장마차

윤희 (소주잔 비우고 있다)…

지숙 ……(보다가)좀 천천히 마셔.

윤희 ……걱정하지 마. 나 술 쎄…

지숙 결국 이렇게 되는 거 아닌가 괜히 막연하게 그런 생각 많이 들었었어. 그래서 틱틱거리구 악악거린 거구.

윤희 (끄덕끄덕끄덕)

지숙 귀에 못박히게 얘기했잖어. 싹있는 남잔 그렇게 지 볼일만 안 본

236

다구. 뭐니. 저 취직하구두 즈 집 생활비 계속 언니가 보내게 하구.
저는 회사돈 융자꺼내 오피스텔 떠억하니 들어가 살면서. 그때 알
어봤어야지. (홀쩍 마신다)…(잔 채우면서) 양복 짝 뽑아입구 반짝반
짝 구두 신구 다니는 거 볼때마다 열불 치밀었던 거 말두 못해. 언
닌 꾸적지근한데 말야.

윤희 (웃으며) 양복이랑 구두 내가 많이 사줬어.

지숙 글쎄에…나쁜 놈.

윤희 난··참 포기가 빠른가봐. 술 따러 (잔 내밀며)

지숙 (술 따르는데)

윤희 (연결)너 내 걱정 너무 하지 마. 나 자신있어. 끄떡두 않구 잘 살 거
야. 너 나 믿어. 자신 있어.

지숙 누구 집 딸야. 언니 정말 모르는 거야?

윤희 몰라.(하고 홀쩍 마신다)

지숙 ····(보다가)안주두 좀 먹어라. 깡술 들이붓지 말구.

윤희 낄낄낄낄. 나 술 쎄다니까아? (에서)

S# 윤희 마루/현관

윤희 (지숙 따라 들어오며) 다녀왔습니다아.

조모 E (방에서) 에이쿠 에미 왔다 에미·····(잠시 후)

혜림 (조모에 앞세워져서 나오며) 엄마아.

윤희 어엉, 우리 혜림이. 이쁜 혜림이 (하며 안아 올리고 쪽쪽)

혜림 엄마 술먹었다.

조모 뭐야? (걸레 집어 플라스틱 그릇에 담다가)

지숙 저하구같이 마셨어요. 엄만 아직 안들어왔어요?

조모 시간이 얼만데. 씻어. (혜림이 데리고 제 방으로 움직이는 윤희 보

며) 술이 먹구 싶으면 들어와 먹지/ 어린 것들이 술냄새 솔솔 풍기
면서/ 뉘집 딸들인가 하잖어.

윤희 네 죄송해요 할머니.

S# 윤희의 방

윤희 (들어오며) 엄마한테서 술냄새 많이 나?

혜림 응.

윤희 그래애. (한숨 섞어) 미안해애 (옷 벗기 시작)

혜림 ……(선 채 엄마 보다가) 엄마 아빠하구 술 먹었어?

윤희 ?응?(돌아보며)

혜림 ….

윤희 이모랑 먹었다구 했잖어. 아까 이모하는 말 못들었어?

혜림 ….(보며)

윤희 ……(딸에게 등 보이고 돌아서 옷 벗어 내리며 크윽 울음이 터진다)

혜림 ……(빠안히 보며)

윤희 (크큭큭….크큭큭큭)…..

혜림 (돌아서 나간다)

윤희 (울면서 옷 갈아입는)…..

S# 마루

혜림 (할머니 방으로)

S# 안방

혜림 (들어오며)할머니.

조모 엉?

이모 (머리 수건으로 동여매고 발가락 사이 물기 닦다가 조모와 동시에)
왜애.

혜림 ....

이모 응?..왜...무슨 볼일이셔.

혜림 엄마 울어.

이모 ?

조모 ?

모녀 (마주 본다)...

이모 엄마가 울어?

혜림 응.

조모 왜애.

혜림 몰라....

모녀 (마주 보고)

조모 무슨 일야. 뭣때매 울어.

이모 (일어나 나간다)

S# 마루

이모 (나오는데 지숙 물컵 들고 부엌에서 나온다) 얘 윤희가 왜 우니.

지숙 ..운대?

이모 혜림이 그런다. 지에미 운다구.

지숙 ...(시선 내리고)

이모 너 뭐 아는 거 있어?

지숙 ...(시선 내리고)

이모 (딸 보다가 윤희 방으로 돌아서는데)

지숙 (잡는다)내가 얘기하께.

이모 ?

지숙 (엄마 잡아끌고 안방으로)

S# 윤희의 방

윤희 (잠옷 바람으로 쪼그리고 구석에 처박혀 두 손으로 얼굴 싸고 흐느
끼고 있다)…

S# 마루

이모   E (냅다 터지는) 뭐가 어쩌구

S# 안방

이모   어째애?!

지숙 (엄마 입 틀어막으며)엄마엄마.

이모 (그 손 떼어내면서) 이러언 육시를 할눔 이 죽일 눔, 이러언 배은
망덕한 눔 이 천하에 잡눔같으니라구. 뭐가 어쩌구 어째? 뭐가 어
쩌구 어째애? (지숙에게 계속 틀어 막혀지면서 뿌리치며 일어나려 하며
주저앉혀지며/지숙은/엄마엄마/이러지 마아 글쎄 해가면서) 뭐?약혼
을 해애?뭐를 해애?

조모 (오버랩의 기분)정신 어지럽다. 조용히 좀 해라.(정말 어지럽다)

이모 (오버랩의 기분/계속 일어나 뛰쳐나가려 하면서) 어느 집 딸년야그
기집애는. 자식까지 난 놈 가로챈 기집애가 누구냐구우!

S# 윤희의 방

윤희 (울다가 고개 든)‥

이모   E 아놔아 이년아아! 왜 사람을 옴짝달싹을 못하게 이래 이 기집
애가아!

지숙   E (물려서(오버랩의 기분))아아아악!!

윤희 (벌떡 일어난다)

S# 안방

혜림 (불이 붙은 듯 울어젖히는데)

지숙 (일어나는 엄마 콩 잡아 앉히며) 아유 증말, 애 놀래애! (저도 악쓴 다) 왜 이래 진짜 미친 사람 처러엄! 이성을 찾아 이서엉! 동네방네 다 알게 무식하게 그러지 말구 조용하자구우!

이모 그래, 에미 무식하다 그래 나 무식하다 어쩔 거야. (그래도 한 숨 은 눅는다) 이 기집애야. (하는데)

조모 (오버랩의 기분) 조용/…좀 하자 제에발 (맥없이 말하며/ 정말 어 지럽다 피시시 옆으로 쓰러지는)

모녀 ?….

지숙 할머니. (달려들며)

이모 엄마 엄마. (하는데)

윤희 (밖에서 듣다가 놀래서 황급히 들이닥치는) 할머니. 할머니이이. (할머니한테 달라붙어 껴안고 얼굴 붙이고) 할머니할머니. 할머니 이이.

조모 (한 손으로 윤희 목 감으며)…

이모 (지숙 철썩 갈기며) 빨리 물 떠와 이 기집애야!

지숙 (냅다 뛰어나가고)…

이모 괜찮수? 엄마 괜찮어?

조모 (껴안은 윤희 더 조이면서) 조용하자‥조용하자구우‥

이모 ‥‥(엄마 보다가 느닷없이 윤희 패기 시작하면서) 어이구우 이 등신 아. 등신아아/ 기집이/ 얼마나/ 못났으면/ 이꼴을 당해/ 그래 이 것 아아!

윤희 이모오오오오오. (맞으며 이모에게 목 감으며 달려드는)

이모 ‥‥‥(한참 동안 그대로 있다가 껴안는다)‥‥‥

지숙 (물그릇 들고 뛰어들어 와 할머니 일으키고 물 먹이고)

이모 윤희   (그대로/윤희는 간장이 끊어지게 울고/이모도 찢어지게 울면
서 윤희 머리를 자기 턱 아래로 쑤셔 박는다)……

혜림   (울면서 엄마에게 들러붙고)

조모   (힘 쭈욱 빠져서 바라보며)…

지숙   ……

S# 한 프레임이 모두 다………

제7회

S# **빈 마루(밤)**

이모 E 어림없는 소리 마 천하에 그런 법은 없어!

윤희 E 이모 (오버랩의 기분)막말루 그래/ 에이 드런 놈 드럽게 살다
죽어라/ 그러구 팔짜 고쳐버리면/ 너는 간단해애애

S# **윤희의 방**

이모 그런데 혜림인 어쩔 거야. (손바닥으로 방바닥 두드리며) 혜림인
어쩔거냐구 이 한심한 것아아아. 혜림이 무슨 죄야. 혜림이 무슨
죄야!

윤희 .... (아프게 울며)

이모 헤지구 말면 그뿐? 혜림이두 그뿐야?!

윤희 ....

이모 일어나 빨리. (일어나려 하며)

윤희 (이모 잡으면서(오버랩의 기분)) 이모오오

이모 늬들 맘대루 멋대루 그렇겐 못해.

윤희 이모 (잡은 채)

이모   우리 다 죽었니? 나 죽었어? (윤희 손 떼내고 윤희 코트 꺼내며)
천벌 받을 눔 가긴 어딜 가. 자식새끼 내버리구 어딜가. (윤희 옆에
코트 던지면서) 어이옷 입어. (하며 나가려)

윤희   (오버랩의 기분) 내말좀 들어봐 이모오 (이모 잡으며)

이모   (떼어내려 하며) 이거 놔아. 가자구.

윤희   (무릎 꿇고 앉았다가 무릎 세워 몸 일으켜 이모 허리 꽉 껴안으며(오
버랩의 기분)) 이모 이러면 나 죽어어어어.

이모   ?

윤희   죽어버리구 말래. 정말이에요. 죽어버리구 말거야아… 응응
응응

이모   ..... (내려다보다가) 이 기집애가 그런데/… 너 그걸 지금 말따구
니라구 하구 자빠졌는 거야?! (픽 앉으면서) 머리 컸다구 못 팰 줄 알
어?!? 매가 튀어?

S# 안방

조모   (누워서 천장 보고 있는).....

지숙   (혜림이 옆에 앉혀놓고 두 다리 세워 싸잡고 고개는 윤희 방 쪽으로
가 있고/ 얼굴 의식하지 말 것/표정 일부러 쓰지 말 것/ 연기하지 말 것/)

이모   E 맞어볼래?…. 맞어 볼테야?! (방 안 풍경 위에)

지숙   (벌떡 일어나 나간다)

S# 마루

지숙   (나와서 거침없이 윤희 방으로)

이모   E 뭐 죽어!? 입터졌다구 터진 입으루 아무 말이나 내뱉으면
다 말이야 이 싸가지 읍는 기집애야? (울음이 벅벅 나온다)

S# 윤희의 방

244

이모 이 꼴 보자구 가슴저려가면서 키웠어?! (지숙 들어온다) 누구 앞에서 죽는단 소리야 소리가!

지숙 (오버랩의 기분)엄마(조용히)

이모 (오버랩의 기분) 죽는단다. 죽어버리구 만대애.

지숙 엄마 안 이래두 까딱하면 죽을 수 있어. 언니 맹꽁인 거 몰라? 이만큼 버티는 것만두 장한데/ 정말 초상 치르구 싶지 않으면 이제 그만 해.

이모 (딸 보며)…

지숙 (휴지 뽑아 엄마 주며) 할머니 골 흔들리신대. 그만해.

이모 ⋯⋯ (휴지 받아 눈으로)

지숙 (휴지 뽑아 언니 코밑으로)

윤희 (받아서 눈으로)

이모 (코 패앵 풀며/ 감정 좀 순화돼서) 어이구우우우 등신/⋯ 밥토옹…

윤희 ⋯⋯

이모 (딸에게/새삼스레/펑 갈기며) 니년은 무슨 독립운동가 비밀지 켜췄어?! 왜 이제야 얘기해!

지숙 목이래두 매구 죽어버린다는데 어떻게 얘기해애. (달래는)

이모 ⋯⋯(미워서 윤희 보며)⋯⋯

윤희 ⋯⋯

이모 (고개 조금 돌리고 숨 들이마셨다가 후우우우우)⋯⋯⋯⋯ (한참 동안 그대로 있다가 윤희에게 고개 돌리며 많이 진정됐다) 너/⋯ 붙들구 늘어져. 바지통을 잡구 천릴 끌려가더라두 절대루 손 놓지 말구

지숙 약혼까지 했어 엄마 (오버랩의 기분)

이모 그깐눔으 약혼 깨버리면 그만이지 여긴 자식까지 있어 왜 이래.

윤희 (오버랩의 기분)나 할만큼 했어 이모. (안 보는 채) 바지통두 붙잡아보구 별짓 다했어. 이몬 어떻게 내가 아무 짓두 안했다구 생각해애·· 무슨 짓을 해두··· 그 사람 안돌아와아····

지숙 돌았다는데 뭐···· 돈 인간을 무슨 수루 당해.

이모 (윤희 보고 있다가) 그렇다구 손놓구 앉어 요대루 그냥 당하구만 말어? 호적에만 안올랐지 엄연한 조강지처야. 기어이 안돌아온다면 이판사판 결혼 깨구 감방에 집어넘 돼.

지숙 감방에 못 집어너.

이모 왜 못 집어너.

지숙 사실혼/ 돈으루 보상받는 거 외엔 다른 법적인 보혼 못받아. 법이 그렇게 돼 있대.

이모 ···· (딸 보며/무슨 법이 그 모양야/의 얼굴)

윤희 이대루··· 잊어요······ 난 벌써 포기했어···· 떠난 사람··· 미워하구 싶지두··· 잘못되기 바라지두 않어··· 내가 좋아서··· 좋아한 거구·· 내가 낳고 싶어 혜림이 낳았던 거구··· 근데 그 사람 나 싫어졌다는데 어떡해···· 싫어지면··· 못사는 거 아뉴? 나두 싫은 사람하군 못살거 같애.

이모 ····· (보며)

윤희 난리치지 마세요 제발···· 구질구질하구··· 창피해···· 비참하구···

이모 ····· (보며)

윤희 마지막 자존심/ 지키게 해주세요····

이모 ····· (보다가) 어이구우우우우 이 두구두 못생긴 거엇/ (불끈 일어나며) 어이구 등신/(나가며) 어유

S# 마루

이모 (나오며)칠푼이 천지/··· (안방으로)

S# 안방

이모 (들어와서 엄마 옆에 펄썩 앉으며) 어이구우우우우우··· 어유어
유어유··· 누굴 닮어 저 모양야 저거.

조모 ··· (한 팔 눈 덮은 채)···

혜림 (할머니 발치에서 소리 나는 장난감 갖고 놀고 있다)

이모 (혜림이 내는 소리에 돌아보고)··· 혜림이 뭐해.

혜림 놀아요.

이모 이리와··· 이리 와봐.

혜림 (이모에게)

이모 (답삭 안아 무릎에 앉히면서 목이 멘다)···· (혜림과 자기 몸 한 방향으
로)··· (혜림 머리 쓸어내리며/)이 나이 돼··· 보는 꼴 이꼴이구려······· 천
하에 죽일놈··· 아무리 돈 쫓아 가느라 고쟁이벗어지는지두 모르는
세상이라지만··· 어떻게 돈때매 지집 자식을 팽쳐어···

조모 (팔 내리며 맥없이) 돈때매 사람두 죽이는 세상이잖어 (아주
나직이)

이모 ····· (엄마 보다가) 괜찮우?

조모 ····· (눈 뜬 채 머엉하니)

이모 (혜림 머리 쓸며) 윤희가 저게 저한테 어떤 여편넨데/·· 보리개
떡두 황감한 눔이 망할 눔, 분수두 모르구···· 도대체 그눔한테 속은
기집애는 어떤 기집애야······ (엄마 보고 있다 대꾸 없자) 혜림에미 팔
짜나 그 기집애 팔짜나 흐흐흥··· 쥐똥이긴 마찬가지네······

조모 ····· (눈 감는다)

S# 불 꺼진 마루(시간 경과)

S# 안방

　누워 눈 감고 있는

모녀　.......

이모　(불현듯 불끈 일어나 앉으며/ 어둠 속에서) 에에에에이 나쁜 눔.

조모　......

이모　에에에에에이 두엄밭에 거꾸루 처박혀 죽을 눔.

조모　(돌아누우며 조용히) 그만하구... 자자아.

이모　잠이 와야 자지. (괜히 쥐어박는)

조모　......

이모　(누우며) 잠이 와야 자지.... 와야 자지...

조모　......

이모　... (이불 어깨로 끌어 올리며) 이눔으 자식 내 밤마다 물 떠놓구 빌 거야 거꾸러지라구.

조모　.....

이모　(도로 벌떡 일어나며) 내 뭐랬어. 차거워빠진 눔이랬잖어어어. 국 차거운 건 뎁혀먹어두 인간 차거운 건 못쓴다구우우. 지숙이가 저게 괜 악악거렸는지 알어? 저래뵈두 저게 얼마나 얼마나 예민하구 정확한데에.

조모　(오버랩의 기분) 골 흔들려 죽겠어어....

이모　... 약 안들어?

조모　...

이모　약 더 쥐요?

조모　먹구 죽는 약이나 있음 좀 다우....

이모　.... (엄마 쪽 보다가 도로 누우며) ....

S# 윤희의 방

윤희 (혜림 꼭 껴안고 누워서) …… (자는 혜림/ 어둠 속에 눈 뜨고 있다가
어느 순간 불끈 일어나 앉아서) ……

S# 오피스텔

E 전화벨

동우 (침대에 기대어 앉아서 작은 양주병 들고 마시고 있다)…… (전화벨
울거나 말거나)

E 전화 금방 부재중 녹음으로.

영주 F (삐이 신호에 연결/) 부재 중이라니? 너 오피스텔루 안들어갔
니? 어떻게 된 거야? (하는데 동우 핸드폰 집어 꺼버린다)

S# 영주의 방

영주 (핸드폰 넘버 찍는다)

E 가입자가 스위치를 끈 상태거나

영주 (전화 내리며) 뭐하는 거야 얘 또오……

S# 동우   오피스텔

동우 (술병 기울이고 벌컥벌컥)……

E 전화벨

동우 (상관없는데)

E 지금은 부재중이라 전화를 받을 수 없습니다. 메시지를 남겨주십
시오.

윤희 F 난데에

동우 (고개 획 전화로 돌아가며 상체 조금 일으켜진다)

윤희 F 여기 당신 옷이랑 그런 거 몇가지 있는 거 어떡할까…· 필요
없겠지? 됐어. 연락 없으면 필요없는 걸루 알께……

F 끊어지는

동우 …… (전화기 보며)

S# 윤희의 방

윤희 …… (전화 방금 끊은 상태) ……

F.O

S# 윤희의 마루(밤에서 새벽으로 밝아지고…… 사이 두었다가)

윤희 (제 방에서 씻으러 나오는… 머리 동여매려고 수건 두르며 화장실 쪽으로 가다가 부엌에서 들리는 소리에 고개 돌아간다)

S# 부엌

조모 (북어 찢으며 눈물이 지이이이 흐르고 있다)

윤희 (들어오며/밝게) 할머니.

조모 (윤희 소리에 흠칫/오히려 등 돌려대며)… 일어난 거야? (하며 눈께 슬쩍 찍어내는)……

윤희 …… (보며)

조모 …… 북어국 끓일려구 ……

윤희 …… (할머니 등 뒤로) ……

조모 (중얼중얼) 북어두 옛날 북어만 어림두 없지만… 북언지이 노가린지이 (하는데)

윤희 (뒤에서 할머니 두 팔로 안는다)……

조모 …… (손 멈추고)

윤희 저 괜찮아요……

조모 …… 누가 뭐래?

윤희 괜찮다구요. (등에 얼굴 붙인 채)……

조모 …… 할미두… 괜찮어.

250

윤희 (할머니 돌려세우며) 금방…. 아무렇지두 않아 질 거니까 할머니두 답답해하지 마세요.

조모 양심 비뚜른 사람들이 답답할 일 많지/내 양심 바르면 답답할 일 읍다. (윤희 어깨 만져주며) 그저… 강서방하구 인연이… 요기까지 였나부다아 그렇게 생각하구 또/‥ 살아보자꾸나.

윤희 …… (좋은 눈으로 보며)

조모 내‥ (머리 만지며) 너 착한 끝 보구 죽을 거야…. 누구냐 그 큰일 하시는 회장님처럼 나두 백 이십살까지 살 거야.

윤희 (할머니 감싸안으며) …‥

S# 화장실

윤희 (얼굴에 물 끼얹어 세수하고 있다. 끼얹고 끼얹고 또 끼얹고) ……

S# 마루(시간 경과/아침)

이모 (찌뿌드드한 얼굴로 나와 상 옆에 아무렇게나 퍼지르고 앉으며 하품) 아으으으으으으으

지숙 완전히 초쳤수?

이모 ?웬일야? 해 서쪽에서 떴니?

지숙 눈치가 있어야 절에 가두 새우젓국물 얻어먹는대잖어. (상 차리며) 오늘같은 날 늦잠자다 무슨 봉변을 당하라구.

이모 (소리 죽여 중얼거리는) 애는 어때. 일어났지?

지숙 그러엄. 아무 일 없었어. 멀쩡해.

이모 ?‥멀쩡해?

윤희 (부엌에서 국 쟁반 들고 나오며) 일어나셨어요? 아침 지금 드실 래요? (뒤따라 나오는 밥 쟁반 할머니 돌아보며) 이모 일어나셨어요.

조모 지금 먹을래, 이따 먹을래 (역시 아무 일도 없었던듯)

이모 (그렇게 작정을 했구나, 좋지 그것두) 금방 잠깨서 무슨 밥을 먹어. 나중에 먹으께. 난로 켜논 거야?

지숙 켰지 그러엄.

이모 왜 이렇게 썰렁해. 밖이 춥니?

지숙 환기 시켰어. 저눔으 난로 내 이번에 진짜루 갖다 내버릴 거야. 골 아퍼 죽겠어.

조모 나중 먹을 사람 어이 썻구/‥ 먹자. (수저 들며)

윤희 (수저 들고)

지숙 (수저 윤희와 같이 들며) 라니냐가 놀리냐됐대 언니 알어?

윤희 (먹으며) 들었어.

지숙 대목볼려구 왕창 만들어놨던 겨울 옷 세일 무지하게 쏟아졌다는데‥ 백수가 돈이 있어야 어떻게 해보지‥ (이모는 그냥 두 사람 번갈아 보며)

이모 돈 있으면 뭐. 벗구 댕겨서?

지숙 가릴 건 가리구 댕기지이. 그치만 입었다와 가렸다는 차원이 다르지이.

이모 벌어 벌어서 사 입어.

조모 무슨 눔으 북어가 톱밥 씹는 거 같어 그냥.

이모 끄으응(일어나며) 입맛이 있수우? (화장실로)

조모 입맛 없을 게 뭐 있어. (안 돌아보는 채 꿍얼)

이모 (화장실 문 열며) 아 아무 일 없었다 치면 아무 일 없는 거야?‥ (하고는 화장실로 들어가는)

윤희 ……

S# 체육관

동우 (혼자 스쿼시 하고 있는 동우. 땀에 흠뻑 젖어서)…… (운동을 꽤 시켜
주세요)…… (한참 치다가 멈추고 가쁜 숨 쉬며 공 튀기며 호흡 조절하고)
…… (다시 치기 시작하는데)

영주 (들어서는 영주)…… (보면서)

동우 (벽을 때린 공이 영주 쪽으로 튀고/ 그 공 때리러 움직이다가 영주와
부딪힐 뻔 하면서)?… (씩 웃는다) 언제 왔니.

영주 …. (그냥 본다/좀 화가 나 있는 상태다)

동우 (공 튀기며) 나 여깄는 거 어떻게 알았어.

영주 경비 아저씨가 운동가방 들구 나갔다드라. 씻어. 씻구 나와. (하
고 돌아서는데)

동우 기다려 십분 더 해야 해. (하며 치기 시작)

영주 ? (발끈하는 기분으로 팩 돌아본다)…. 너 이럴래 정말?

동우 ?…. (멈추고 본다)

영주 약올라 있는 거 뻔히 알면서 십분 기어이 채워야 해?

동우 …. (보다가 웃지는 않지만 부드럽게) 약 왜 올랐는데.

영주 뭐어?

S# 체육관 로비

둘 나오면서

영주 너 왜 전화 죽여놓구 사람 펄펄뛰게 만드는 거야.

동우 넌 전화 싫을 때 없어?

영주 (멈추고 보며) 어젠 시골두 안갔다 왔잖아.

동우 …… (보며)

영주 오피스텔루 안 들어갔니? 딴 여자 만나구 있었니?

동우 곧장 들어갔어 (걷기 시작하며)

영주　근데 왜 안받냐말야 이 자식아.

동우　(우뚝 멈추고 잠시 있다가 돌아보며) 이/ 자식아?

영주　…. (약 올라 보며)

동우　너는 나한테 이 자식아 저자식아 그러구/나는 너한테 이 기집 애야 저 기집애야/그래야 되니?… 그 담엔 뭐야…. 대답해 봐 어디.

영주　잘못했어. 안 그럴께.

동우　… (걷기 시작)

영주　(보다가 급하게 따라붙으면서) 자기 전에 얘기 좀 할려구 전화했 더니 부재중 나오구/ 꺼놓구/… 니가 나라면 약안오르겠니? (현관 나서게 되는)

S#　현관 밖

동우　(앞서 나서며 문 잡아준다)

영주　(나오며) 약 안올르냐구.

동우　(걸으며) 누구하구두 말하구 싶지 않을 때 있어. 난 그럴 때 많아.

영주　그래두 내 껀 받어. (딱 부러지게)

동우　(탁 멈춰서며)… 나 니 노예야?

영주　?……

동우　(돌아보며) 아무리 싫어두 니 껀 받아야 해? 앞으루 쭉?

영주　(어처구니 없어서).. 무슨 그런… 불쾌한 말을 하니?

동우　감히 어떻게 안받어. 너 받어. 그거 아냐?

영주　너 굉장히 꼬였구나.

동우　나한테… 명령하지마. 나/ 니 노예두/ 부하두 아냐.

영주　…. (보는)

동우　(뚜벅뚜벅 걷는)……

영주 …. (보며)

S# 근처 커피숍

동우 (차 마시는 참) ……..

영주 ….. (찻잔 앞에 놓고 동우만 보고 있는)…

동우 (찻잔 내려놓고 담뱃갑 꺼내는)

영주 …… (보며)

동우 (피워 물고 내뿜는다) …….

영주 어젠 왜 그런 거야…. 알구 싶어 얘기해봐…. 얘기해줘. 어떤 때 전화 끊는 건지 알구 싶어.

동우 피곤할 때. 머리가 복잡할 때. 속이 많이 상할 때. 만사 다 귀찮을 때…. 됐어?

영주 어젠 그중에 뭐였는데?

동우 ….

영주 뭐였어?

동우 피곤했어. (좀 부드러워져 시선 피해 찻잔 집어 들며) 약혼식장에서/ 우리 아버지어머니한테두 신경 쓰였었구 당연히/ 느이 가족들한테… 두그랬었구… 니네 집에 가서두 안 편했구… 느이 엄마 나한테 눈길 한번 안주시더라. (한 모금 마시고 보며) 상관말자 하면서두 김은? 솔직히 말해서.

영주 딸 약혼식장에두 못나가 앉았어야 하는 우리 엄마 처지…. 이해해주라.

동우 건 이해해… 동정두 하구… 근데/나한테 눈길 한번 안주시는 거 그래서가 아냐. (좀 쓰게 웃으며) 느이 어머닌 내가… 강도루 보이시나 봐.

영주 … 미안해. 내가 대신 사과하께.

동우 ····· (잠깐 웃어 보이고 찻잔 내려놓으며) 잘잤니?··

S# 윤희의 마루

이모 (빨래 걸이에 세탁한 빨래 널고 있다)······ (빨래 다 널고 빨래 그릇 들고 움직여 욕실 쪽으로 가다가 문득 윤희 방 돌아보고 윤희 방 쪽으로 귀기울이듯 기척을 살피는)········

S# 윤희의 방

윤희 (미동도 않고 그저 가마아안히 앉아서) ······

이모 E 뭐하니

윤희 ?

이모 E 자니?

윤희 아녜요 이모.

이모 (문 열고)··· 뭐하구 있어.

윤희 그냥···· 있지 뭐,

이모 ····· 고스톱 칠래?

윤희 (웃으며) 아아니··· 난 재미없어요.

이모 이 기집앤 뭐해. (문밖에서 고개 잠깐 돌아가며)

윤희 ····· (그저 이모 보며/지숙이 뭐 하는지 저도 모른다)

이모 (문 닫으며) 점심은 뭐 해 먹나아·····

윤희 ······ (이모 기척 멀어지자 도로 가만히)······

S# 안방

이모 (들어온다)

조모 (두 손 무릎 아래 구겨 넣고 앉아서 우두커니)······ (혜림이는 저 혼자 놀고 있고)

이모 (앉으면서) 우두커니처럼 앉어있나봐. (중얼거리는)

조모 …… (바닥 깔개 딸 발치로 밀어주면서)

이모 (발 집어넣으며) 기통이 맥혀서 증말…

조모 …….

이모 (베개 잡아당기며) 조강지처 버리구 잘되는 놈 꼴을 못봤으니까
내가. 끄응끙 (옆으로 눕는데 얼굴 앞에 혜림)…… (한동안 그대로 있다
가) 혜림아…. 혜림아아.

혜림 (인형에 밥 먹여주는 시늉하며) 네에.

이모 엄마 방에서 놀지 왜 여 어어 (애 건드리며)… 으으응?

혜림 엄마가 할머니 방에서 놀래.

이모 … 에미가 그래?

혜림 응.

이모 에이구우우우우우우, (모르겠다 천장으로 뒤집으며)…

조모 …….

이모 (문득 보고) 아 (벌떡 일어나며) 고개 외로 꼬고 그러지 말구 기운
차려요.

조모 (안 보는 채 중얼중얼) 아침 제대루 못 먹더라…. 뭐 해멕일 건가
궁리나 해.

이모 뭘 해 먹여 글쎄… 제대루 먹은 사람 어딨어. (하는데)

  E 윤희 방 미닫이 여닫히는 소리

둘 (고개가 문으로)

윤희 E 할머니.

둘 (서로 마주 봤다가 동시에) 어 그래.

윤희 (문 열고 웃으며) 저 좀 나갔다 오께요.

이모   … 볼일 있니?

윤희   그냥 (코 찡그리고 웃으며) 바람 좀 쐬구 싶어 이모.

이모   (엄마 잠깐 돌아보며) 그래… 것두 괜찮겠다 괜찮겠지 엄마.

조모   (안 보는 채 혜림 만지며) 너머.. 늦지는 마라.

윤희   네 안 늦어요. 다녀와요 그럼.

이모   조모 그래, 오냐,

윤희   (문 닫고) …

이모   너는 에미 나가는데 아는 척두 안해?

조모   (한숨 섞어/아이 머리 쓸면서)

S# 동네 길

윤희   (빠르지도 느리지도 않은 걸음걸이)…… (목적 없이 그냥 나왔을 뿐
이다)…… (네다섯 걸음에서)

　　　M 엔딩에 쓰고 있는 노래가 어떨까요

S# 시내버스에 흔들리고 있는 윤희. 차창 밖으로 고개 틀고 앉아서…

S# 교외로 빠지고 있는 동우 차 안의 영주와 동우

영주   (감자칩 먹여주고 먹고 하면서)… (희희낙락)

S# 시내 어느 카페··

윤희   (커피 잔 들고 유리 밖 풍경 바라보면서)……

S# 근교 스키장 1

동우   (스키 타고 미끄러져 내려온다)……

S# 미끄러져 내려오고 있는 동우

　　　한참 아래쪽에 스키 신고 기다리고 있는 영주 앞에서 멋지게 멈추며

동우   …… (영주 본다/)

영주   (뭐라고 지껄이고 둘 다 화창하게 웃어젖히는)……

258

S# 웨딩드레스 숍 거리/한 상점의 디스플레이 된 드레스를 보고 있는

윤희 ·····

S# 영화관 화면

영화 화면은 흐르는데/ 오디오는 앞의 음악 연결로

S# 관객 틈에 앉아 하염없이 눈물 흘리고 있는 윤희

윤희 (닦을 생각도 않고 있다가 어느 순간 입 틀어막으며 급히 일어나 빠져

나간다)·····

S# 영화관 밖 거리

윤희 ····· (걷는)

S# 건널목

사람들 속에 묻혀 있다가···· 건널목 건너는 윤희······

S# 신촌 쪽 백화점 숙녀복 매장

S# 옷 입어보는 곳

윤희 (입 꽉 다물고 깔끔한 새 투피스 상의 단추 채우고 거울 속 보고)····

(결정했다/상의 벗어놓고 네다섯 벌 걸어놓은 옷 중에 맨 앞의 것/상의 벗

고 입기 시작한다. 거울 속의 자기 자신 보며)·····

S# 핸드백 가게

윤희 (쇼핑한 봉투 네 개 겹쳐 들고 이모한테 맞을 법한 핸드백 고르고 있

다)····

S# 백화점 현관 앞(어느새 밤이 되어 있다)

윤희 (양손에 버거울 정도의 쇼핑 봉투 들고 나와 택시 스톱으로 가 줄 선다)

····· (입 꽉 다물고)·····

M 여기까지

S# 스키장 식당

영주 (먹으며) 패트롤을 얼마나 했는데?

동우 대학 일학년 때부터. 겨울 방학 땐 스키장에서 살았어. 돈벌어
가며 스키 타가며. (먹으며) 넌 스키두 안타구 뭐하구 살았니. 아니
도대체 운동이라군 하는 게 없잖아.

영주 도대체 운동하군 인연두 없구 소질두 없어. 탁구 하루 레슨 받
구 나면 사흘은 뻗어 있어야 하구 테니스 하루 레슨 받으면 일주
일 앓아야 하구 지경야. 스키두 시도해봤지. 꽝이야. 다리 한번 부
러뜨리구 그담부턴 와서 밥마안 하다가 가군 했어. 물론 삼박 사일
밥해주구 나면 또 뻗어서 링거 맞으며 서울 가군 했지만.

동우 뭐 그렇게 약해. 여자가.

영주 애들이 나더러 화선지라 그러잖어. 화선지 알지?

동우 그 몸으루 앨 넷이나 나?

영주 옛날 얘기야. 지금은 잘 안 아퍼. 너 근사하더라. 멋있어.

동우 (픽 웃고)

영주 니가 내껀 거…… 황홀해. 너무 기분 좋아.

동우 같이 할 수 있는 운동있음 존데·· 그쪽으룬 날샜다.

영주 볼링하구 당구 있잖어.

동우 건 따분해.

영주 밥해주께에. 밥해주면 되잖아.

동우 재미없어. 그게 무슨 재미야. 너무 늦기 전에 움직이자. 빨리
먹어.

영주 엉. (부지런히 퍼먹으면서도 시선은 동우에게)……

S# 윤희네 마루

윤희 (쇼핑백 거꾸로 들고 내용물 쏟으면서) 어 이거 너. 너 옷타령했지.

니꺼야.

지숙 ? (윤희 보며)…

윤희 (벌써 다른 내용물 꺼낸다) 이거 이모. (큼지막한 거)

이모 …. (윤희 보며)

윤희 이거 할머니, (반코트)세일루 샀어요. (할머니한테 대 보이고) 어때요 이모. 좋아보이죠. 좋죠 할머니. 나머진 다 제꺼에요. 다 내꺼야. 보여요 이모? 보여드려요?

지숙 (두 여인은 대꾸 없고) 뭘 물어어어, 내놔 봐 어디. (수선스레 봉투마다 쏟아놓으며) 이거 뭐야, 투피스? (또 쏟고) 이건 뭐야 또 투피스? (또 쏟고) 투피스. 막 썼구나 막썼어. 이건 뭔데, (봉투 거꾸로/쏟아지는 브라/팬티들)어 젤 잘했다. 언니 묵은 거 싹 다 내버려.

윤희 어 그럴 참야.

조모 (슬그머니 일어나 안방으로)

윤희 (할머니 보는데)

이모 …. (엄마 보다가 아무 말 없이 백과 반코트 집어 들며) 그래 고맙다. (하고 일어나 안방으로)

S# 안방

이모 ….. (들어오며 엄마 본다)…

조모 (눈물 찍어내고 있는)

이모 …. (조금 더 보다가 털퍼덕 앉으면서) 기이집애… (혼잣소리처럼) 사람 오장 찢는 것두 가지가지야……

조모 …… (손으로 눈물 닦아내는)…

이모 드런 눔 뒤치다꺼리에 맘놓구 옷 한벌 못사입구 궁상을 떨더니 … 선무공덕…… 어이구후우우우우…… 죽일 눔….

조모 ···· (자는 혜림 머리 쓸어올리며)····

S# 윤희의 방

윤희 (새 옷들 옷장 안에 거는데)

  E 문 열리는/

윤희 (돌아보면)

지숙 언니 밥먹어.

윤희 (웃으며) 어 고마워.

지숙 나두 고마워. (하고 나가고)

윤희 (상 앞으로/수저 들고 밥 뜨다가 물 먼저 벌컥벌컥 마시고 담담하게
  먹기 시작한다)·····

                                                        F.O

S# 일진상선

S# 동우 사무실

동우 (선 채로 전화 중) 컨테이너 모자랍니까?······ 다음주는 다음주구
  당장 지금이 문제에요. 금성전자서 내일 모레까지 전자렌지 50컨
  테이 선적한다는데 어떡하죠?··· 무슨 말씀이세요. 벌써 이주전에
  강대리하구 얘기 한 건데요···· 아뭏든 임차래두 해서 공급해 주십
  시오. 큰일 납니다. 수고하십쇼. (끊고/구내 다이얼 찍고)·· 영업부 강
  대립니다. 지난 번 가격 요청 껀 어떻게 됐나 해서요··· 무슨 말씀이
  세요. 경쟁사가 우리보고 100불 싸게 스페샬 오퍼 했다니까요. 확
  인 안해 보셨어요?···· 걔들 말 믿으세요? 알았습니다. 제가 화주한
  테 금방 걔들 팩스 카피 얻어 보내드리죠····· 걔들 보다 우리 서지스
  가 낫다구 누가 그럽니까. 화주 생각은 그렇지 않아요···· (싫증 나서)
  부장 님 오케이 하신 건입니다 벌써··· 알겠습니다 (끊으며 혼잣소리)

탈나면 활명수 먹지 뭐. (하는데)

부장   뭐야 강대리. (저쪽에서)

동우   예, 지난 번 가격 요청건요 뉴욕향 에어컨 30컨테이너요,

부장   안된대?

동우   생각해본다구요. 팩스카피 얻어 보내기로 했습니다.

부장   생각하구 자시구가 어딨어어. 우리가 안 먹으면 다른 선사들
이 가격 맞춰 덤벼들텐데.

동우   그러게 말입니다.

부장   이런 맹꽁이. (전화 들며) 누구야.

동우   놔두십시오. 제가 처리하겠습니다. (좀 웃고 전화 찍는다)…

S#   비서실

윤희   (면모 일신해서 깔끔하고 밝은색 투피스/ 탕비실에서 나오는데)

영국   (들어서며) 안녕하십니… (윤희 보고 좀 놀래서)

윤희   (목례하고) 회장님 방금 회의 마치시구 식사 중이세요. (비서실
옆 문짝 잠깐 돌아보며)

영국   (그쪽 돌아보며) 임원들하구요?

윤희   사장님하구 두분이세요.

영국   (끄덕이며 고개 돌리는) 그럼 기다리지요.

윤희   … (잠깐 보다가) 차 드릴까요?

영국   ?아니아니, 차는 말구 냉수나 한잔 줘요.

윤희   알겠습니다. (하고 탕비실로)

영국   (윤희의 테이블 위 기웃거리고 종이 집어 보고 하면서)…

윤희   (탕비실에서 냉수 쟁반 들고 나와 회장실 문으로 가서 문 열어주며)
들어가세요.

영국　아… (하고 문 앞으로 가서는 들어가려다가 문득) 뭐 좋은 일 있어요?

윤희　?… 아뇨. (보며)

영국　옷이 달라졌는데요?‥

윤희　(시선 내리며) 아무 일두 없습니다.

영국　서대리 여기서 근무한지 얼마나 됐죠?

윤희　(잠깐 보고 시선 또 내리며) 육년… 됐습니다.

영국　(끄덕끄덕) 그쯤 된 거 같군. 기억나요. 뺨하구 턱 연결된데 여기‥ 솜털 보스스하던 거.

윤희　…… 네에. (어떻게 대처해야할지 모르겠지만/그래도 조금 웃으며)

영국　(씨익 웃고 회장실로)

윤희　(따라 들어간다)

S# 회장실

영국　(들어와서 노회장 안락의자에 푹 앉으며 윤희 올려다본다)….

윤희　(와서 영국 보며)…..

영국　….. (보다가) 잘못 앉았다구요?

윤희　… 네 지사장님.

영국　알았어요, (일어나며) 어떡하나 볼려구 그랬지. (다른 자리에 앉으며) 서대리는 첨부터 오늘까지 한결같이 단정해요. 겉모양처럼 속두 같이 그런지는 모르지만.

　　　E 비서실 전화 울린다 (오버랩의 기분)

윤희　(급히 목례하고 뛰어나간다)

S# 비서실

윤희　(나와서)네에 비서실입니다… 회장님 지금 사장님과 식사중이십니다 사모님. 급하신 일이면…. 네 알겠습니다. 말씀 올리겠습니

다. (끊는데)

회장 (사장과 함께 옆방에서 나오며) 시애틀 터미널 공사 독려 좀 매섭
게 하구요,

사장 알겠습니다. 회장님.

회장 (자기 방으로 돌아서면)

사장 (뒤에 대고 절하고)

윤희 (얼른 방문 열고/회장 들어간다)

S# 회장실

영국 (회장 들어오는 것 보고 얼른 일어난다)····

회장 (잠깐 보고 자기 자리로 가며) 회의시간 맞춰 나오기루 하구 이제
온 게냐?

영국 작은 아버지께서 나오너라 하셨지 전 나오겠습니다 그러 진 않
았어요.

회장 (좀 못마땅하게 보며 앉으며) 이제라두 나와줬으니 고마워해라야?

영국 흠흠흠 아뇨

회장 ?(저만큼 서 있는 윤희 돌아보며)

윤희 사모님 통화 하셨으면 하십니다 회장님.

회장 알았어요. (윤희 나가고/전화 찍는다)···· 뭐야···· 당신 알어서 해
요. 그런 거까지 일일이 내가 알 필요 뭐 있어요···· 알어요 해요. (끊
으면서) 침선생 바꾸는 거까지 날더러 알라 그런다.

영국 (웃는다/숙모에 대해서는 익히 알고 있다)

회장 여자는 그저 소처럼 튼튼해야 해. 평생 아픈 여자·· 성가스러워.

영국 그래두 잘해주시잖아요.

회장 잘해주잖음 어떡해. 대답 한번만 떼먹어두 이불 뒤집어쓰구 우

는 여자를…

영국　흠흠흠흠흠‥

회장　(오버랩의 기분) 이제 그만 건들거리구 정신 차려.

영국　… (본다)

회장　오늘 날짜루 엘에이 지사장 딴 직원 발령내. 회사루 들어와.

영국　…. (보다가 시선 내리는)

회장　니 생각이 어떻든 성북동 형수님두 나두… 너 아닌 다른 사람한
테 회사 맡길 생각 없다.

회장　E (영국 위에) 아무리 네가 우리 맘에 안드는 짓 하구 다니구/ 엉
뚱한 소리나 지껄이구 있어두

회장　영 안될 눔이란 생각 해본 적 없다. 여러 소리 말구 들어와 일 해.

영국　(시선 들며) 저는 싫증 잘내구 인내심두 없구 다분히 충동적이
구/‥ 그리구 또 속박이 싫은 눔이에요. 사업에 대해 별 흥미두 없
구요.

회장　흥미가 있구없구 문제가 아냐. 덜 떨어진 소리 하자 마라. 피할
수두 없구 피해서두 안되는 네 책임이구 의무야.

영국　…. 갑자기 서두시는 이유가 뭔지 좀 알면 안될까요?

회장　내가 지쳤다. 쉴 준비 해야할 때야…. 성북동 어머니완 의논이
됐어.

영국　…. (보며) 절 믿으세요?

회장　(오버랩의 기분) 말아먹을 눔한테 회사 안겨주겠니?

영국　저 자신두 안믿는데 어떻게 믿으세요.

회장　길게 잡아 삼년야. 기획실 맡아 삼년 수업하면 어지간히는 해
내겠지. 나는 낚시나 다니면서 살테다.

영국 .... 구기동… 어머니… 아무 말씀 안하세요?

회장 걱정이 많으시다.

영국 .... (보다가 씨익 웃는다) 절 싫어하세요.

회장 싫어하는 게 아니라… 섭섭해하시는 거지… 이해해. 낼 아침에 방 붙을 거다.

영국 ……

회장 뭐하구 있는 게야 대답 안하구.

영국 월급은 얼맙니까.

회장 …. (보는)

영국 지사장 월급두 날아갔구/용돈이 궁할 거 같아서요. (일어서며) 알겠습니다. 생각해보겠습니다.

회장 …… 오래 안 기다려. (일어나며)

영국 ….. (보며) 네.

회장 나가 봐. 난 좀 쉬어야겠어. (테이블 쪽으로)

영국 (바닥 보며 서 있다가) 작은 아버지.

회장 ? (의자에 앉으며 안 보는 채) 뭐야.

영국 여비서는 누굴 주시겠어요. (빙그레)

회장 (안 보는 채) 우리 회사에서 젤 박색을 줄테다.

영국 밖에 있는 서대리 주세요. 그럼 하겠습니다

회장 …. 미친 녀석.

영국 흠흠흠, (웃고 나간다)

S# 비서실

영국 (나오자)

윤희 (얼른 일어난다/ 배실장도 함께)

영국 (손 들어 보이고 나가다가 돌아서며) 서대리.

윤희 ?.. 네.

영국 잘 있어요. (하고 아웃)

배 정신 바짝 차려요. (앉으며)

윤희 ?..

배 (안 보는 채) 본격적인 경영수업하러 여기루 출근하게 될 거 같아요.

윤희 ?..

배 본격적인 경영수업하러 들어와서 서대리 본격적으루 꼬시는 거 아닌가 걱정돼.

윤희 회사루 들어와요?

배 기획실 맡기시는 모양이에요 눈치가.

윤희 …. 네에.. (앉는다)

배 하루 몇번씩 드나들면서 번번이 찔러볼걸? 괜히 넘어가지 말라구요. 넘어가면 신세 부려지는 거니까.

윤희 (웃으며) 아우 참 부장님두…

　　E 전화벨

윤희 네에 비서실입니다…. 어 수연이니?… (수화기 막고) 저 먼저 점심 먹구 들어와두 돼요?

배 어 그래요.

윤희 어디야? (에서)

S# 햄버거집

수연 혹시 나한테 섭섭한 거 아니니 (베어 먹던 햄버거 놓고 콜라 잔 들며)

윤희 ?뭐가? (감자 케첩에 찍다가)

수연 강동우 그렇다는데 친구로서 아무 짓두 안하구 가만 있었던 거.

윤희 무슨 짓 해야는 건데.

수연 괜히 잠 안오는 날 그런 생각이 들더라구. 얘가 나한테 서운해 하는 거 아닌가. 강동우 불러내서 한판 따져래두 줬어야 하는 거 아닌가.

윤희 니가 따져서 뭐해. 아냐 그런 거 없어 걱정 마.

수연 ..... 정말 괜찮은 거니?

윤희 음 괜찮아. 어쩌겠어 일이 그렇게 돼 버린 거… 그리구 수연아/ 나같은 일 당하는 여자 나 하나 뿐이겠니?.. 또 남잔 없겠어? 믿었던 사람한? 황당한 꼴 당한 케이스·/… (베어 먹던 햄버거 집어 들며) 산날 보다 아직 살날이 많구/ 또 혜림이두 있잖어. 힘차구 기운차게 살 거야. 괜찮다 생각하? 그렇게 살아보기루 했어. (베어 문다)

수연 ..... (보다가) 약혼했다드라. 너 아니?

윤희 ?.. 넌 어떻게 알어?

수연 그 결혼 어쩜 깻박날지두 몰라.

윤희 ? 왜애?

수연 우리 두째 이모가 니 회사 집안 잘 알드라구. 지금 니네 회장님 부인하구 경기 동창이래.

윤희 그래?

수연 엄마 생신이라 아침에 집에 갔었거든. 우리 이모 수다야. 일진 상선 가계서부터 사위감이 어쩌구저쩌구/ 장모재목이 어쩌구저 쩌구 뭐 많드라구.

윤희 (안 보는 채 콜라 잔 집으며)

수연 E (윤희 위에) 그동네는 그 동네대루 얼마나 시끄러운지 아니?

나 이모 수다 참 경멸스럽거든. 듣구있다가 나두 모르게 그 남자 나 아는데 결혼할 여자 있었어요. 해버렸어.

윤희   ?…

수연   E 우리 이모 기겁을 하더라. 큰일 만났지 뭐. 눈 똥그랗게 뜨구 달려들면서 누구냐 어떻게 아냐 얼마나 교제한 여자냐 어떤 여자냐 그러는데 그? 이모 너무 싫증나는 거 있지 왜.

윤희   왜 그랬어어.

수연   암튼 내가 아는데 그놈 나쁜 놈이구/ 학교때부터 사귄 여자 있는데 결혼식만 안올린 부부나 다름 없는 사이였다 거기까지만 했어. 너까지 밝혀버리면 직장 날아갈까봐.

윤희   …… (보며)

제8회

S# 빌라

영주   (밑반찬 그릇들 냉장고에 집어넣으며 핸드폰 받는 중/ 날아갈듯 한
　기분) 어 시장은 봐다 났어. (식탁에 슈퍼 봉지 잠깐 돌아보며) 시장은
　봐다 놓구 또 나갔네? 뭐 빼먹은 거 있나부지 뭐. 너 어디야 지금?

S# 경인 고속도로

동우   (운전하며) 화주가 배구경하구 싶대서 안내해주구 들어가는 길
　야. (별일을 다하네?/웃으며) 그래 별일 다하면서 월급 받는다. 너 뭐
　할 거야 지금부터.

S# 빌라

영주   아가씨 들어오면 잠깐 보구 헬스 가. 며칠 게름 폈더니 찌부드
　해. 탄력두 빠지는 거 같구… 응?….갤갤갤갤 알았어 너 위해 열심히
　하께. (그러구는/운동하구는) 엉 곧장 집으루 들어갈 작정야. 울엄마
　눈초리가 송곳이야 요새. 너 여기루 빼낸 거 아주 나쁜 쪽으루 상상
　하거든? 그래서 더더욱 일찍 들어가 메에롱 하구 있어야는 거 너 알
　지?… 우후후후후 그래 맞어….엉…엉 끊어. 일 열심히 해 그럼. 빠이

빠이. (핸드폰 끈다)

S# 근처 백화점 근처 길

동숙   (휴지통이며 프라이팬 수세미 같은 것들 사들고 느릿느릿 거리 구경
하며 오고 있다. 인파에 부딪히며 밀리면서/ 거리 구경은 괜찮은데 사람
많은 건 지겨워죽겠다. 부딪히고는 투덜거리고 하면서)······

S# 빌라 승강기

동숙   (들어와서 승강기 누른다)······ (기다렸다가 타고)

S# 승강기 안

동숙   (숫자판 올려다보며 있다가/ 생각난 듯 입에 물고 있던 껌 씹는다)····
(숫자판 올려다보는 채)

　　E 땡.

S# 승강기 밖

동숙   (내려서 현관에 서너 개 중에서 하나 골라 열쇠 꽂는다)···

S# 빌라

동숙   (들어와 주방으로 가는데)

영주   E 누구세요오.

동숙   (흠칫 놀라서) 누구세요오오?···· (했다가 침실에서 걸레 들고 나오
는 영주 보고) 아아···안녕하세요?

영주   (활짝 웃으며)어서오세요 동숙씨. 청소아줌마 바꿔야겠어요. 창
틀 먼진 건드리지두 않구 고양이 세수하나봐. (욕실에 걸레 던져 넣으
며) (동숙 쪽으로 움직이며) 직업의식 철저하지 못한 사람 참 싫어. 뭐
샀어요? (보따리 빼내면서) 아버님 어머님 편안하세요?

동숙   ··네··

영주   동숙씨 있어서 다행이에요. (주방으로 움직이며) 오빠 아침 좀 잘

272

해먹여 주세요. 부탁해요 응?

동숙   ....(주방으로)

S# 주방

영주   (시장 본 것 꺼내며) 개스렌지랑 세탁기랑 전자렌지 쓸줄 알아요?

동숙   해보면 되겠죠 머.

영주   가르쳐주께요. 간단해요. 어려울 거 하나두 없어요. 우리 커피
부터 마시까요?

동숙   …

영주   (그라인더에 원두 넣고 드르르르 갈며 동숙에게 활짝/ 다소 의도적
으로 보일만큼 웃어 보인다)

동숙   (애매하게 웃어 보이는)…

S# 회사 로비

윤희   (인주와 나오면서) 몰라 나두 요즘 식욕이 없어.

인주   (옆에 붙어 나오며)봄 타나부죠?

윤희   봄탄다 그러긴 너무 빠르잖어?

인주   난 요새 불면증이에요.

윤희   왜애?

인주   몰라요 이유없이 잠이 안와요. 그럴 때 없어요?

윤희   때때루.

인주   그럴땐 어떡해요?

윤희   그냥 날 잡어 잠수우하구 있어. (하며 현관문 열려다 보면)

동우   (현관 밖에서 윤희 보고 있다/ 인주는 상관없이 깨르륵 웃고)

윤희   (잠깐 멈칫했다가 문 민다)

S# 현관 밖

윤희   (나와서 인주 나올 때까지 문 잡아주고)

동우   (그저 보고 있고)

윤희   (인주 나오자 아무렇지도 않게 인주와 함께 움직이면서) 그러구 있음 어느 틈엔지 모르게 자드라구. 깨보면 아침이야.

인주   (윤희 팔 끼며) 그럼 나두 그래보까? 날 잡어 잡수우우 갤갤갤

동우   ....(보고 있다)...

S# 사무실 복도

동우   .....(고개 좀 떨구고 승강기에서 내려 사무실로 움직이는).....

S# 근처 통만두집

윤희   (의자에 앉으며) 왕만두 하나요, 인주씨는?

인주   난 통만두요. (앉으며) 아까 그 사람요 언니,

윤희   ? 누구?

인주   큰딸하구 약혼한 남자요 왜 현관에서 부딪혔잖아요 우리 나올 때.

윤희   ..그랬나?

인주   어이 언닌 눈 감구 다녀요?

윤희   ..(그저 좀 웃는 얼굴로 보고)

인주   총무부 사람들 그러는데 순전히 인물루 출세하는 케이스 라는데요? 이름없는 집 아들이래요.

윤희   (물컵 집으며) 순전히 생긴 것만 보구 어른들이 허락하시구 결혼시키겠어? 우리 회장님이 어떤 분이신데..

인주   능력은 있대나봐요.

윤희   (물 마신다)....

인주   암튼 여자나 남자나 인물이 중요해요.

윤희   (오버랩의 기분) 인주씬 어떻게 돼 가?

274

인주　우린 지금 서루 연락안하구 버티는 게 이주 째에요.

윤희　아직두? 먼저 해애.

인주　아유 서른두 안돼 대머리 돼가는 애 아쉴 거 하나두 없어요. 언
니는 안 싸워요?

윤희　…(생각하다가) 우린 별루 안 싸웠어.

인주　궁합이 잘 맞나부네. 우린 눈만 맞추면 싸워요 아무/것두 아
닌/시시/껍적한 일루. 의견통일 되는 일 하나두 없으니까 암튼/껌
을 갖구두 싸워서 일주일 말 안했었다면 알쪼잖아요.

윤희　껌?

인주　지가 싫어하는 껌 씹게했다구요. 한번 쯤 그냥 씹어서 뭐 두드
러기 나요? 그럼 안 씹으면 될거 아녜요. 씹으면서 내내 툴툴툴툴/
절 엿으루 본다느니/무시한다느니/ 어이구우우 지긋지긋해.

윤희　(웃어버린다)…

S# 동우 사무실

동우　(컴퓨터 두드리고 있다/거의 빈 사무실)

신입사원　점심 안 잡수십니까?

동우　?..어 나 먹구 들어왔어.

사원　예 그럼.

동우　(말 다 하기도 전에 한 손 들어 보이고)… (사원 나가는데)
E 동우 책상에 전화벨 운다.

동우　(눈은 화면에 둔 채 받는다) 네에 수출 영업부 강동웁니다…… 여
보세요/말씀하십시오.

조모　F 강서방

동우　?

조모 F 날세에…

동우 F (눈 감는다)

S# 회사 근처 다방

조모 (두 손으로 컵 감싸 쥐고/한복 입고)····· (뜨거운 물 마시며)····

동우 ·····(조용히 보며/안쓰럽고 측은한)··

조모 (컵 내리며 안 보는 채) 생전···나와댕기를 않아서··· 차를 잘못 타··헤매구 다니느라··· 자리에 없으면 어떡하나 했는데··· 점심은 어떡했나 (보며)···

동우 (못 보는 채) 먹었습니다··

조모 ·····(한동안 이윽히 보다가 시선 내리며 한숨 섞어) 기가···맥히는 구먼···이런 일루 자넬 마주하게 될줄은···증말 몰랐네···

동우 ····(고개 숙인 채)

조모 에미는 모르는 일이야. (시선 들어보며) 불끄듯·· 말렸네만···그래두 할미가 돼서는··· 오냐 그러냐 알었다·· 그러구 그냥···말수는 읍어서. (나왔네)

동우 ······

조모 에미 얼른 안데려간다구 즈이 이모는 더러···눈꽃 안좋게 자넬 본적두 없진 않지만···나는 자네 내 손주자식이나 진배 읍었어 ·····(보다가 시선 내리며)··· 나는 단순히 자네가 돈때매/

조모 E ···돈에 뒤집혀 딴맘 먹었다구는 생각안해. 자네대루 무슨 곡절이 있구 사연이 있겠지또오···· 정이 식을 수두 있구/

조모 그렇지만 알다시피 그게··· (시선 들어 보며) 얼마나 불쌍한 물건인가. 조실부모한 것만으루두 가엾기 짝이 읍는 팔짠데 이제 또··· 애비읍는 새끼 데리구 어떻게 살아가라구 자네가 이러나.

동우 …죄송합니다. (숙인 얼굴)…

조모 미운 정두 정인데 아무리 우리 애한테 정이 벗어졌다구 해두…
새끼까지 낳아놓구… 그 ·· 새끼 팔짜를 애비가 망쳐놓는 건… 인간
으루 할짓이 아닌 게야.

동우 ……

조모 내가 …피를 토하겠어. 그러지 말어.

동우 ……

조모 맘 바루 잡구 돌아오게…. 으응?…혜림이가 눈에 밟혀서 어떻
게 그런 짓을 하며/…지 자식 내버리구 무슨 영활 보겠다는 거야
금수두 지 새끼는 챙기는데 자네는 사람 아닌가 응?

동우 ……

조모 돌아와….돌아오는 거지?…… 돌아/ 올 거지?

동우 죄송합니다 할머님.

조모 …..돌아…온다는 거지?

동우 죄송합니다.

조모 ….못하겠다는 거야?

동우 죄송합니다.

조모 새끼/··어떻게 되든·· 상관없어?

동우 ……

조모 ……(보며)….

S# 회사 흡연구역

동우 (담배 태우며)……(괴롭지 않으면 인간이 아니고)…….(한참 동안 그
러고 있는)

S# 비서실

윤희　(물 마시며 탕비실에서 나오는데)

　　E　전화벨

윤희　(빠르게 전화로) 네에 비서실입니다.

동우　F　질문하지 말구 듣기만 해.

윤희　…

동우　F　퇴근하구 곧장 갈테니까/ 느네 동네 거기/..***서 만나.

윤희　(아무도 없지만 조심스럽게) 인주씨하구 뮤지컬 보러 가기루 했어.

동우　F　취소해, 나와.

윤희　……

동우　F　알았지.

윤희　··만날 일 없잖아.

S#　흡연실

동우　만날 일 있으니까 만나자는 거잖아 지금. (좀 화내는)

S#　비서실

윤희　왜 화는 내? 무슨 자격으루?

　　E　전화 끊겨버린다.

윤희　……(끊긴 전화 놓으며)…

S#　윤희네 동네 카페가 있는 거리(밤/인서트)

S#　카페 안

동우　(새 담뱃갑 뜯는다)……

윤희　….(보며)

동우　(담배 뽑아 문다)…

윤희　왜 그렇게 많이 펴?

동우　(힐끗 보고 불붙인다)

278

윤희   세개째야…. (하며 시선 내린다) 안 그랬잖아.

동우   ….(담배 태우며 보는)… 새옷이니?

윤희   ? ….샀어.

동우   접때 것두 못보던 거드라. (시선 피하며)

윤희   것두 샀어. (보며)….. 할 얘기 빨리 해.

동우   (안 보는 채) 지겨워?

윤희   ….볼일없는 사람들이잖어.

동우   (담배 끄며 안 보는 채) 믿어줘. 나 혜림이 절대 모르는 척 안해.

윤희   ….(보며)

동우   양육비 다 주구(보며)교육비 다 줄 거구/유학두 보낼 거야. 용돈 두 충분히 쓰게 할 거구 누구보다 좋은 옷 입힐 거구/ 나서서 아버지 노릇은 못하지만 다른 아버지들보다 훨씬 더 잘해줄 거야. 다 해 줄 거야.

윤희   돈으루 할 수 있는 일?

동우   …..(보는)

윤희   건 나두 할 수 있어 내가 해.

동우   니가 어떻게 해. 너 유학 보낼 수 있어?

윤희   그런다구 혜림이 즈 아빠한테 버려졌다는 사실/없는 거 돼? 그 걸루 혜림이한테 죄진 거 없어져?

동우   ….(보다가 쓰게 웃으며) 너무 그렇게 냉혹하게 말하지 마….

윤희   (쓴웃음) 내가… 냉혹하다는 거야?

동우   ….(보다가 주머니에서 봉투 꺼내 놓으며) 하게 해줘. (봉투 밀며) 쓰 구싶은대루 써. 막 써버려. 더 만들어주께. 계속 만들어주께.

윤희   …..(그저 가만히 보는)

동우　(안 보는 채) 회사 그만둬. 회사에서 너 보기 고역스러.

윤희　(봉투 밀어놓으며) 그만두구 싶어짐 그만 두께. 신경쓰지마.

동우　‥‥(보다가) 말 안들으면 조사과나 어디 눈에 안보이는데루 치 워버리든지 할거야.

윤희　‥‥‥(보다가) 노영주씨하구 약혼한 걸루 벌써 그렇게 힘이 쎄졌 어? 노영주씨한테 부탁함 돼? 뭐라 그럴 건데?

동우　말 안들을 거야 정말?

윤희　(일어난다)

동우　앉어

윤희　(그냥 탁자 빠지는)

동우　앉어어!

윤희　소리지르지 마. 이제 그 약발 안 받어. (하고 그대로 나가려는)

동우　(팔 확 낚아챈다)

윤희　?‥‥

S# 동네 공터(밤)

동우　내가 이렇게 사정을 하는데두 안 들어줄 거야?! (보면서/좀 화 난 상태지만 소리를 지를 필요는 없음)

윤희　‥‥(한심해서 보며)

동우　니가 한 건물에 들락거리는 게 신경이 쓰여./봐./바루 오늘두 부 딪혔잖아. 거기 앉아 영주 드나드는 건 보기 좋아? 너두 괴로울 거 아냐.

윤희　‥‥(그저 보며)

동우　뭣때매 고집펴. 생활비 내가 준다는데 편안하게 살면 좋잖아. 내월급 다 준단 말야. 정리하기루 했으면 깨끗하게 정리하자구! 정리하구 피차 편하게 살잔 말야 피차!

윤희　····(그저 보며)

동우　좋아····(외면하고) 솔직하게 말해서 니가 거기 있다는 생각을 하면 혜림이가 보이구/ 그럼 기분 드러워!···(돌아보며) 나 좀 편하게 안해줄래?

윤희　····(보며)

동우　좋아 그럼 맘대루 해봐 어디/ 나는 상관없어 난/ 나는 작정만하면 얼마든지 아무렇지두 않을 수 있다구.

윤희　····

동우　(새삼스레) 그런데 요는 니가 문제야. 넌 그럴 수 없는 애야/곧 누군가 눈치채게 만들 거란 말야.

윤희　내가 아니구 당신이 들키겠어.

동우　(휙 돌아본다)

윤희　····(보며) 뭘 그렇게 불안하게 생각해? 난 아무렇지두 않은데?

동우　니가 방해가 돼!!

윤희　그러니까 왜 그런 짓을 해. 그래서 죄 짓구는 못사는 법야. (동정하듯)

동우　·····(이 갈듯이 보며)···

S# 영주의 방

영주　(의자에 앉아서)?·····어디서/·· 누구한테 들은 소리유?

이여사　우리나라 좁아. (의자에 앉아서/설득하려니까 부드럽고 우호적으로)

영주　·····(보다가 작정하고) 수도원에 있다 나온 사람 아닌데 내가 첨 아니라는 거/문제될 거 없어요.

이여사 학교 때부터 사귄 여자래.

영주 괜찮다구.

이여사 식만 안올렸지 부부나 다름 없었댄다.

영주 ?....

이여사 그게 무슨 뜻인지 알어? 동거생활까지 했단 뜻야.

영주 ? (이건 좀 충격이다/··그러나) 동거했단 거야 동거했을 수두 있단
거야 분명히 해요.

이여사 부부나 다름없단 말은

영주 (오버랩의 기분) 동거했대?

이여사 동거했다군 안했어.

영주 (오버랩의 기분) 엄마가 쓰는 거 아뉴?

이여사 ...뭐?

영주 엄만 내 결혼이 싫지. 강동우가 영 맘에 안들지. 가능하다면 깨
버리구 싶지 아냐?

이여사 (오버랩의 기분) 그래서 없는 말 지어낸단 말이니?

영주 ....(보다가) 나 지난 일 상관안해. 서너살 때부터 옆에 두구 키
웠음 모를까/ 여자 모르는 남자 요새/하나두 없어. 난 연애 사건 없
었수?

이여사 바루 한달 전까지 오피스텔 드나들던 여자 있었던 건 어떻게
생각하면 되니.

영주 ?.....

이여사 내가 가서 확인한 사실야.

영주 .....(보며)

이여사 이쁘구 얌전한 아가씨라드라.

영주   ……(보며)

이여사   첨부터 어쩐지 석연찮다 그랬지? 이 결혼은 못해.

영주   (발딱 일어나며) 확인하께.

이여사   확인할 거 없어.

영주   엄마 말 믿을 수 없으니까 내가 직접 확인할 꺼야.

이여사   내가 걱정하던 바루 그 그물에 걸린 거 모르겠어?

영주   ….(돌아보는)

이여사   모르겠어?

영주   모르겠어요. (하고 장으로 가 코트 꺼내 팔 꿰면서 문으로 가 문 열다
가 돌아보며) 아무한테두 아무 말두 하지 마세요. 나 창피주지 말구
서둘지 마요. (하고는 나가버린다)

S# 계단과 거실

영주   (빠르게 계단 뛰어내려 현관으로)

영은   (주방에서 나오다) 어 언니 저녁 다 됐는데 어디 가? (영주 그냥 나
가고)

S# 큰길. 운전하는 영주

영주   ………(신호 바뀐 것 미처 모르고 있다가 갑자기 급브레이크 밟고 출렁/
미치겠다)….

S# 빌라 안

동숙   (전화 무릎에 올려놓고 러브 체어에 앉아서 티브이 보면서)……

        E 현관 벨

동숙   ?….(현관으로) 누구세요?

영주   나에요. 문 열어요.

동숙   (문 연다)

영주 (들어오면서) 오빠 어딨어요. 나오라구 해요.

동숙 오빠 춘천갔는데요··

영주 ? 춘천 왜요?

동숙 아버지 또 쓰러지셨다구 연락 와서·· 샤워하다 말구 갔어요···

영주 (미치겠다)····

동숙 ····무슨 일이에요?··

영주 (대꾸 없이 핸드폰 꺼내들고 러브 체어 쪽으로 가 리모컨으로 티브
     이 끄고 다이얼 찍는다)

     E 가입자가 스위치를 끈 상태거나

영주 (전화 픽 접으며) 병원 전화 몰라요?

동숙 (고개 흔든다)···

영주 무슨 병원인데요.

동숙 엄마하구 통화했어요. 난 몰라요.

영주 ····(동숙 보다가 소파에 푹 앉아)·····

동숙 ····(보며) 왜/화나셨어요?

영주 (오버랩의 기분) 동숙씨(안 보는 채)

동숙 ···네.

영주 ···(조금 진정하고 동숙 자리 비우면서/안 보는 채) 앉아요. 앉아
     봐요.

동숙 그냥·· 말씀하세요.

영주 (안 보는 채)····· 오빠 딴 여자 있었어요?

동숙 (찔끔하지만 영주는 못 본다)··· 저저는 모르는 일··인데요.

영주 몰라요? (고개 돌려 보며)

동숙 (고개 흔들며)···

284

영주   ...정직한 대답이에요?

동숙   있었을 수두 있겠지만 오빠는... 우리하구 얘기 잘 안해요.

영주   눈치두 보인 적 없어요?

동숙   대학때부터…. 쭉 떨어져 살았기때매/본인한테 직접 물어보세요……

영주   ……(보다가 빠르게 일어나 나가며) 전화오면 나한테 연락하라 그래줘요…. (동숙 대답 없이 영주 따르고/) 문단속 잘하구 자요.

동숙   ..네..(영주 아웃 되고)…. (문단속하면서)……(뿌우우/그래도 걱정스러운)….

S# 빌라 앞

영주   (제 자동차 운전대로 타고 문 꽝 신경질적으로 닫고)…… (앞 노려보면서)…

S# 빌라

동숙   (티브이 켜놓고 뿌우 앉은 채)….

S# 지숙의 마루

지숙   (죽 쟁반 들고 서서) 좀 일찍 들어오지. (구박하는)

이모   (마루 올라서며) 회식하는 날이잖어.

지숙   할머니 편찮으시단 말야.

이모   ? 왜애? (하며 벌써 안방으로)

지숙   몰라 낮에 친구 만나구 들어오시더니 자리 피구 누시더라구. (따르며)

S# 안방

윤희   (할머니 다리 주무르면서 이모 돌아보고)

이모   왜 그루? 어디가 아픈 거야? 감기 걸렸어요?

지숙   그냥 기운이 쪽 빠져서 맥을 못추시겠대. 메슥메슥하구.

이모   웬일루 탈없이 넘어가나 했지. (옷 벗으며) 약은.

윤희   (조모 보는 위에)

지숙   E 지어왔지이. (엄마 따라 들어와 쟁반 놓고 있다가) 할머니 죽 좀 잡수세요. 죽 쒀왔어요.

조모   (아무 맥없이) 쑤지 말라니까아.

이모   (오버랩의 기분) 장 아줌마 영양제 갖구 냉큼 오라 그래 어이. (고무줄 치마 입으며)

지숙   벌써 했어. 올때 됐지?

윤희   (끄덕이는).. (죄인처럼)

이모   (할머니 옆으로 붙어 이마 만지며) 안 그래두 맥떨어진 노인네가 찬바람 쐬구 무슨 대단한 일 있다구 나가요, 살속으루 쏙쏙/요때 바람이 더 망했구면.

조모   후우우우우우…

이모   죽 좀 자셔봐요. 구수한 냄새 나는데……에?

조모   물이나 줘…(하고 일어나려)

윤희   (부축해 일으키고/물 입에 대준다)

조모   (물 두어 모금 마시다가 한 팔로 윤희 목 끌어당겨 붙이며) 에이그 으으으 이 불쌍한 거엇 (얼굴이 우그러진다)……

윤희   ….(입 꽉 다물며 마주 안는)….

조모   ……(그대로)

이모   ….(보다가 퉁명스레) 아 불쌍할 거 뭐있어. 팔짜고쳐 여봐란듯 살면 되는 거지.

조손   ……

이모 (윤희 건드리며/할머니 놓고 나가라는 눈짓)

윤희 (떨어지면서)… 할머니 죽 좀 드세요….네?… (옆의 휴지 뽑아 눈물 닦아주며) 네? (하는데)

이모 (윤희 쥐어박듯 조금 밀어버린다)

윤희 (일어나면서) 혜림아 할머니 쉬시게 우리 가자.

혜림 (사이에 앉아 이 어른 저 어른 보고 있다가 엄마에게 손 잡혀 나가면서) 할머니 아퍼?

윤희 그래 편찮으셔.

혜림 할머니 주사맞을 거지 그치이.

윤희 (데리고 나가며) 그래. 주사 놓는

S# 방 밖

윤희 할머니 오실 거야 이제…..(데리고 제 방으로)

S# 윤희의 방

윤희 (들어오면서 혜림 안아 옆으로 안으며 앉아서)……… (문짝 보면서)

혜림 엄마 엄마.

윤희 (아이 내려다보며) 응·· 왜애.

혜림 할머니 아프면 아빠/고기랑 사과랑 사가지구 오지 그치.

윤희 ….(내려다보며)

혜림 저업때 접때두 우리 할머니 아퍼서 아빠가

윤희 (오버랩의 기분) 혜림이 잘 시간인데 그만 자자. (아이 내려놓으며)

혜림 고기라랑? 사과라앙? 사갖구 왔어 그치?

윤희 ……(대꾸 없이 아이 자리 펴며) 양말 벗어.

혜림 (콩 앉아 양말 벗으며) 우리 아빠는 수염이 따거워.

윤희 ….

혜림   (아이 옷 벗기는데) 할머니가 그러는데 수염은 남자만 나는 거
       래. 우리 아빠는

윤희   (오버랩의 기분) 웬 수다야아. 그만 말하구 입 다물어.

혜림   남자야. 남자는 수염나.

윤희   (오버랩의 기분/좀 야단치는) 그만 말해. 그만 말하구 자라니까아?

혜림   ? (엄마 보며)….

윤희   (번쩍 들어 약간 거칠게 눕히면서) 엄마 말 안들으면 나쁜 애야.
       눈감구 코자 빨리. 눈감어.

혜림   …(보며)

윤희   눈 안감어?

혜림   (울 것처럼/소리 지른다) 혜림이 안 졸려! 아빠오면 사과 먹구 잘
       거야!

윤희   아빠 회사일 바빠서 안 와! 얘가 왜 이렇게 말을 안들어 그런데/
       이렇게 말 안들으면 엄마 딸 하기 싫어 알어? (울음 터질듯 하다)

혜림   (비죽비죽비죽/엄마 보며)

윤희   (아이 옆으로 안아 포옥 껴안고)……..

S# 영주의 방

영주   (옷 벗으며 올라서) 동생 모른대요. 부부나 다를 거 없는 여잘 / 동
       생두 몰라요?

이여사   (침대 쪽에서 팔깍지 껴고) 헛똑똑이. 알면 안다구 대답해? 잡
       았던 봉을 놓치는데?

영주   (휙 돌아보는/경멸스러운)….

이여사   제 동생 입 안꼬매놨을 거 같어? 목표가 확실한 녀석이?

영주   …(보다가) 나 사기당하구 웃음꺼리 되는 게 엄마 소원이유? 꼭

288

그랬으면 좋겠어? 그럼 고소하겠어?

이여사 말하는 거 하구는. 세상 어떤 에미가 그래! (소리 지르지 말고 감정만으로)

영주 아직 확인 안됐어요. 매도하지 말라구!

이여사 흥분하지 마. 누구두 알게 하지 말라며. (여유 있게)

영주 …..(보다가/옷 벗던 것 계속하며 낮게) 내가 알아서 해요…. 나 천치 아냐!

이여사 …..(보다가) 저녁 올려보내련?

영주 …..(이 상황에 저녁이라니/기 찬 엄마다/그러나 참고) 알아서 하께요.

이여사 …..(보다가) 굶진 마. 거기서 더 빠지면 흉해. (하고 유연하게 나간다)

영주 …..(엄마 나간 문 노려보다가 핸드폰 꺼내 팍팍팍팍 찍는다)…

  E 가입자가

영주 (핸드폰 있는 힘껏 벽으로 던져버린다)…….

S# 바이올린 연주회 무대…

  E 어떤 음악의 클라이맥스.

S# 객석의 한여사와 영국………

S# 극장 휴게실

영국 (한여사 숄과 핸드백 들고 기다리고 있다/음악회가 마악 끝난 상태/ 관객은 이미 많이 빠져나갔고)……. (포스터들을 보거나 하면서)

한 (화장실 쪽에서 옷매무새 만지며 영국 쪽으로)… 혼났다..(마려워)

영국 (숄 둘러주며) 뭐하러 참으세요. 병되게.

한 연주 중에 화장실 들락거려? 예의가 아니야.

영국   흠흠··예에··

한   (핸드백 챙기며) 덕분에·· 좋은시간 보냈어. (걷기 시작하며) 고마운 일이야.

영국   (옆에 걸으며)·· 차 한잔 하구 들어가실까요?

한   할머님께 송구해·· 집에 가서 마시자····

영국   예··그러죠 그럼···· (한과 같이 걷는)···

S# 성북동 노모의 방

한   (막 들어온 참이다)····· (잠든 노모 옆에서 이부자리 다독거려주면서) 몇번이나 찾으셨어.

여자   (연기하지 마세요. 그냥 편안하게) 오늘은 한번두 안 찾으셨어요.

한   ?(여자 본다)···?

여자   아침부터 좋질 않으셨잖아요··· 내두룩 주무셨어요··

한   (후우우 한숨 내쉬며) 녹차 준비 좀 하게.

여자   예.

한   (숄과 백 그대로 둔 채 나간다)

S# 거실

한   (나와서 소파로 가는데)

영국   (제 방에서 편한 옷으로 나온다)

한   ····(소파로 올 때까지 기다렸다가) 안 가구?

영국   (앉으며)늦었어요. 귀찮아요. 안 고단하세요?

한   (앉으며) 오랜만에 좋은 음악듣구···· 뭐가 고단해. (아들 보며) 즐겁지.

영국   ·····(보는)

한   왜···

영국　…이렇게 사시는 거/‥ 힘들지 않으세요?

한　워낙에두 나가다니는 거 좋아하던 사람 아니구… 이러구 살다 보니 이제는 바깥이 더 힘들어.

영국　치관 언제 끝나요.

한　아직 예닐 곱 차례는 가야 해… 늙는다는 건 참‥고약해. 눈두 약해지구‥ 이두 무너지구…

여자　(녹차 준비해 나온다)…

한　(쟁반에서 들어내며) 그만 쉬게.

여자　예….(아웃되며)

한　(주전자 들어 따르면서) 긴 거 같으면서두 짧은 게 한 세상이야… 더 이상 시간낭비말었으면 좋겠어.

영국　….(보며)

한　(자기 잔에 따르며) 다른 집 자식들이 안해두 되는 생각을 하면서 커야했구/‥ 특히 니가/많이 괴로워했다는 거 알어….. (찻잔 들면서 안 보는 채) 그때문에 너…니 인생에 함부루 굴면서…속 많이 썩였지.

영국　(찻잔 집어 들며)…

한　(오버랩의 기분) 영주 생겼을 때…늬 아버지하구 헤지려구 했지… 할머님때문에 못했어… 영은이 생기구 나서 몇차례 또 헤지려구 했는데…그땐 늬 아버지가 말을 안듣더라. 이 얘긴 늬 어머니한텐 하지마. 니 엄만 내가 안해준 걸루 알구 있으니까.

영국　……(보며)

한　아마… (쓴미소) 할머니 시중 들 사람루 내가 필요했던 거 아닌가 싶어. 니 엄만 못할 사람이니까.

영국 아버진 어머니두…사랑하셨어요.

한 ?…(보는)

영국 제가 여기 드나드는 걸 그렇게 기특해하시구 흐뭇해하셨어요. (웃으며) 용돈두 따루 더 얹어주시구… 낚시가면… 어머니 애기/잘 해드리라는 말씀…많이 하셨어요.

한 숙부님 말씀.. 생각은 하구 있는 거야?

영국 예..열심히 생각하구 있어요 (웃으며 찻잔 집어 든다)

한 가까운 장래에 손주 좀 안아보자..

영국 ….(보다가) 흠흠흠흠.. 네에 해드려야죠 그럼요네에. 흠흠흠흠

S# 영주의 방

영주 ……(침대 위에 양반다리하고 앉아서)……

F.O

S# 일진상선 회장실 복도

영주 (승강기에서 내려 빠른 걸음으로 회장실 쪽으로)

S# 비서실

영주 (그냥 들어와 곧장 회장실로)

윤희 (다른 옷/책상 챙기다 얼른 일어나며 어정쩡)

영주 (회장실 문에 손 댔다가 돌아보며) 서대리 안녕하세요?

윤희 안녕하십니까.

영주 내가 먼저 인사챙겨야 해요? (생긋 웃으며) 차 한잔 주세요.

윤희 네 알겠습니다.

S# 화장실

회장 (배실장 세워놓고) 거 최회장하구 (하는데)

영주 E (오버랩의 기분) 저 왔어요 작은 아버지.

회장 (보며) 여기 들어올 때는 아무리 급한 일이래두 서대리 통해서 들어와야지.

영주 중요한 말씀 중이세요?

회장 (배실장에게) 최회장하구 유회장 요즘 불편해. 유회장을 이 번 테이블루 하라구. 배 알겠습니다. (디너 좌석 배치도 같은 것 들고 서서)

회장 으음··아냐 최회장을 옮기지. 유회장을 일번 테이블에 두구.

배 예 그렇게 하겠습니다.

회장 다 됐지 그럼? (일어나며)

배 예 회장님. (빠진다)

회장 (코트 쪽으로 움직이며) 웬일이냐 이렇게 이른 시간에.

영주 (재빠르게 그쪽으로 가며) 아주 중요한 일이에요. (숙부 코트 떼어 입히면서) 전화룬 안되는 일이구요, 근무시간엔 안만나주구요. 시 골 집 가서 아직 출근 전이래요. 아버지 편찮으셔 춘천 갔거든요. 여기서 잠깐 볼려구요. 작은 아버지 나가셔서 잘됐어요.

회장 그 중요한 일이 뭔지 나두 알면 안되겠니?

영주 (장난스럽게) 미스터 강 다리 한쪽이 짧다는 설이 있어서요. 세워 놓구 자루 재 볼려구요.

회장 간단히 하구 가라. 여기 늬들 데이트하는데 아냐. (출입구로 움직 이며)

영주 네 염려마세요. (회장 나가고/얼굴 달라지면서 응접 소파에 푹 앉 아).....

윤희 (차 쟁반 들고 들어와 놓으며 영주 기색 잠깐 살피는)...

영주 ...

윤희　(돌아서는데)

영주　(찻잔에 손 뻗히며) 미주수출영업부에 강동우 대리 출근했나 좀 알아봐 주세요.

윤희　알겠습니다. (하고 화면에서 빠지고)

영주　…(차 마시는)

S#　비서실

윤희　(쟁반 들고 나와서 구내전화 찍는/배대리 자기 일 하고 있고)

　　　F 전화벨 가는/다섯 번

남자　F 네 미주수출 영업부 강동우대리자립니다.

윤희　여기 회장님 비서실인데 강대리

남자　F (오버랩의 기분) 아 방금 그쪽으루 갔는데요.

윤희　알겠습니다. (하고 끊는데)

배　회장실 우스워지는군. 애들 연애장소가 안되나아 (하는데)

동우　(들어오며) 안녕하십니까.

배　아, 안녕하세요.

윤희　(빠르게 움직여 회장실 문 열고) 들어가십시오.

동우　(힐끗 보면서) 감사합니다. (들어간다)

윤희　….(담담하게 제자리로)

S#　회장실

동우　(들어오다가……영주 창가에 찻잔들고 등 보이고 있는 것 보고) ?

영주　……(돌아서 찻잔 처리하러 움직이며) 생각보다 빨리 왔구나.

동우　(기막혀) 여기서 날 부른게 너였니?

영주　(찻잔 놓으며) 춘천갔다구?

동우　(기색이 이상하지만) 어 아버지가

영주 (오버랩의 기분) 빌라 안들렸니?

동우 곧장 왔어.

영주 니 동생 암말 안해?

동우 무슨 …말.

영주 통화 안했어?

동우 안했는데.

영주 (오버랩의 기분) 너 세발짝만 앞으루 나와. 나 세발짝 앞으루 나갈 테니까.

동우 할 얘기 있음 나가자. 회사 니꺼야? 나가서 하자구 (하는데)

영주 (오버랩의 기분/따귀 갈겨버린다)

동우 ?

영주 어제 왜 전화 안했니.

동우 전화안한 걸루 따귀맞는 거야?

영주 어젯밤에 연결됐으면 어떤 쪽으루든 결론 내구 끝났을 거 아냐.

동우 ....무슨 결론.

영주 한달 전까지 오피스텔 드나들던 여자 누구야.

동우 ?...

영주 너 동거했니?

동우 ....(그저 보며)

영주 식만 안올렸구 부부나 다름없는 여자/오피스텔 드나들던 여자/한 여자니 두 여자니. 나 몇번째니 동우야.

동우 나가자. 여기 회사야.

영주 말해. 대답해.

동우 나가자구. 니 회사 아니잖아!....

영주 ....(노려보는)

동우 .....(보는)

S# 회사 주차장 구석

동우 어디서 들었어.

영주 건 중요하지 않아.

동우 나한텐 중요해. 어디서 들었어.

영주 엄마가 오피스텔 갔었어.

동우 (고개 돌리며)....(글렀다) 그래서 알구 싶은 게 뭐야.(낮게)

영주 내가 첫번째 아닌 거 때매 이러는 거 아냐. 왜 거짓말 했어.

동우 거짓말 한 거 없어. 여자 있냐구 물어본 적 없잖아 너.

영주 그걸 말이라구 하니? 너랑 내가 만난 게 언제야 한달 전까지 너
      양다리 걸치기 했잖아!

동우 너 만나기 훨씬 전에 정리한 여자가 한달 전까지 안 떨어졌을
      뿐야.

영주 .....어떤 여자야.

동우 평범한 여자.

영주 얼마나 사겼어.

동우 얼마 안돼.

영주 왜 거짓말 해. 학교 때부터라든데. 식만 안올린 부부라든데?

동우 ....(보다가 탁 낮춰서) 그렇게 다 알구 있음 질문하지마. 질문할
      거 없잖아. (자동차 문에 키 꽂는다)

영주 (잡으며)어느 정도였나 말해.

동우 동거한 적 없어. 식만 안올렸다/과장야. 한 때 잠깐 사겼던 거 사
      실야. 현재 끝났어. 뭘 더 알구 싶어.

영주　왜 말 안했어.

동우　말했다 산통깨지면 어쩌구. 난 니가 욕심나는데 산통깨구 너 놓치게?

영주　내가 욕심났던 거야 내 배경이 욕심났던 거야.

동우　……(보다가/쓰게 웃으며) 니 입에서두…. 그 소리가 나오니?… 좋아. 끝내자…됐지?

영주　….(보며)

동우　(차 문 열고 타려는데)

영주　(마구 발길질하며 핸드백으로 갈기며) 망할 자식/나쁜 자식/너 그렇게 간단해 이 자식아? 간단해? 간단해 이 나쁜 놈아아?

동우　(안아버린다)

영주　(안겨서 울음 터트린다)……

동우　……

S#　비서실

윤희　(전화 중) 네 그럼 참석하시는 걸루 알겠습니다… 여섯시에요… 네 안녕히 계세요. (다시 다이얼 찍고)… 네 안녕하십니까 여기 일진상선 회장님 비서실인데요.. 장교수님/아 장교수님이세요? 저 서대립니다 …네.. (웃으며)네 참석하시는 거죠 교수님…네 알겠습니다. 안녕히 계세요. (끊는데)

　　E 전화벨

윤희　네 비서실입니다… 어 수연아. 웬일야?

S#　어느 아파트 주차장

수연　(안전벨트 풀면서) 우리 아버님어머님 오늘 미국가시구 내가 자유의 몸이라는 거 아니겠니. 친정 나왔어. 근데 별일 없니? 기쁜

소식 없어?…/ 강동우자식 박살나는 기미 없냐구.

S# 비서실

윤희 못됐다. 너 애엄마가 그럼 못써. 애들한테 나뻐…전혀. 좀 전에
두 여기서 만나 같이 나가드라…얘 그만둬. 우스워, 나 바뻐 회장님
주최 만찬 참석여부 확인 중야 지금…내 자리나 알어봐 딴데 신경
쓰지 말구… 어머 그래? (반가와서)

S# 주차장

수연 어 두달만 기다려. 우리 아빠 비서실 애/사월에 그만둔대. 결
혼한대. 그 자리 내꺼라구 찍어뒀어. 얘 근데 진짜 강동우 걔 아무
일 없는 거니?… 이상하다 우리 이모가 참구 있을 분이 아닌데에
에?..

S# 빌라 거실

러브 체어 양 옆으로 떨어져 앉아서/두 사람 함께…

영주 …..(팔깍지 끼고 테라스 쪽으로 고개 돌리고)…..

동우 (다리 겹쳐 올려놓고 기대앉아 바닥 보며)……..

영주 ……

동우 ……

영주 ……

동우 (문득 일어나 주방으로)

S# 주방

동우 (들어와 냉장고 콜라 꺼내 컵 두 개에 나누어 따라 들고 나간다)

S# 거실

동우 (나와서 영주 앞에 가 컵 하나 내민다)

영주 ……(그대로 있다가 받아서 옆 사이드 테이블에 놓고)…. (먼저 그

대로)

동우　….(잠시 보다가 제 자리로 가 앉아 훌쩍 콜라 마시고 내리고)….. (한
　　참 있다가 또 마시는데/ 이번에는 단숨에 잔 비우고 옆 바닥에 잔 내려놓
　　고 주머니에서 담배 꺼내 피워 문다)…… (푸우우 내뿜는)…..

영주　….그렇게 …아무 말두 할 게 없니?

동우　……

영주　변명두 안해? (안 보는 채)

동우　…….

영주　사과두 안할래?

동우　미안해.

영주　…..그리구…

동우　..할말 없어.

영주　나는 알았어야 했어.

동우　…모르게 하구싶었어. 신경쓸 거구.

영주　….(돌아본다)

동우　우리 사이에 다른 거 끼어들게 하기 싫었어. 알아서 줄 거 없잖
　　아. 불쾌할 거구 나 의심할 거구

영주　(보며) 지금이 더 불쾌해. 속았다는 기분/날 사랑하는 게 아닐
　　지두 모른다는 거때매 참을 수가 없어.

동우　…..

영주　치사스러운 질문인데 너 날 선택한 거니 우리 집을 선택한 거니.

동우　(오버랩의 기분) 널 사표낼께.

영주　(오버랩의 기분) 너 지금 그 태도는 있을 수가 없어!

동우　나 아무리 죽을 죄졌대두 니 그말은 사내자식으로 여자한테

들을 수 있는 최악에 맨 마지막 말야.

영주 왜 헤졌니.

동우 지겨워져서.

영주 …내가 한 역할이 있니? 그 여자랑 헤지는데?

동우 (돌아보며) 너 이전에 끝낸 관계라구 했잖아.

영주 ……그럼/ 내가 널 가로채기 한 건 아니란 말이지.

동우 아냐……안 떨어져 골치 썩이구 있었을 뿐야.

영주 ……지금은 그럼 완전히 떨어진 거니?

동우 완전히.

영주 ……(보며)

동우 ……

영주 동우야……너 나 봐.

동우 (돌아본다)……

영주 나 사랑하니?

동우 ……

영주 대답해… (눈물 후두둑 떨어지면서) 사랑하니?

동우 (일어나서 영주 앞으로 와 내려다본다)……

영주 (올려다보는)……

동우 (영주 양 팔죽지 잡아 일으키고) 사랑한다면…믿을래?

영주 ……(보며)

동우 사랑해….안 믿어져?

영주 (확 껴안아 버린다)

동우 (마주 거칠게 영주 얼굴 두 손으로 잡고 입 붙이며 침실 쪽으로 잡아
끄는)……

영주   (마주 호응하면서)….

S# 근처 꽃가게

동숙   (꽃 구경하다가) 이건 뭐라는 거에요? (우리가 흔히 알 만한 꽃이 아
       닌 고급 수종)

여자   (대답해주고)….

동숙   …..이건요?..

S# 빌라/주방

영주   …..(말없이 커피 만들고 있다)…

동우   (상의 걸치며 주방으로 들어오며 본다)….

영주   ……

동우   (다가가 뒤에서 안는다)

영주   (가볍게 밀어내며) 아버진 어떠시니.

동우   (떨어지면서) 다시 또 쓰러지시면 그땐 위험하대…. (의자 빼서
       앉는다)

영주   ….(동우 잔에 커피 따르며) 동우야…

동우   (올려다본다)….

영주   (제 잔에 따르며 비죽비죽)….너…. (커피포트 놓고) 그것만 해줄 수
       없겠니?….. 전화 죽여놓는 거 안해줄 수 있어?

동우   그래 안하께. (앉은 채 영주 허리 안아 당겨 붙이면서) 이제부턴
       안그러께.

영주   …..(동우 머리 만지면서)…..

동우   …….

S# 헬스에서 운동하고 있는 영주… 땀 빼며….. 심정은 착잡한 채….

S# 영주의 거실

영주   (들어와 계단으로)

이여사   (…돌아보고 있다가 일어서며) 영주야.

영주   (그냥 올라가며) 변동사항 없어요. 나 결혼해.

이여사   ?….

영주   (그냥 올라가고)

이여사   (급히 계단으로)

S# 영주의 방

영주   (옷 갈아 입으며) 나 만나기 훨씬 전에 벌써 정리한 관계래. 한 달 전까지 오피스텔 드나든 건 여자가 안 떨어질려구 그랬던 거구. 것두 이젠 완전히 끝났대.

이여사   (무슨 말인가 하려는데)

영주   (오버랩의 기분) 동거같은 건 물론 한 적 없구 그럴정도 사이 아니래. 누가 정보제공했는지 사람잡는 모략이야.

이여사   요새 늬들/ 남자가 싫다는데 안 떨어질려구 몇달 씩 쫓아다니니? 그럴 땐 그럴만한 이유가 있는 거야.

영주   동우랑 헤지기 싫었겠지. 난 알 수 있어. 나두 동우 놓치기 싫으니까.

이여사   …..(한심하고)

영주   남녀관곈 한쪽이 아니다 하면 그것으루 끝이야.

이여사   너 그놈 숙부한테 다른 여자관곈 없다구 분명히 말했대. 거짓말했어.

영주   거짓말 아니지 엄마. 끝난 관계까지 말할 필욘 없는 거 아뉴?

이여사   여러 말 할 필요 없어. 남들한테 부부루 보일만큼 그랬던 여자 버리는 놈이 사람이야?

영주   ……(잠깐 멈추고 있다가) 결혼얘기같은 건 해본 적이 없대.

이여사   터무니 없는 소리 하지 마. 결혼 약속두 없이 대학 때부터 몇
년을 한 남자랑 지내니? 식만 안올린 부부처럼? 그런 여잘 버린 눔
이 그게 사람이니? 너는 그게 사람이라구 생각해?

영주   (오버랩의 기분)그럼 엄마/ (엄마 돌아보며) 우리 아버진 더 사람
아니었겠네?…. 그래요?

이여사   ?….못된 것. 어쨌든 이 결혼은 못해.

영주   난 해요.

이여사   숙부한테 털어 놀 거야.

영주   그래두 할 거야.

이여사   그눔을 믿어?

영주   믿어….속는 거래두 할수 없어. 중요한 건/그럼에도 불구하구
난 걜 딴 여자한테 주기싫단 거에요.

이여사   ……(보며)

영주   딴 여자한테 주기 싫어. 아무한테두 못 줘‥ 내가 가질 거야.

이여사   ……(보다가 별수 없이 그냥 나간다)

S# 계단과 거실

이여사   ………(내려 오는데)

영국   (들어온다) 안녕하세요. 점심 먹으러 왔습니다아.

이여사   (잠깐 멈추고 보고는 그대로 돌아서서 자기 방으로)

영국   (엄마 보며)…. (성북동에서 오면 으레 그러니까 뭐/혼자 씨익 웃으며
상의 단추 푸는)

S# 이여사의 방

이여사   ………(낭패해서 의자에 구겨져 앉는)………

S# 주방

이여사 (국그릇에 수저 담가놓고)···· 자식들이냐구 하나같이 제 멋대
루에···· 이로운 소리건 해로운 소리건··· 코나 물어뜯으려 덤벼들
구··· 한심하기 짝이 없는 팔짜야···

영국 (잠깐 보고 먹는 것 계속) 무슨···속상한 일 있어요?

이여사 아들이라는 녀석/···· 니가 우리한테 보여준 거라군 방탕밖에
없구

영국 (먹으며) 방탕이나 제대루 했나요. 불쌍한 여자들한테 인심 약간
썼을 뿐이죠.

이여사 불성실 밖에 없어.

영국 작은 실수에두 지나치게 몰아세우시니 불성실할 밖에요.

이여사 이날까지 너 한 일이라군 돈 갖다 풀어쓴 일 밖에 없어/

영국 돈은 골고루 돌아야해요. 한곳에 너무 많이 쌓여있으면 썩거
든요.

이여사 이기죽거리지 마. 귀국했대야 니녀석 얼굴 보기 힘들어. 너 며
칠 여기들어와 잤어.

영국 ·····(그냥 먹는)

이여사 나는 허수아비야? 있으나 마나야?

영국 하구 싶은 말씀이 뭔데요. (여전히 먹으며) 방탕/불성실 말구 그
외에요.

이여사 (안 보는 채) 성북동에선 뭘 그렇게 잘해주니.

영국 ·····(엄마 보는)

이여사 비결을 좀 ·· 알았으면 좋겠어.

영국 (수저 놓으며) 여기 잠자리··· 편칠 않아요.

이여사   ....왜.

영국   할머님 돌아가실까봐요.

이여사   ....

영국   임종 지켜드려야잖어요?

이여사   그렇게 쉽게 안돌아가셔.

영국   얼굴… 또 만지셨어요?

이여사   ? 무슨.. 만지긴 뭘 만져.

영국   흠흠,이마 좀 당긴 것 같은데요? (일어나며)너무 손대지 마세요. 나중에 웃어두 화난 얼굴 되면 어쩔려구 그래요.

이여사   걱정두 팔짜다.

영국   아주머니/(안 보이는 여자에게)

여자 E   (자기 방에서 달려 나오며)네에에

영국   저 커피 한잔 주시겠어요?

여자   에에.

영국   (나가고)

이여사   빌어먹을 자식,(하는데)

영은 E   (현관 소리와 함께)오빠 있었어?

S# 거실

영국   어..너 바쁘다아. 일찍 나갔다면서?

영은   (이 층으로 뛰어 올라가며) 엉. 꽃동네 팀 모임 있었어. 나 화장실 급해 오빠.(올라가며) 오후엔 차량 봉사 있구. 나중에 봐.

영국   어 그래… (하고 앉는데)

S# 주방

이여사   아줌마.

여자　(차 만들고 있다가) 네에.

이여사　내 얼굴 .. 아직두 표 나요?

여자　..표 하아나두 안나는데…

이여사　망할 자식/(국 뜬다)…

S#　일진상선 외경(밤)….

S#　비서실

　　회장실에서 회장과 배비서 같이 나온다.

회장　퇴근들 해요.

윤희　(허리 굽히며 인사하고/구내 찍어) 회장님 나가십니다….

　　(전화 놓고 책상 위 정리한다)……

　　(그러다 기척 느끼고 보면)

영국　….(보고 있다)

윤희　회장님 방금 나가셨는데요….

영국　내가 저녁사구 싶은데요.

윤희　? ..들어가야 해요.

영국　인생상담 좀 하구 싶어서 그래요.

윤희　전 그런 거 없어요.

　　(스카프 집으며)

영국　아니 내가 서대리한테 하구싶단 말예요. 서대리 상담을 해준
　　다는 게 아니라.

윤희　(스카프 두르며) 저 자신두 너무 미숙해요. 자격 없어요.

영국　자격은 내가 벌써 줬는데…

윤희　?

영국　내가 서대리와 저녁 먹으면서 내 얘길 좀 하구 싶다 그럼 자격 있

306

는 거 아뇨?

윤희 (핸드백 챙기며) 집에 들어가야 해요.

영국 들어갈 집은 나두 있어요.

윤희 ‥‥(서랍열고 핸드백에 작은 지갑 넣으며)

영국 (다가와서)윤희씨.

윤희 ?(보고)

영국 오뎅이 먹구싶은데 친구 안돼줄래요?··· 유혹한다구 생각해요? 것두 어렸을 때 얘기지 나이 먹으니까 게면쩍구 귀찮아요‥‥고독 해요 (좀 장난스레) 대화할 사람이 필요한데요.

윤희 전 말주변 없어요···(웃으며) 지사장님 고독/··보태드릴 거에요.

영국 ‥‥(보다가)부드러운 거절이시군. 할수 없지. 퇴근해요.

윤희 (목례하며) 그럼··· (하고 움직이는데)

영국 서대리.

윤희 ? (돌아본다)

영국 가랑비가 내리든데 우산 살 돈 있어요? 없으면 빌려주구.

윤희 있습니다.

영국 ···(끄덕이고)

윤희 (돌아서 두 걸음 떼는데)

영국 서윤희씨/

윤희 (돌아본다)

영국 (괜히 책상 위 이것저것 건드려 보며) 여자는 참 웃기는 동물이 요. 좀 놀려보자구 생각하는 여잔 두부처럼 말캉거리구··· 좀 진지 해보구싶은 여잔 바위덩어리구··· (돌아보며) 그게 뒤집혀야 하는 데 말요.

윤희　·····(애매하게 보며)

영국　물론 지금 밖에 가랑비가 내리구 있어요. 그렇지만 나는 날 궂으면 헷소리하는 사람은 아니요.

윤희　·····

영국　그렇게 말끄러미 보지 말구 가요. (하며 바지 주머니에 두 손 찌르고 윤희 테이블에 기대서)

윤희　····(보다가 돌아서 나간다)

S# 회장실 복도

윤희　····(고개 조금 꺾고 총총히 걷는)·····

S# 안방

윤희　(퇴근해 들어온 참) 뭣좀 드셨어요?

조모　(···대꾸 없이 그저 손녀 딸 끌어다 잡는)····

윤희　좀 드셨니?

지숙　죽 쬐끔.

윤희　주사 하나 더 놔드리자. 그분 오시라 그래 지숙아.

조모　놔둬어. 필요없어.

지숙　(할머니와 같이) 안맞으신대애.

윤희　전화 해 빨리.

조모　아 싫어어 지겨워어. (지렁이 울음 같은 소리)

지숙　암것두 안잡수시니까 그렇잖어요. 뭘 잡수셔야 주살 안놓죠오.

조모　일어날 때 되면 일어나 관둬.

윤희　너 사골 담거놔 응?

지숙　알었어. 할머니 언니가 사골 사왔어요. 할머니 기운차리라구우.

조모　귀안먹었어 빽빽거리지 좀 마아··

308

지숙   (나가고)

조모   (일어나려)

윤희   (거들어 앉혀주고)

조모   (윤희 쓰다듬으며) 날이 많이 풀렸다면서…

윤희   네 포근해요.

조모   근석….무슨소리 읍…어?

윤희   미련갖지 마시라니까요 할머니.

조모   …그래…그래그래….미련…버리자이제….지눔두 인두껍을 쓴..
사람이라면…. 죽기 전에 후회할 날 있을 거구…. 우리는 우리대
루..살자… 저 없다구 우리…못살 바 아니구… 우리는 ·· 우리대루 살
자아.

윤희   (끄덕이며 웃는/우는) 네··할머니….

S# 마루/

윤희   (나오는데)

혜림   (그림 그리고 앉았다가) 엄마.

윤희   엉 그림그려. (하고 제 방으로 가는데)

혜림   (발딱 일어나 엄마 따른다)

S# 윤희의 방

윤희   (문 열고 혜림 들어오는 것 기다려줬다가 닫으며) 왜애? 그림그리
라니까아?

혜림   (엄마 올려다보며) 저기 있잖아아아? 시장에 떡장사 아줌마 죽
었대.

윤희   ?…(혜림 키와 맞추며 혜림 잡으며) 떡장사 아줌마?

혜림   응,아까 이모랑 시장갔는데에? 이모가 그랬어. 죽었대.

윤희 돌아가셨대. 어른이시니까 돌아가셨다 그래야는 거야.

혜림 죽으면 하늘나라 간대.

윤희 맞어. (일어나 옷 벗으며) 하늘나라 가는 거야.

혜림 그럼 혜림이두 죽으면 가?

윤희 ?…(잠깐 걸렸다가 그만두고 움직이며) 그러엄 너두 가구 엄마두 가구 할머니 이모두 가시구.

혜림 우리 거기 가서 같이 살어?

윤희 그러엄. 거기는 누구나 다아 서루 사랑하며 사이좋게 지내구우? (하며 아이 잠깐 돌아봤다가 다시 움직이며) 거긴 배신두 없구… 미움두 없구··슬픔두 없구···· 거긴 그런데야.

혜림 귤두 없어?

윤희 ?응?

혜림 귤두 없어?

윤희 깔깔깔깔(웃으며 아이 껴안으며) 혜림이 겁나 귤 없을까봐? 호호./ 왜 귤이 없어. 있어있어 걱정마 흐흐/ 귤이 그렇게 좋아? 그렇게 좋아? (쪽쪽거리며) 으으으으으으으 내강아지/ 후후후후후후(마치 아무 일 없는 듯 편안하게 웃는다)····

F.O

S# 비서실

윤희 (컴퓨터 화면 보드라운 천으로 닦아내고 있는데)·······

배 (들어오며)별일 없죠?

윤희 네 별루요. 실장님 전화 메모해놨어요. (평정을 찾은)

배 회장님 안 찾으시구요?

윤희 네······(컴퓨터 닦는 것 끝내고 천 얌전히 접어서 서랍에 넣는데)

E 전화벨

윤희 네에 비서실입니다.

지숙 친구 F 서윤희씨 좀 부탁합니다. (울면서)

윤희 ?…전데요?

친구 F 혜림이가..

윤희 (오버랩의 기분) 혜림이가요!

친구 F 많이 다쳤어요오오오오옹옹옹옹옹 (목놓아우는)

윤희 ?(얼이 나가는)……. (울음소리 나는데) 어디에요/ 말해요/어딨어
요 지그음!

배 ? (해서 보고 있다)…

윤희 울지말구 말해요/ 말을 해야할 거 아녜요오!…

제9회

S# 종합병원 전경(낮)

S# 계단을 뛰어오르는 윤희/

S# 긴 복도를 뛰는 윤희

S# 다른 복도/씨티실이 있는 복도를 뛰어 오고 있는 윤희

윤희 (씨티실 앞까지 와 멈추며/헐떡이는 숨)…(시선이 씨티실 푯말로)

지숙 (엉망진창으로 울고 있다가)언니이.(지숙의 친구 옆에서 죄인처럼
고개 꺾고 울고 있고)

윤희 어떻게 된거야.무슨 일야.왜 다친 거야.(소리 지를 필요는 없음)

지숙 (흐느낌 섞이며)흑/흑/놀이터 데리구 나갔었어.나 화장실 갔었
는데 호 윽/미끄럼대 위에서 떨어졌대애애애애(끝은 울음)

윤희 왜애,왜 떨어져어어!

지숙 몰라아아아아

윤희 왜 떨어져어어어/

지숙 친구 저두 못 봤어요.(울며)어떤 애가 밀었다는데 걔는 지가 아
니구 딴 애가 그랬다 그러구 걔두 아니라 그러구…

312

윤희　……(잠깐 딴 데 보고 호흡 조절하고)··그래서··얼마나 다쳤는데.혜림이는 어때.

방송　코드 레드 씨티실.코드 레드 씨티실.

지숙　(방송과는 상관없이)거죽으루는 멀쩡해.피두 하나두 안나구.혹만 하나 있는데…

지숙　E　(기막힌 윤희 위에)근데 의식이 없어어어.

윤희　의식은.

지숙　(고개 흔든다)

윤희　의사선생님 뭐라 그러셔.

지숙　응응응응응(우는)

윤희　울지 마.울지 말구 말해.

지숙　씨티 찍는 동안 안 존 일 있을수두 있다 그러구 데리구 들어갔어어어 응응응응

윤희　(힘이 쪽 빠지는/침착해야지 벽 쪽으로 등 돌려대며 씨티실 보는데 갑자기 마취과 의사/신경외과 닥터 둘/간호사 하나 황급히 와서 씨티실로 들어간다.)

세 사람　(모두)?……

윤희　(극도의 불안으로 입이 벌어지면서)……

S#　회사 회의실(부서장 회의)

　　　부장/차장/과장/강동우/등 6,7명.

동우　점유율과 고가 화물은 서로 상관관계라구 생각합니다.

차장　그거 모르는 사람 여기 있어?(퉁명스레)

부장　거 윽박지르지 마 이차장.겁나서 어디 제목소리 내겠어?계속해 봐.

동우 제 의견으로는 중저가화물을 증대 유치하면서 일단 점유율을 높인 다음에/시장상황에 따라 점진적인 가격인상을 노리는게 어떨까 하는데요.

차장 것두 다 아는 소리야.타선사들은 핫바지저고리야? 우리가 중저가 화물에 열올리면 그나마두 가격만 더 내려갈텐데 무슨 소리하는 거야.

부장 (싫증 나서)그럼 이 차장은 어쩌잔 거야.그냥 이대루 가잔 말야? 대안을 내놔 대안을.수입운임이 바닥을 긁구있는 마당에 현재 운임 수준으루는 채산 맞추기 힘들잖아아아.

동우 일단 구간별 품목별루 서비스질에 따른 차등운임 폭을 확대시키는 게 어떨까 싶은데요.4월부터 10월까지 집중적으루 움직이는 화물은 운임인상 폭을 대폭 늘이구(에서)

S# 씨티실 앞

이모 (막 들이닥쳤다/지숙에게 이 갈아붙이며 잡아먹을 듯이)잘했다 이 기집애 야 잘했다잘했어잘했어어!

윤희 이모(그러지 마세요)

이모 (오버랩의 기분/상관없이/)앨 데리구 나갔으면 눈 똑바루 뜨구 애 지키구 있었어야지이이,뭐하구 자빠졌다 앨 이 지경을 만들어 그래 이 기집애야아아.(하는데)

　씨티실에서 나오는 마취과 의사/신경외과 의사 둘. 씨티 촬영 의사(?)

모두 ?…(나머지 사람은 씨티실에서 나오면서 곧장 화면에서 빠지고)

의사1 부모님은 오셨습

윤희 (나서며(오버랩의 기분))저에요 제가 엄마에요 선생님.

의사 (윤희 보며)‥(안됐어 하며)갑자기 뇌출혈이 심해져서/‥사망했습

314

니다.

윤희 (넋이 나가는 위에)

의사1 E 손쓸 틈이 없었어요.유감스럽습니다.

윤희 ·········(그저 의사만 보는/그 뒤에서)

이모 (털썩 바닥에 주저앉으며)이게 무슨 일야 대체.이게 무슨 일야/
이게 무슨 일야 이게 무슨 일야아아아아아 (지숙과 그 친구도 울음
터뜨리고)

의사 (자기 갈 길로 빠지고)······

윤희 (머엉한 채로 슬로비디오처럼 의사 앞 비껴 씨티실로 움직인다)

이모 아이구 내 새끼 아이구 혜림아 혜림아아아아아아아!

S# 씨티실 안

윤희 (들어오는)····(가족의 울음 연결해 주세요)

혜림 (하얀 시트에 덮여 있다)

윤희 ······(아이 쪽으로)

간호사 (심폐소생술과 기타 응급처치 한 도구들 정리하다가 잠깐 돌아보
고는 다시 자기 일로/안됐다)

윤희 (혜림에게 다가서면서 가만히 시트 벗겨낸다)····

혜림 (잠자는 듯)····

　　　M

윤희 ······(떨리는 손 뻗혀 아이 얼굴 만지는)·····(울지 말 것/절대로 울지 말
것)·······

S# 병원 로비

윤희 (혜림을 살아 있는 아이처럼 안고 걸어 나오고 있다)·····(뚜벅뚜벅뚜
벅/울지 말 것)

이모 (지숙에게 잡혀 손수건으로 얼굴 가리고 울며불며)……(그러다가 옆의 지숙 냅다 밀어버린다)….

S# 병원 현관
윤희 (나온다….)

대기 중인 앰뷸런스와 간호사.

간호사 (윤희가 차에 오르는 것 거들어주고/)

이모/지숙 (앰뷸런스로 오르고)….

뜨는 앰뷸런스.(삐뽀삐뽀 하는 거 아닌가? 병원에 자문 요청)

지숙 친구 (울면서 보는)…..

S# 앰뷸런스 안
윤희 (혜림 내려다보며)……..

이모/지숙 (우느라 정신이 없고)

윤희 …(담담하게 아이 내려다보면서 머리 쓸어주기 시작한다)……….

S# 동네 골목길을 오고 있는 앰뷸런스(길지 않게)

S# 대문 앞 골목길
골목으로 들어와서 멎는 앰뷸런스.(에서) 멎고 나서 삐뽀 소리 멈춰진다.

S# 윤희네 마루
조모 (마루 훔치다가 현관 쪽 돌아본 자세였다가 도로 걸레질하면서)누구네 집에 급한 환자 생겼나보구면….에이구우 아프지 말구 살아야지 그저.몸 아프면 허당이네 허당이야….끄으응(일어나 마루문 활짝 열어놓았던 것 닫으며)다 얼어죽을 것모양 난리더니….김치만 초할애비를 만들어놓구 쯔쯔 쯔쯔쯔, (창에서 떨어지며)만두나 좀 만들어노까아아(하는데)

316

E 현관문이 열리기 전부터 이모 울음소리 조금 들리기 시작하고 현관
   문 열리면서

이모 E 아이구우우우우우우 응응응응

조모 ?(현관 쪽 보는데)

윤희 (혜림 안고 들어온다. 담담한)

이모 (울면서 따라 들어오고)

조모 왜 그래 무슨 일야,(상황 판단 안 되는 채)넌 회사에 있을 애가 웬
   일이구(윤희는 벌써 제 방문 열고 있다)

이모 (오버랩의 기분)혜림이 갔어 엄마아아아 엉엉엉엉엉.(지숙 들어
   오고)

조모 가가다니,

이모 (철퍼 앉으며)아이구 혜림아아아아 혜림아아아아

조모 (멍하니 내려다보며)

이모 혜림아아아아 혜림아아아아

조모 (펄썩 딸 앞에 앉으며)말을 해 이것아!이게 무슨 소리야 지그
   으음/

이모 (엄마 무릎 한 손으로 잡으며)혜림이가 갔어 엄마,혜림이가 죽었
   다구우 우우우 응응응응

조모 (둔기로 얻어맞은/)·····(멍청하게 보다가 쪼그리고 앉았던 자세
   가 무너지며 쿵/엉덩이가 닿는다)····뭐가···어쩌구 어째?(아주 작은 소
   리로)

지숙 (마루에 퍼질러 앉으며 대성통곡 터뜨린다)

S# 윤희의 방

윤희 ·····(아이 안고 앉아서)·····

E 마루의 울음소리/할머니는 빼고….

윤희 …..(그저 가만히 앉았다가)…..(혜림 방바닥에 누이고 얼굴 한번 쓰
다듬어주고 일어나 방 한쪽에 있던 작은 혜림 베개 받쳐주고/작은 담요
같이 덮어주고 문으로)

S# 마루

윤희 (나와서 보는)…. 울고 있는 지숙 모녀.

조모 (그저 멍하니 마루 저쪽 보며)…..

윤희 울지 마세요 이모….지숙아 울지 마.듣기 싫어…..(지숙은 울음
수습하고/이모는 그대로/보다가)…울지 말라구 이모오.듣기 싫다니
까아?

이모 ….(수습하려 하지만 잘 안되고/그래도 어느 정도는 억제한다)

윤희 이모는 할머님 모시구 들어가구요…지숙아 넌 나 좀 봐…..

지숙 ….(윤희 본다)

윤희 (제 방으로)….

지숙 (일어나며)할머니하구 들어가 엄마….(윤희의 방으로)

S# 윤희의 방

윤희 (겉옷 벗어놓고 혜림 안아 올리고 있는 참이다)…….

지숙 (들어온다)……(보며)

윤희 (혜림 머리 쓰다듬으며)….

지숙 (털썩 윤희 옆에 앉으며 윤희 두 팔로 꽉 껴안는다)…언니 미안해…
내가 잘못했어어….할머니/아직 춥다구 말리는데…내가 나갔었어··
친구가 속상한 얘기하러 왔다 그래서··우리끼리 얘기할려구··

윤희 …..

지숙 (머리 아예 윤희에게 쑤셔 박듯)어떡해 우리…언니 어떡해··어떡

318

해애애.응응..

윤희 울지 마....울지말구...그 사람 좀 찾아줘....

지숙 ....(머리 떼고 본다)...

윤희 (여전히 아이 만지면서)...그 사람두...알아야지..그 사람 와서...
봐야겠지?..아빤데....

지숙 이제 혜림이 지 아빠가 저한테 무슨 짓 했는지 알 거야.

윤희 그 사람 불러 줘 지숙아.

지숙 .....(보다가)알았어(나간다)

윤희 (혜림의 볼에다 제 볼 가만히 대고)....(한동안 있다가 재우는 것처럼
조금씩 몸을 흔들면서)....

지숙 E 강동우 대리 좀 부탁합니다...

S# 마루

지숙 (듣다가)그럼 메모 좀 해서 전해주세요....혜림 위독/빨리 오기
바람....혜림이요,은혜할 때 혜요...꼭 좀 전해주세요,꼭 전하셔야해
요 부탁합니다.(끊고 윤희 방으로)

S# 윤희의 방

지숙 (들어오며)자리에 없어.핸드폰

윤희 (오버랩의 기분)전화 이리 줘.

지숙 (전화 들어다 들이댄다)

윤희 (찍는다)...

　　　E 지금 거신 전화번호는 결번이오니 다시 확인하고 걸어주십시오··

윤희 .....(수화기 놓는다)··

지숙 안 받어?

윤희 바꿨나봐.

지숙 ‥드러운 자식,

윤희 ‥‥‥

S# 어느 초밥집

영주 (냅킨으로 입 닦으며/앞에는 다 먹고 두세 개 남아 있는 초밥 그릇) 잊어버릴 자신없으면 잊어버리잔 말 안해.그러니까 너두 잊어 버려.

동우 (부드럽게 영주 보며)‥‥(식탁 위에서 엽차 잔 손으로 잡고)

영주 대단한 일 아니라구 생각하구싶어.

동우 대단한 일 아냐.

영주 애‥대단한 일일 수두 있어.내 친구는/지 남자가 작장 동료하 구 둘이 차 한잔 같이 마신 걸루두 파혼하느니 마니 심각했어.

동우 ‥‥‥(부드럽게 보며)

영주 암튼 그 일은 우리 둘 다 머리에서 완전히 털어버리자.완전히 없었던 일루 털구 말자.알았니?

동우 그러지.

영주 ?‥그러지?도대체 누구 과거가 들통난 거니 지금.내꺼였니?잊 어버리자 없었던 일루하잔 소리 내가 하구/ 넌 뭐 그러지?주객이 전도돼두 너무 한거 아니니? 니가 인심써 응?

동우 (싱그레 웃으며 찻잔 든다)

영주 너 지독하구 거만해.파혼이 될지 모르는데두 눈 하나 깜짝 안 하구/그 냥 넘어가자 그래두 별루 좋아하는 기색이 없어.넌 도대체 어떤 사람이니.

동우 ‥‥좀 복잡한 놈이야.

영주 ‥‥‥‥(보다가)안 믿겠지만 나 수학 잘했다? 간단하게 풀리는 문

320

제보다 복잡하구 어려운 문제 풀기를 훨씬 좋아했어.사람 역시 쉬운 쪽 보다는 복잡하구 어려운 쪽이 흥미가 있어/

동우　....(미소로 보며)

S# 주차장으로 가는 길

영주　.....(걷다가)넌 왜 그렇게 말을 아끼니.

동우　너하구두 꽤 정이 든 거 같아.

영주　(멈춘다)

동우　(멈춘다)

영주　.....(보다가)강동우 너 지금 실수했어.너하구두 꽤 정이 든 거 같아? 그 여자하구두 꽤 정들었었는데 나하구두 그렇다는 뜻이니?

동우　.....(보며)

영주　너하구 꽤 정든 거 같아와 너하구두는 달라.날 도와주려면 너 그런 실수/안해야 해.

동우　..그래..잘못했어.입으루는 그러면서두 얼마쯤 까다롭피구 싶겠지.

영주　(웃음기 없이)얼마쯤이 아니라 사실은 대단히 까다롭구싶어.나 얼굴두 모르는 그 여자 얼마나 질투하는지 너 알아?

동우　.....(보며)

영주　어떻게 생겼니/ 뭐하는 여자야/ 몇살짜리야/이쁘니?키는 얼마나 되니/스타일 좋으니? 몇번이나 잤니/...알구싶은 거 너무나 많아.그런데 참는 거야.우리 사이 보탬될 거 없어서.

동우　보탬될 거 없어.

영주　아무렇지두 않은 얼굴 하구 있다구 속까지 아무렇지두 않다구 생각하진 말아줘.좀 더 섬세하게 배려해줬음 좋겠어...무리니?

동우 알았어 이해해.그렇게 하께.

영주 ....(보다가 털고 걷기 시작하며)회사 들어가니?

동우 아냐 서너군데 돌구 들어가야 해.

영주 난 헬스하구 사우나하구 전시회 갔다 친구들하구 저녁약속있어.퇴근하구 별일 없니?

동우 별일없어.

영주 금 들어가 있어.일찍 끝나면 잠깐 들릴께.

동우 알았어.(영주 자동차 문 열어준다)

영주 (운전대 문 잡고 마주 서며)우리 보는 사람 있니?

동우 (잠깐 보고)아니 없어.

영주 (가볍게 입 맞추고 운전대에 오른다)

동우 (잠깐 웃고)잘가라.(하고 문 닫는데서)

S# 윤희의 빈 방(낮)

S# 안방

조모 .....(방바닥 내려다보고 앉아서)......(눈꼬리로 눈물만 지이이이이이)

이모 세에상에...무슨 이런 옘병할 일이 있어어 그래애애...(울음이 반)세에상에 불쌍한 거...히익힉(흐느낌 끌어 마셔지는)고걸 살구 갈 거얼..차라리 태어나지를 말지이이이....뭐 존 영활 보겠다구 태어나서는....지 애비 사랑을 제대루 받어봤나아아...히이익/.. 딴집 애들처럼 바깥구경을 제대루 한번 해봤나..응응..날구장천 집에 갇혀서 하루 외엔 종일 지 에미 오는 것만 기다리던 거/ 불쌍한 거....아이구 불쌍한 거/아이구아이구 불쌍한 거어어어(다시 시작하려)

지숙 이제 그만해애...언니 싫다잖어어어,

322

이모 (오버랩의 기분/발로 벌컥 밀면서)나가지 말라면 나가지 말지 육
   실하게두 말 안들어 암튼 망할년.어떡할 거야.니 언니 어떡할 거냔
   말야 이 기집애야아

지숙 혜림이두 나가자 그랬단 말야아아.

이모 말리는 김에 주저앉혀버리지 엄만 왜 말리다 말어서 이꼴을
   당해 그래애.(야단치는 건 아니고 원망)

조모 ....

S# 윤희의 방

윤희 .....(아이 내려다보며)....

혜림 E 아빠네 집 여기서 멀어?..

S# 놀이동산 갔던 날 놀이동산 안
   모녀 손잡고 걸으면서

혜림 여기서 안보여 엄마?(앞에 대사 연결)

윤희 여기서 안 보이지이이.

혜림 버스타구 하안참한참 가야해?

윤희 응.하안참 가야해.

혜림 엄마 돈 없어?

윤희 왜애?

혜림 버스타구 아빠네 집에 가게.

윤희 아빠네 집에가두 아빠 지금 안계셔.

혜림 왜애?

윤희 아빠는...바쁘시거든.

혜림 ....(걷다가 멈추고)혜림이 신경질 나.

윤희 왜.(멈추며)

혜림   버스타구 아빠한테 갔으면 좋겠어.혜림이 다리 아퍼.

윤희   그게 뭐가 신경질 나.다리 아프면 엄마가 업으면 되지.(등 돌려
        대며) 자 업어.

혜림   그럼 엄마는 허리 아프잖어.

윤희   아냐 엄마 괜찮어 자 업자 우리 혜림이.

혜림   그럼 쪼꼼마안?(낭랑하게/엄마 등 뒤로 붙으며)

S# 윤희의 방

윤희   ·····(위에)그럼 쪼꼼마아안?···(윤희 다시 몸 흔들기 시작한다)···

        E 대문 벨 소리

윤희   (고개 돌린다)·····

S# 마루

지숙   (나와서 현관문 열고)누구세요오···

수연   E (대문 밖 소리)어 지숙아 나야아.

지숙   ?····(윤희의 방으로 가 방문 열고)

S# 윤희 방

지숙   수연이 언니 왔네?

윤희   ····(그대로)

지숙   ·····(보다가 문 닫는다)···

S# 마루

지숙   (현관 나가는데)

이모   E 누구야···(지숙 대답 없이 아웃되고)

S# 윤희의 방

윤희   (아이 얼굴 쓰다듬어 주는)············(충분한 시간 주었다가/급하게
        들어오는 발소리)

수연 (문 확 열고 보는)·····

윤희 ·····

수연 (주춤주춤 들어와서)·····(윤희 내려다보다가 구겨지면서 윤희 옆으로 안고)········

윤희 ······(그저 가만히)·····

S# 일진상선 동우 사무실

동우 (들어와서 자기 책상으로 움직이는데)

사원1 강대리님,책상위에 멧세지 보세요.(자기 일 하면서)꼭 소리 여러번 하던데요?

동우 어 고마와요(하고 메시지에 눈길)?····(메시지 종이 뜯어내서 보며) ·····(있다가/무슨 일이지?/위독하다니 갑자기 위독할 게 뭐야/빠르게 나간다)

S# 사무실 밖 복도/(핸드폰 찍으며 나오는 동우)

　EF 신호 가는 소리

배 EF 네 비서실 배병준입니다.

동우 서윤희씨 부탁합니다.

배 EF 서대리 조퇴했습니다.(하고 끊어지는 전화)···

동우 (전화 접으며)·····

S# 비서실

배 글쎄 잘 모르겠습니다. 집에 무슨 좋찮은 일 있는 거 같은 짐작 밖에는 저두 아는 게 없습니다 지사장님.

영국 나 지사장 아뇨··무직자에요··

배 전화받구 창백해서 뛰어나가구 아무 연락 없습니다.

영국 (오버랩의 기분)집에 좋잖은 일이 뭐죠?

배　글쎄요오··

영국　글쎄요라는 대답을 하는 비서는 허술한 비서요.

배　예··흐흐(어이없어 조금 웃는)

영국　뭐가 예에요. 예는/속으룬 빌어먹을 자식 하면서 겉으룬 허허 엡니까?(코트 벗으시고 헤어스타일 바꿔주시고/윤희 책상 위 필기도 구통에서 한 자루씩 뽑아보면서다)

배　(외면하며 웃으며)그럴리가 있습니까 지사장님.

영국　아부하지 마시오.비위맞출 필요없어요 배부장.(똑바로 보며/ 웃음기 없이)

배　(좀 긴장해서)저는···아부가 아니라 예의상

영국　(오버랩의 기분)그 예의와 아부의 한계가 모호하단 말야 언제나. (하는데)

　E 전화벨

배　(냉큼/다행이다)네 비서실 배병준입니다. 회장님 지금 자리에 안계십니다···예 들어오실 일 없는 걸루 아는데요···예 알겠습니다.전해올리겠습니다.예 수고하십시오(하고 보면 영국 전화받는 동안 나가고 없다/수화기 놓으며)망할 자식,(하고 책상 위 챙기기 시작하는데)

영국　E 배부장.

배　(깜짝 놀라서)예 지사장님.

영국　우우움···대답이 필요이상 큰 걸 보니까 배부장 내 욕했죠. 맞죠?

배　아닙니다 지사장님.

영국　(싱긋 웃고 나간다)

배　망할 자식.

S# 동우 사무실

동우 ·····(책상에 앉아서)·····(생각하다가 좀 기대며 눈 감는다/아냐 말려
들 필요 없어)····

S# 서울 시내 가로등이 막 들어오고 있다

S# 마루

지숙 ·····어떻게 알구 왔어요?(조용히)

수연 (지숙과 앉아서)전화했더니 집안에 무슨 일있어서 들어갔다잖
어.(조용히)무슨 일인가해서 왔지이···

지숙 이 자식 안오는 거봐 언니.

수연 (지숙 보며)····(있다가)전달은 잘 되게 해놨니?

지숙 혜림이 위독하니까 빨리 오라 그랬어···주죽었다 소리···못하
겠더라구····위독하대두 와야는 거 아냐 언니?

수연 전달 안됐나부지 아직.

지숙 (오버랩의 기분/냉큼 전화 집어 찍는다)···네 강동우 대리 부탁합
니다····퇴근요?··외부에서 직접 퇴근했나요?····그럼 실례지만 아까
낮에 메세지 전달한 거/

S# 사무실

사원 (오버랩의 기분)아 그거 제가 전달했는데요····강대리님 보시던
데요 메세지···으으음 아까 한 네시 쯤 됐을걸요?··예 예에 안녕히 계
십쇼.

S# 마루

지숙 (전화기 내리며)이 자식 네시쯤 메세지 받았대.그런데두 안오구
있는 거야.

수연 (그저 지숙 보며)···

S# 빌라 거실

동우 (동숙이 열어주는 문으로 들어온다/들어오며)누구냐구 물어보지
두 않구 문 열면 어떡해.

동숙 ….(그냥 뿌우 주방으로)

동우 동숙아.

동숙 (돌아본다)

동우 왜 그래 너 계속 부어서….뭐가 불만야.

동숙 그런 거 없어요.(돌아서는)

동우 뭐가 불만인지 말해.(동숙 멈추고/상의 벗어 소파에 놓으며)얘길
하자구 어디…거슬리면서두 얘기할 새가 없었어.얘기하자구…돌
아서 얼른.(야단치는 건 아니고)

동숙 (돌아서며)얘기하구 싶은 거 없어요.

동우 너 있어.불만있잖아 나한테.

동숙 (보며)….

동우 뭐야.왜 그래.언니가 너한테 잘 안해줘?

동숙 나는 그냥…결정이 안나서 그래요.

동우 …뭐가.

동숙 ….

동우 뭐가.

동숙 나는 그냥…윤희언니랑 혜림이 생각만 나요.여깄는 거 하나두…
즐겁질 않아요.

동우 나한테 실망했단 말 아냐 그러니까.

동숙 실망한 단계는 지났어요.그건 지났구….오빠가 무서워요.(외
면하며) 오빠두 이런데..어떤 남잘 믿어야하는 건지두 모르겠구…

328

동우 ….(보다가)됐어.(벗어놓았던 상의 집으며)그만하자.(하고 침실로)

동숙 ….(들어가는 오빠 보며)

S# 침실(제대로 된)

동우 (들어와 침대 위에 상의 던져놓고 넥타이 풀면서)….

S# 윤희 마당(밤)

S# 윤희의 방

윤희 …..(자세도 안 변하고 몸 흔들면서)…..

지숙 (문 열고 보는)……(들어와서)혜림이 인줘…내가 안구 있을께…

윤희 (조금 몸 트는 것으로 거절)….

지숙 뉘어놓구 언니두 좀 누어….몇시간 째야…열시가 넘었어….

윤희 ……

지숙 어쩌면…집으루 불러들여 우리가 혼낼려구 그러는 줄 알구…..
겁나서 못오는 거 아닌가?

윤희 혼낼려면 그런 수 안쓰구두 얼마든지 혼낼수 있어.(차갑게)

지숙 ….(보는)

윤희 혼날 때 혼나더라두…혜림이가 위독하다는데/…안와?…(시선
지숙에게)얼마나 아픈 거냐구 전화두 못해?지 전환 바꿨어두 우리
전환 그대루 잖어.

지숙 ….(보며)

윤희 안..와?….흐흐흥…안오구 말어?…

지숙 ….(보며)

S# 안방

쭈그리고 앉아 있는 모녀. 이부자리는 펴놓고 이부자리 위에…

조모 ……

이모 ………

S# 빈 마루…

S# 윤희의 방

지숙 (기대어 앉았다가 잠들어 쓰러진 것 모양 꼬부리고 잠들어 있고)

윤희 (혜림 옷 갈아입히는 끝이다. 단추 채우면서)

윤희 E …미안해 아가…너무너무 미안해.…엄마 잘못했어 너무 많이 잘 못했어 우리 아가한테…(단추 채우고 손잡아 입에 대면서)엄마 잘 못이 야.다 엄마가 잘못한 거야 …(비로소 얼굴이 우그러지기 시작한 다)엄마 용서해줘 아가…아니 엄마 용서하지 마.용서할 수 없을 거 야.그래 용서하 지 마.용서하지 마.(하면서 미친듯이 아이 도로 안아들 고 얼굴 붙이면서)우 리 아기.…내 아기…착한 아기…이쁜 내 아기…아 팠니?··많이 아팠니?.…엄마 용서하지 마…용서하지 마 혜림아…(아 이에게 얼굴 부비면서 간장이 끊어지는).…..(이 상태에서 화면 하얗게 탈 색돼서)……(잠시 두었다가)

   E 교회 종소리 들리기 시작하면서

S# 윤희의 방(탈색된 화면에서 차츰 정상으로)

   E 멀리서 들리는 종소리.

윤희 (아이 안고 구석 쪽 보면서/울지는 말고 무표정)

윤희 E 하나님.…저는··이제 당신이 계시다는 걸 안믿습니다.…당신 은 안계십니다.…당신은 없습니다.…당신은 계시지 않습니다……

S# 근교 야산(황혼 무렵)

윤희 (혜림의 잿가루 뿌리고 있다)……

수연 (윤희 두어 걸음 뒤에 서서/잿가루가 날리는 방향의 반대 방향)…..

   (윤희 보며)

윤희　…(무표정으로 뿌리며)…(뿌리고)··(뿌리고)…

S#　윤희의 마루

지숙　(앞서 들어와 현관문 열고 기다리는)

윤희　…(들어온다)

이모　(이모 수선집 여자들과 우죽우죽 서 있다가…윤희에게 허물어지듯
　　　하며 윤희 안고 터지면서)어떻게 왔니.어떻게 왔어.발길 안떨어져
　　　어떻게 왔니이이이.아이구 세상에/아이구 세상에 이게 무슨 일이
　　　야아 도댓체가아 무슨 일야아아아아./(퍼더버리며 앉으며)착하게
　　　살란 말두 다 헛말이지이이이 우리가 무슨 잘못을 했다구 그 이쁜
　　　걸 이렇게 허무하게 뺏어가냐구우우우우

지숙　하지 마 엄마.언니두 참구 할머니두 참어어어.

이모　어이구우우우우 죽일눔/어이구어이구우 베락 맞을 눔 어흐
　　　으으응응응응(동네 부인들 이모 달래서 안방으로 들어가고/그만하세
　　　요 아주머니. 그만 진정하세요/참으세요 참으세요 등등)

지숙　…(엄마 들어가는 것 보고)들어가.

윤희　(로봇처럼 제 방으로)……(방문 연다/따라와 문 앞에 있는 지숙에
　　　게)들어오지 마.(하고 방으로)

S#　윤희의 방

윤희　(들어와서 잠시 그대로 서 있다가 무너져 내리듯 방바닥에 엎드려버
　　　린다)……(눈 뜬 채)……(눈물 없이 그저 멍하니)……

S#　회사 체육관 농구 코트(실내)

동우　(너댓의 사원들과 함께 농구하고 있는 중)……

영주　(봄 코트 걸치고 서서 구경하고 있다)…

동우　(뛰다가 와서)지루하니? 그만하까?

영주 아냐 재밌어 계속해.

동우 십분만.십분만 더하구 샤워하께.(하며 사람들 쪽으로 뛰고)

영주 (웃으며 돌아보는 동우에게 손 들어 보이는)

S# 체육관 주차장

동우 (문 열고 뒷좌석에 운동 가방 던져 넣는데)

영주 (제 차 운전대에 타며)넌 좋겠다.못하는 운동이 없어서.

동우 (타면서)넌 좋겠다…(영주 목에 팔 걸며)이뻐서.

영주 뭐?(기막혀서 웃는)

동우 웃으면 더 이쁘구.

영주 이쁘다 소리 너 첨이다?

동우 무슨 소리야.어머니한테두 이뻐서 좋아한다 그랬는데.

영주 나한테 직접 대 놓구 말야.(엔진 걸며)

동우 그랬나?

영주 기분 억수루 좋다.난 칭찬에 약해.더구나 이쁘다는 말엔 더 약하구?

동우 배 고프다 어디가서 뭐 좀 먹자.

영주 뭐 먹구싶어.말만해.칭찬두 들었겠다 뻐개지게 사주께.

동우 으으음…냉면 먹으까?

영주 겨우?

동우 비지찌개 어디 잘하는데 없나?

영주 (부릉 출발시키면서)그러다 붕어빵 찾겠다.가면서 결정해.스테이크 안먹을래?

S# 움직이는 차 위에

영주 E 땀빼구 운동했잖어.고기 안 먹구 싶어?

332

동우   E 글쎄.생각좀 해 보자.뭐 시원한 거나 구수한 거 먹구 싶은데에…

S# 하얏트 텐카이(꼬치 음식이 있는 곳이면)

영주   (꼬치 들고 동우가 빼 먹게 들이대고 있다)

동우   (영주와 눈 맞추고 하나 빼서 씹으면서 영주 잔에 술 따른다)…

영주   나 안돼.운전해야잖어.

동우   대리운전 시키자.

영주   ….(보다가)그럴까?(하고 술잔 집으며 웃는다)

동우   (웃어 보인다)

S# 동우의 빌라 앞

　　　영주 차 세워져 있다…

S# 차 안

　　　뒷좌석에서 영주와 동우 얼크러져 있고

대리기사   …..(거북해서 있다가)다 왔는데요 손님.

영주   (동우 밀어내며)다 왔댄다.내려어.

동우   안 들어갈래?

영주   안돼/집에 가야 해.

동우   잠깐만 들어가자.

영주   안돼 내려어 빨리.(밀어내며)

동우   너 이거 얼마나 챙피한지 알어?

영주   흐훗 몰라.

동우   (눈 맞추고)화장 고치구 들어가라.

영주   남말하지 말구 너두야 낄낄(하며 핸드백에서 손수건 꺼내 동우 입
　　　께 닦아준다)…

동우   (얼굴 맡긴 꼴로)…

S# 윤희네 안방

　두 여인, 어깨 추욱 떨어트리고 앉아서……

이모　(문득 엄마 돌아보며)…그러구 앉았지 말구 드러눠요.굳굳한 척

　해봤자지 뭐 노인네가…(대사 톤 둘 다 나직이/중얼거리는 것처럼)

조모　……

지숙　(물그릇 들고 들어와 엄마 주고)

이모　(손에 쥐고 있던 알약 넣고 물 마시고 내리며)어떡하구 있어.

지숙　그냥…앉아있어.

이모　잘 지켜 괜히….엉뚱한 생각할까 무서워…..같이 자구.(같이 자라)

지숙　자꾸만 나가란다니까아?

이모　그게 수상한 거야 자꾸 나가라는 게.

조모　혼자 있구 싶다면….놔둬.

이모　(엄마 돌아본다)아 그랬다가

조모　(오버랩의 기분/한숨과 함께)설마아아….나 놓구 너 놓구….그런

　철부지는 아니야.

이모　반 미치광일텐데 걸 어떻게 믿어.나두 환장을 하겠는데.(안 보

　는 채)

조모　인명은 재천이라구 했어…명이 고거뿐이라구 생각하자아…(안

　보는 채)

지숙　….(보다가 나간다)

S# 마루

지숙　(안방에서 나와 윤희 방 보며 잠시 서 있다가 윤희 방 앞으로)

S# 윤희의 방

지숙　(방문 열고 보는)

윤희 (앉아서)……

지숙 이상한 생각하지 마 괜히……

윤희 ?…(지숙 본다)

지숙 그럼 우리 집 완전히 다 꽝이야….알지 언니.

윤희 (시선 방바닥으로/)…그런 생각은‥하지두 않어.

지숙 …‥(보며)

윤희 걱정말구 가 자.

지숙 …‥(보다가 방문 닫는다)

윤희 …‥

S# 마루

지숙 (안방으로 가서 문 열고)

S# 안방

지숙 그런 생각 안한대….걱정 말구 자래…

조모 그래 어이 너두 가 자…마루 불끄구‥

지숙 뭣 좀…먹여야는 거 아뉴?

이모 자식…흩뿌리구 와 …뭐가 목에 넘어가…내버려 둬…

지숙 …(잠깐 보다가 나간다)

S# 마루

지숙 (나와서 마루 불 끄고 제 방 쪽으로)

S# 윤희의 방

윤희 (팔 베고 꼬부리고 누워서)…‥

혜림 E 저업때 접때두 우리 할머니 아퍼서 아빠가

S# 8회에서 옮깁시다

혜림 고기라앙? 사과라앙? 사갖구 왔어 그치?

윤희 ……(대꾸 없이 아이 자리 펴며)양말 벗어.

혜림 (콩 앉아 양말 벗으며)우리 아빠는 수염이 따거워.

윤희 ….

혜림 (아이 옷 벗기는데)할머니가 그러는데 수염은 남자만 나는 거래.우리 아빠는

윤희 (오버랩의 기분)웬 수다야아.그만 말하구 입 다물어.

혜림 남자야.남자는 수염나.

윤희 (오버랩의 기분/좀 야단치는)그만 말해.그만 말하구 자라니까아?

혜림 ?(엄마 보며)….

윤희 (번쩍 들어 약간 거칠게 눕히면서)엄마 말 안들으면 나쁜 애야.눈 감구 코자 빨리.눈감어.

혜림 …(보며)

윤희 눈 안감어?

혜림 (울 것처럼/소리 지른다)혜림이 안 졸려!아빠오면 사과먹구 잘 거야!

윤희 아빠 회사일 바빠서 안 와!얘가 왜 이렇게 말을 안들어 그런데/이렇게 말 안들으면 엄마 딸 하기 싫어 알어?(울음 터질듯 하다)

S# 윤희의 방

윤희 (혜림의 인형 움켜쥐고 앉아 이미 가슴이 찢어지고 있는)

윤희 E 혜림아/ 혜림아/… 혜림아아아……..

혜림 E 죽으면 하늘나라 간대.

윤희 E 맞어.(일어나 옷 벗으며)하늘나라 가는 거야.

S# 8회에서 옮기세요.

혜림 그럼 혜림이두 죽으면 가?

336

윤희 ?…(잠깐 걸렸다가 그만두고 움직이며)그러엄 너두 가구 엄마두
     가구 할머니 이모두 가시구.

혜림 우리 거기 가서 같이 살어?

윤희 그러엄.거기는 누구나 다아 서루 사랑하며 사이좋게 지내구
     우?하며 아 이 잠깐 돌아봤다가 다시 움직이며)거긴 배신두 없구
     …미움두 없구‥슬픔두 없구…‥거긴 그런데야.

혜림 귤두 없어?

윤희 ?응?

혜림 귤두 없어?

윤희 깔깔깔깔(웃으며 아이 껴안으며)혜림이 겁나 귤 없을까봐?호
     호./왜 귤이 없어.있어있어 걱정마 흐흐/귤이 그렇게 좋아? 그렇게
     좋아?(쪽쪽거리며)으으으으으으 내 강아지/후후후후후후(마치 아
     무일 없는 듯 편안하게 웃는다)‥‥

S# 윤희의 방

윤희 (무릎과 두 손으로 네발이 되어 방을 헤매면서)혜림아,(아주 작게
     시작해서 조금씩 커지면서)‥혜림아‥혜림아…혜림아…혜림아혜림
     아…혜림아아아아아아아아…혜림아 혜림아혜림아혜림아아아아
     아아아

     M 음악 덮이면서/얼마 동안 윤희 오디오는 삭제시키고 울며불며 방
     을 네발로 헤매는 그림 두었다가 천천히 F.O

S# 천천히 F.I 마당 인서트(아침)

S# 마루

지숙 (작은/간단한 죽상 차려들고 부엌에서 나와 윤희 방 앞으로)…언니
     자?‥‥‥(대답 없고/상 놓고 방문 연다)

S# 윤희의 방

지숙   ?(방문 열고)....(들어오며)출근할려 그러는 거야?(놀라서)

윤희   (옷 입고 있다)…

지숙   (밖의 상 안으로 들이면서)서두를 거 없어 언니.사고나서 초상
       치른다 그랬는데 뭐…(상 놓고 보다가)이삼일은 괜찮아.내가 전화
       하께 병났다구(하며 팔 잡는데)

윤희   (팔 뿌리치듯)

지숙   (뿌리쳐져서)?…(했다가)정말 지독하다.출근할 생각이 들어?

윤희   나가야 해.

지숙   …혜림이 바루 어제 보내구 그간 회사 좀 쉬면 어때.책임감두
       한도가 있어.잠 한숨 안자구 암것두 안 먹구 출근을 어떻게 한다
       그래애.

윤희   (문으로)갔다 오께.(나간다)

지숙   언니(따라나가며)

S# 마루

윤희   (이미 현관)

지숙   (따르며)언니이이….

S# 회사 근처 카페

윤희   …….(앉아서 시선 한 군데 고정하고 있다가 문득 손목시계 보고 일어
       나 카페 공중전화로)…..(다이얼 찍는다)

동우   F 네에 미주수출 영업부 강동우대립니다.

윤희   나야..

S# 동우 사무실

동우   ?….

윤희 E F 만나야겠어.***에 있어.

동우 이제 막 출근했습니다.전화루 얘기하십시오.(주위 신경 쓰며)··

S# 카페

동우 (자리에 앉는다/거의 앉으면서)무슨 일야.

윤희 ....(그저 보며)...

동우 이런 데서 사람을 불러내면 어떡해.회사가 코앞이야.

윤희 (오버랩의 기분)나는 겁날 게 없어.

동우 ?....(주춤하는)

윤희 그저께...집에 와달라는 연락 받았지.

동우 ...받았어...얼마나 아픈 거야.뭐야 감기야?

윤희 ......(보며)

동우 (담배 꺼내며)병원엔 갔겠지....어느 정도야.(안 보는 채 담배 뽑
으며)

윤희 (오버랩의 기분)위독하니까...연락닿는대루 집에 와달라구 그렇
게 전달 안받았어?

동우 (담배 입에 물며 시선 안맞춘 채)그랬어.

윤희 그런데....어떤 생각을 하구 안 온 거야.

동우 ?....(보며)

윤희 어떤 생각이었어?

동우 (담배 입에서 뽑으며)왜 그래.그 시비 걸자구 불러냈니?

윤희 (오버랩의 기분)나하구 끝나면 자식두 끝나는 거야?자식이 위
독하다는데 두 상관없었어?(차분하고 냉정하게)

동우 (싫증 나서)애가 아플 때마다 달려가야해 그럼?

윤희 아픈게 아니라 위독했었어.

동우 건 과장한 거 아니니?

윤희 ?…과장? 누가 과장했대. 왜 과장해 그런 일을.

동우 ….(담배 도로 물며) 뭐야‥뭐 폐렴같은 거야? (하며 불붙인다)

윤희 (좀 오르면서) 우리 관계가 어떻든 혜림이가 위독하단 연락을
받았으면 /과장이라는 생각하기 전에 일단 뛰어왔어야 했어.

동우 이봐

윤희 (오버랩의 기분/연결) 당신한테 혜림인 자식 아니었어. (좀 강하게)

동우 조용히 해. (낮게)

윤희 난 무서울 게 없어.

동우 얘기 길어질 거 같으면 (담배 끄며) 자리 옮기자.

윤희 뭣때매. 난 겁나는 것두 조심할 일두 없어. 미친 여자 돼서 옷벗
구 춤출 수두 있어. 난 못할 짓이 없어.

동우 (일어나며) 일어나, 딴데루 가자구.

윤희 (올려다보며) 당신 안전을 돕는 일같은 건 난 이제 안해.

동우 ……(보며)

S# 회장실

회장 (배비서와 들어오며) 서대리 집 다녀왔나?

배 아직‥못갔습니다‥첨엔 무슨 일인지 확실칠 않았구 /어제는/
그쪽에서 방문을 원치 않는다구 해서요 회장님.

회장 그런다구 모르는 척 하구 있어서야 되나. (들어가며) 누구 딴 직
원 잠깐 앉혀놓구라두

S# 회장실

회장 (들어오며) 다녀 와요. 서대리 이모하구 산다 그랬지?

배 (따라 들어와) 네 그렇습니다.

340

회장　이모부두 있나?

배　계신 걸루 알구 있습니다.

회장　(자기 자리로 가며)누구야 사고 당한 사람이..(에서)

S# 카페

동우　왜 이러는 거야.애가 아픈 건 내탓 아니잖아.

윤희　(찻잔 들며 시선 내린 채)어젠 뭐했구 그저껜 뭐했어.

동우　…이러는 이유 말해.니입으루 말했잖아.나 상관안한다구.우리
　　둘 다 자유롭잖아.

윤희　그 여자 만났겠지….

동우　….(보다가)그래 만났어,그래서.

윤희　혜림이가 맘에 걸리지두 않았어?(찻잔 놓고 보며)당신 봐야한
　　다구 생각했어.혜림이두 보구싶어한다구 생각했어.끝까지 안 왔
　　어.혜림이…그냥 갔어.

동우　…어딜 가.

윤희　…하늘루.

동우　?……무슨 얘기야 도대체.

윤희　놀라는 척 하지 마.

동우　(오버랩의 기분)과장인 줄 알았어!위독하면 병원에 있어야지 왜
　　집이야!

윤희　안오구싶었기때매 안올 이유만 생각났겠지.병원이든 집이든
　　/위독이란 말은 죽음하구 붙어있는 말야.만우절이었어두 당신은
　　우선 달려왔어야 해.

동우　…..(황당하기 짝이 없는)

윤희　그래야..그래두 사람이야.당신/ 사람 아니야.

동우   ……(보다가 외면하는)

윤희   나두 …변했어.당신 편안히 안 놔둘 거야.

동우   ?(보는)….

윤희   당신만 뜻하는대루 목적대루..거칠 것없이 달려가구 이루라
       는 특권 없어….당신 부셔버릴 거야.

동우   ……(보며)

윤희   어떻게 하는 게 당신을 젤….힘들게 만드는 건가…생각 중야.(하
       고 조용히 일어나 나간다)

동우   ………(한참 동안 그대로 있다가 떨리는 손으로 담배 물어 불붙인 다)
       ….(후우우우 내뿜으며 기대앉는/황당하기 짝이 없는)….

S# 건너가는 길에 서 있는 차분한 윤희……

S# 카페 나서서/…그대로 서 있는 동우

S# 건널목 건너는 윤희……

S# 회사 회전문 밀고 들어오는 동우….

S# 버스 스톱에 오두마니 서 있는 윤희

S# 회사 흡연실에서 담배 태우고 있는 동우…

       E 전화벨

동우   …..(한동안 울리도록 두었다가 핸드폰 받는다)…여보세요.

영주   F 출근하자 마자 어디 갔었니?(잠깐 볼일)나 늦잠잤어.지금 깨
       서 내려오는 길야.

S# 계단

영주   (핸드폰 들고 내려오며)뭐 했다구 그렇게 고단한지 완전히 죽었
       던 거처럼 잤다.

동우   E F 지금 바빠.전화붙잡구 있을 시간 없어.나중에 연락할게.

342

영주 너 어디 아프니? 왜 목소리에 그렇게 기운이 없어?

동우 사무실야 끊어.(끊어지는)

영주 (전화 끊으며 주방으로)

S# 주방

영주 (들어오며)나 밥 못먹어요 아줌마,커피 주세요.

여자 그래 알었어.

영주 안녕히 주무셨어요?(대답 없는 이여사 위에)잘잤니?

영은 엉

영주 (영은 위에)오빠 잘잤어?

영국 (밥 먹으며)과음했니?

영주 과음까지는 아니구 좀 마셨지.(의자 빼며)오빠 어떻게 알어?

영국 들어오는 소리 들었어.꽤 비틀거리는 거 같더라.영은이 구박
    하는 소리 들으니까.

영주 나 구박했니?

영은 이러면서 과음 아니래.

영주 뭐라구 구박했는데?

이여사 (오버랩의 기분)여자가 다리가 꼬일 정도루 마시구 다니구,
    아버지 계셨으면 칭찬 받았겠다.

영주 흐홋/그랬니? 엄마두 안 잤었수?

이여사 누구네 딸인 거 다 알아.처신 똑바루 하구 다녀 집안망신 시
    키지 말구.

영주 엄만 꼭 우리가 무슨 왕족이라두 되는 거처럼 생각하구 사는
    데/웃겨요 그렇게 대단한 사람들 아냐 우리이.간신히 중소기업 면
    했는데 엄만 무슨 우리가 10대 /삼십대 그런 회산줄 아우?

이여사 ….(딸 보는)

영주 폼잡지 마세요.(옆의 영국 물 잔 집으며)남들이 보면 웃어요.아무두 몰라봐 나.

이여사 어디서 마셨는데.

영주 ….(끄덕이며)거기선 알지.우리 식구.

이여사 니 오래비 건들거리구 다니구 너 비틀거리구 다니구 꼴 좋다.안 그래두 요란한 머리하며 남부끄러워 죽겠는데.

영국 영주 머리요?어때서요 섹시하구 존데.

이여사 그거 오래비가 할 소리니?(에서)

S# 흡연실

동우 (머리 벽에 기대고 담배 태우면서)…….(다른 흡연자도 둘쯤 넣어주세요)

S# 동우 사무실

동우 이대리 지난 주 내가 스페이스 다섯개 양보한 거 알지?다음주 돌려줄 수 있어?

이대리 무슨 소리야 지난달에 내가 일곱개 준 거 까먹었어?쉰소리 말구 다음주에 내꺼 두개 마저 내놔.

동우 건 이대리가 목표 미달이라 팀별루 나눠가졌던 건데 뭐 뺏긴 듯이 왜그래.난 몰라.남는 거 썼으니까 담주 다섯개 내놔.(하며 자리에 앉는다)

이대리 담주 안돼.딴사람한테 알아봐 강대리.

동우 …

이대리 난 안된다구 강대리.

동우 (의욕 없이)됐어…잊어버리지만 마……

S# 윤희네 마루

윤희 (들어온다)…

이모 (방문 열고 앉은 채 본다)…‥

윤희 …‥(제 방으로)

이모 회사 안가구 어디갔었어.(부드럽게)전화왔더라…모두 다 병나
서 손님 맞을 처지 아니니까 오지 말라구 했어.

윤희 네‥(방문 여는데)

이모 E 사고 당한 사람이 누구냐구 그래서‥(윤희 돌아본다)

이모 (안 보는 채)조카랬어…‥그런 줄 알어…

윤희 (그냥 들어간다)…‥

S# 안방

이모 (방문 닫으며 쓰러지듯 엄마 옆에 눕는)…‥…(후우우우우 땅이 꺼지
는 한숨/)

조모 (꼬부리고 등 보이고 누웠다가 일어난다)

이모 왜요.

조모 뭐 좀 멕여야지 저거‥

이모 (일어나며)놔둬.내가 하께.

조모 내가 나.(일어나 나가며)내가 낳지이…

S# 윤희의 방

윤희 (겉옷 벗어놓고 앉아서 동우와 셋이 찍은 사진 액자에서 뽑아 내려
다보고 있는)…‥…(가위 찾아내서 동우 부분 오려내기 시작한다)…‥

S# 인서트/방바닥에 따로 떨어지는 동우 부분/

S# 윤희 방

윤희 …‥(동우 잘려져나간 사진 보며)…‥(있다가 동우 없는 채 사진 액자

에 넣기 시작한다)···

조모 (죽상 간단히 봐서 들고 들어온다/죽 마호병과 함께)

윤희 (잠깐 보고 손놀림 계속하며)지숙이는요 할머니.

조모 자는 모양이야.(상 놓고)···지방에 처박혀 내내 울구 있는 모양이야··· 지 쥔거 같쟎겠니 나가지 말라는데 나갔다 그렇게 됐으니.

윤희 (사진틀 먼저 자리에 놓으며)그럴 거 없어요 할머니···떠날 때 돼서 간거지···지숙이 잘못 아닐 거예요.(사진 보며)

조모 그래··그렇게 생각하는 게 맞는 거지이 싶다 나두······다른 사진 내놓지····보기 싫쟎어?

윤희 아녜요···이게 좋아요.(하고 상으로 돌아앉으며)저 괜찮으니까 걱정 마세요.

조모 (벌써 죽 통 열고 죽 빈 그릇에 옮기며)괜찮기가 그리 쉽겠냐만··· 그러나 어떡해 죽쟎으면 살아야 하는 걸···그저 이 할미가 전생에 진 죄가 많아서···내가 박복해 당한 일이다 생각하구

조모 E (안됐어 보는 윤희 위에)그저 모든 게 다 내 죄니까···할미 죄루 니가 안겪어두 될일 격는다 그렇게

조모 생각하구

윤희 (오버랩의 기분)할머니/할머니가 무슨 죄야.죄진 게 있으면 내가 졌겠지이···

조모 ····(죽 그릇 앞에 놓아주며)·····(설움이 복받치는)

윤희 할머니 그러지 마아···(고개 떨구고 애달프게/작게)내가 복없는 거지 할머니가 무슨 잘못야아아····

조모 (윤희에게 다가앉으며 안는)

윤희 ·····(찢어지는 울음 터트리며)할머니한테 효도하구 싶어어어··그

런데 이런 일만 만들어줘…나 어떡하지이이?

조모   (쓰다듬으며)너 이상 더..(목메며)어떻게 효도를해애…여덟살
에 에미 애비 한날 한시에 놓치구 와서 이날까지….착하디 착한 너
..나한테 을마나 니가 힘이었는데….

윤희   어응응응응응응…응응응응응응응응……

S# 성북동 거실

영국   (코트 벗으세요. 할머니 앞에서)어머니 모시구 치과 다녀올려구
요…. 치과요 치과.

노모   치과는 안치과가 잘해.

영국   ?(잠깐 놀랬다가)네 할머니 하하하하,바루 그 안치과 가는 거
에요.

노모   뽑지 마슈.이는 될수 있는대루 안 뽑는 거야.

영국   예에 하하 압니다 할머님.

노모   (입이 움찔움찔)

영국   뭐 하시구싶은 말씀 있으세요?(한여사 외출 차비로 자기 방에서
나와 보며 서 있고)….

노모   댁은 누구슈.

영국   영국이요/영국입니다 할머님.

노모   ….(보다가)니가 영국이냐?

영국   네에에.

노모   ….(보다가)니 에미…독한 년은 아직 안 죽었냐?

영국   ….(할 말이 없는데)

한   나가자.어머니 저 다녀와요.

노모   (며느리 쪽으로 고개 돌린다)…

한   치과 다녀와요 어머니.

노모   노망 안났다.한소리 또하구 한 소리 또하구 왜 그래 망한 것.

한   (미소 지으며)예 잘못했어요 어머님.(영국과 현관으로 나가고 가 정부 따라 나간다)

노모   (창으로 고개 돌리며)그년이 죽어야 내가 죽지이….그년 죽는 거 … 내 꼭 보구 말 거야..(에서)

S# 미장원에서 전신 마사지 받고 있는 이여사. 어깨 만지는 중

이여사   …(팍 찡그리며)아이구 아퍼.좀 살살해.

마사지사   어깨가 딱딱해지셨어요 사모님..안 이러셨는데에에..

이여사   살살 풀어.

마사지사   뭐 스트레스 받는 일 있으세요?

이여사   말시키는 거 싫어하는 줄 몰라?……그런 거 없어.(하며 눈 딱 감는 데서)

S# 회사 식당

동우   (점심 먹으며/식욕 없다)…..

S# 회사 사무실

동우   (컴퓨터 켜놓고 앉아 화면에 멍한 시선 주며)….

S# 처음 소양호 고향 갈 때 버스 터미널에서 아빠 얼굴 만지며 아빠아빠아 빠 했던 필름 잠깐/

S# 동우 사무실

동우   (눈 잠깐 감는)…(위에)

혜림   E 저게 뭐야?

동우   E 응 호랑이..

S# 동물원

혜림 (동우에게 안겨서/옆에 윤희)응 호랑이야.혜림이 알어.그림 책에두우? 호랑이 저렇게 생겼어.(호랑이 가리키며)

동우 알면서 애 왜 물어(윤희 돌아보며)사람 테스트하는 거야?

윤희 괜히 말하구 싶어서 그러는 거야.모르는 척하구 상대해 줘.

혜림 (오버랩의 기분)아빠아빠(동우 윤희 다음 우리로 움직인다)

동우 왜애.

혜림 할머니가 그러는데에?호랑이는 무우섭대.사람두 잡어먹는대.

동우 그래 맞어.

혜림 호랑이는 수염을 안깎어.그래서 수염이 이이이렇게 길어.

동우 그래 길어.

혜림 (아빠 턱 만지며)아빠는 수염 깎지 그치이이이?

동우 그래 임마 알었어.그눔 되게 시끄럽네(윤희 돌아보며)

윤희 (함빡 웃으며)말두 못해 얼마나 수단지.신이 나면 딴 사람 아무두 말못해.흐흐

혜림 아빠아빠.

동우 한번만 불러 엉?한번만 불러두 돼.뭐 왜.

혜림 할머니라앙(동우 얼굴 만지며)또 할머니라앙 엄마라앙 이모라앙 혜림이랑 수염 없어. 아빠는 수염 있지 그치이?

윤희 깔깔 얘 요새 수염에 굉장히 관심있어.사람만 보면 수염 만져보자 대들구 그래서 아주 골치야.접때는 글쎄 시장 데리구 나갔는데 /언제 봤는지 순대 파는 아줌마한테/엄마 이 아줌마는 여잔데 왜 수염났어?낭랑하게 그러는 거 있지?그 아줌마코 밑 솜털이 유난하게 긴 분이거든.민망해서 아주 죽는 줄 알았다니깐?

윤희 E 들어와들어와 빨리 들어와.

S# 윤희의 방

동우 (어정쩡하니 들어서는/막 제대해 들어오는)… 이개월쯤 된 혜림 목욕시켜 내놓고 옷 입히는 중

조모 어서 오게.수고했어 그 동안.보구 싶었지?

동우 …

이모 (방바닥 닦으며)뭐 그렇게 얼나간 거 모양 그래애(안 보는 채)간 난애 첨 봤어?

동우 (어색한 웃음)첨··입니다.

이모 자네 딸일세.낳는 김에 아들이었으면 더 좋았겠지만/(훔친 걸 레 목욕물 통에 넣으며)아들 담에 나면 되지 뭐.듭시다.

조모 오냐 그래…끄으응(일어나 목욕통 마주 들며)나가자.

이모 (윤희 얼른 방문 열어주고/나가며)윤희 꼭 닮었어.인물 걱정은 할 거 없겠다구.

동우 (애매한 채)··네에··

윤희 (방문 닫고 서둘러 아이에게 앉아 안아올리다 문득 보고)?앉어 어.왜 그러구 섰어?(들뜬 기분)

동우 (앉는데)

윤희 (아이 내밀며) 안어봐.

동우 (조금 물러나는 기분)야 나/안을 줄 몰라아.

윤희 그런게 어딨어 안으면 되는 거지.(동우에게 안겨주면서)이날을 얼마 나 기다렸는데 우리 모녀가.

동우 ?

윤희 왜 모녀란 말 이상해?모녀잖어어어.인사해애.애긴 말 못하니 까 아빠가 해.말은 못해두 알어는 들을 거야.

동우 ....(아이 보는)

윤희 빨리이.

동우 뭐라 그래.(아이 내려다보며)

윤희 그렇게 할말이 없어?

동우 뭐라 그래.안녕하십니까 첨 뵙겠습니다 그래?

윤희 (동우 가볍게 때리면서 웃음 터뜨린다)

S# 동우 사무실 책상

동우 (두 손 이마 위로 붙이고 앉아서)....

부장 E 강대리.

동우 ....

부장 강대리!(자기 책상에서)

동우 (돌아보며)예.(하며 일어난다)

부장 뭐하구 있는 거야.어디 아퍼?

동우 아닙니다.(부장 자리로 움직이며)왜 그러십니까.

부장 보고서 말야,주간 업무 보고서(에서/말은 남아 있다)

S# 시내 야경

S# 달리는 차 안에서

동우 (핸드폰)친구들 만나.늦을 거야....서울와 있는 애들/고등학교

　　동창...그래 집에 들어가 연락할께.(끊는다)

　　(다음으로)

제10회

S# 윤희집 대문 밖(밤)

세워져 있는 동우의 차.

S# 동우 차 안

동우   ……(운전대에 앉아서)

S# 지숙의 방

이모   (엎어져 자는 지숙 옆에 쭈그리고 앉아)아 그만 일어나 밥먹어어
어 /…얘가 그런데(하며 지숙 펑 갈긴다)

지숙   아으으으으(하며 일어나앉으며)좀 자게 내버려 두지 왜 깨워어어

이모   뭐 잘한 거 있다구 하루 지인종일 자.쬘 졌으면 죄진 값이라두
해얄 거 아냐.집두 좀 치우구 밥두 하구.늙은 할머니가 구부렁구부
렁 밥하게 해놓구 깨우기까지 해야 해?

지숙   (오버랩의 기분)알았어/잘못했어.아흐으으으(하품 막으며)나
갔다 왔어?

이모   먹구 살어얄 거 아냐.

지숙   언니는…

이모 나갔다 와 죽먹구 자기 시작한 게 아직두 잔다더라…(새삼스
레)걔야 잘 이유 있어 잔다치구 넌 뭐했다구 퍼대기루 자.(일어나
며)빨리 정신차리구 나와.평생에 도움 안되는 물건.(나간다)

S# 지숙의 방 밖(야외든 세트든)

이모 (나와서 현관으로 가는데)

  E 대문 벨소리.

이모 (돌아보며)··누구세요……(대답 없자 대문으로 가며)누구세요

동우 E 접니다.

이모 ?……(대문 보고 있다가/목소리를 알겠다)저가 누구야.누구야
너.(흥분하지 말고/지숙 나오다가)

지숙 누구야?(누군지 안다)

이모 문 열어주지 말구 소금 퍼다가 뿌려.(하고 현관으로 가다가 퍽 돌
아서며)어디라구 여길와 이 나쁜 놈.

S# 대문 밖

이모 E (동우 위에)새끼가 죽어두 나 몰라라 한 눔이 이제 무슨 볼일있
어 와 너어!

지숙 E (엄마 안으로 밀며)들어가 엄마 들어가.

S# 대문 안

이모 천벌을 받을 눔 이눔 너두 사람이냐?사람이야?

지숙 (문 열고 밀어 넣으며(오버랩의 기분))동네 시끄러 조용해애애.

이모 (발 구르며)네 이누우우우움!

지숙 (엄마 입 막으며(오버랩의 기분))흥분하지 마.화낼 가치두 없는
인간야.화낼 거 없어 화낼 거 없어.(엄마 떠밀어 넣는다)

S# 마루

이모 (떠밀려 엎어질 듯 들어오며)아 이년이 왜 이리 떼밀구 난리야! 들여놓지 마 너.들여놓지 마!

조모 (상 펴다 돌아보고 있는)…

이모 베락을 맞을 눔.(부엌으로 들어가며)에에에이 드런 눔(에서)

S# 대문 밖

지숙 (대문 열고 나와 서서 보며).....뭣때매요.

동우 ….(시선 내리고)

지숙 혜림이 보러 왔어요? 보구싶어두/..이제 못봐요.혜림이 죽었어요.

동우 (지숙 보는)…

지숙 ?..어쩌면….놀래지두 않죠?

동우 (오버랩의 기분)알아요 …들었어요.(시선 피하며)

지숙 누구한테요.

동우 (시선 땅으로)언니한테…언니 좀 보러.. 왔어요.

지숙 …….(한참 동안 지켜보다가)언니/ 보구싶지 않을 거에요.우리 아무두 그 얼굴 안보구 싶어요.(하고 돌아서는데)

동우 지숙씨.

지숙 …(돌아본다)

동우 …..(땅 보는 채)들어가게 해 줘요.

지숙 ….(보며)

S# 윤희의 마루

지숙 (펄펄 들어와서 윤희 방으로 가는데)

이모 (부엌에서 행주 들고 나오다)뭐라 그래 그 눔.

지숙 (윤희 방문 열며)언니 보러 왔대.물어는 봐얄 거 아냐.

354

이모 뭘 물어봐.그게 인간이라 물어보구 자시구 해?(지숙 돌아보는데)

조모 (오버랩의 기분/부엌에서 나와서며)놔둬.(이모 획 돌아보고)어찌
됐든간에‥ 혜림이 애비야.

이모 애비는 무슨 콧구멍같은(남아 있다)

조모 (오버랩의 기분)사형수두 마지막 할말은 시킨다더라.놔둬.

이모 (오버랩의 기분)엄마.

조모 (오버랩의 기분)놔둬 글쎄.윤희한테 물어봐.본다면 보게 해 놔둬.

이모 어이그으으 엄마는 암튼,승미(행주 상에다 패대기치며)안맞어
못살어 내가아.(하며 앉아 행주질)

S# 윤희의 방

지숙 (들어와서 옆으로 꼬부리고 자고 있는 윤희 잠시 내려다보며)‥‥(옆
에 쭈그리고 앉으며)언니‥‥언니(조금 건드리며)‥‥언니(더 흔들며)

윤희 (눈 뜨고 본다)‥‥어 ‥왜.

지숙 그 자식 왔어.언니 봐야겠대.

윤희 (일어나 앉는다)‥‥

지숙 가래두 안갈 폼야. (하고 무슨 말인가 더 하려고 입 뻐끔하는데)

윤희 (오버랩의 기분/머리 만지며)들어오라 그래.

지숙 ?‥‥볼 거야?

이모 E (마루에서 듣고)볼거야?(지숙에게 연결되듯)

윤희 (벌써 이부자리 치우면서)데리구 들어와.

이모 (문 벌컥 열며)너 볼 거냐구.

윤희 나 죄진 거 없잖아이모.

이모 이 지경에두 보구 싶냐구우.

윤희 (웃으며)응 보구싶어 이모.보구싶어서 그래.무슨 소리 할 건가

궁금해.

이모 ....(그저 보고)..

지숙 (나간다)

S# 마루

지숙 (현관으로 나가고)

이모 (돌아보면)

조모 (상 앞에 앉아서)....(상 내려다보며)...

이모 나 저눔 상판대기 보기 싫네.(안방으로 거칠게 가며)오백년 재수
웂을 눔야 저눔.(하고 안방으로 아웃)

조모 .....(한동안 가만히 앉아 있다가 자기도 일어나 안방으로 들어간다)

S# 안방

이모 (무릎 아래 두 손 찌르고 있다가 들어오는 엄마 힐끗 돌아본다)왜 들
어오슈?

조모 (자기 자리로 가며)....

이모 보구싶어 들어오랬으면 보지 왜 들어오냐구.

조모 말따구니 하구는 (딸 보며)

이모 ...(그만둔다)

조모 ......(앉아서).....

이모 ....

   E 현관문 소리

이모 (고개가 현관께로 돌아간다).....

지숙 E 할머니이(부르는)

이모 새 친기집애 할머닌 왜 불러!암행어사 출두했냐?

S# 마루

지숙 (동우 흘끗 보고 저도 안방으로 픽 들어가 버린다)

동우 ‥‥(윤희 방문 연다)

S# 윤희의 방

윤희 (앉아서 방바닥 내려다보며)‥‥

동우 ‥‥(보다가 들어와 문 닫고 윤희 내려다보며)‥‥‥

윤희 ‥‥(그대로 있다가 문득 고개 들어 본다)‥‥(보다가 쓴웃음 지으며 시선 피하는)어려운 걸음 하셨네‥‥당신 이렇게 이방에 와주기‥혜림이랑 얼마나 바랬는데‥‥앉어.그렇게 서서 얘기할 순 없잖아.

동우 나가서 얘기할 순 없겠니?(부드럽게)

윤희 ‥나가기 싫어.

동우 ‥‥(잠시 보다가 앉는다)‥‥

윤희 ‥‥

동우 (방바닥 저쪽 보며)어떻게 된 일야.

윤희 그건 알아서 뭐해.

동우 (시선 윤희에게)

윤희 놀이터에갔다 미끄럼틀 위에서 떨어졌어…왜.알아서 뭐할려구.

동우 ?…혜림이 누가 맡았어./내노래두 안 내놓구 니가 데리구 있었잖아/. 도대체 앨 어떻게 본 거야.

윤희 갑자기 혜림이가 왜 그렇게 중요해졌어?

동우 나는 사람새끼두 아니니?

윤희 당신 사람 아냐.

동우 ?…

윤희 당신 안 도와주겠다는 게 걸려?‥걱정돼?‥얼른 당신두 혜림이 끔

찍하게 생각하구 있었다는 표시해서/내맘 누그러뜨려야겠다 그
래서 온 거야?

동우   ····(보다가 시선 피하며)혜림일 그런 걸루 이용하진 않아.

윤희   버리기두 하는 사람이 이용쯤 못할까.

동우   ·····(외면한 채)그러지 마 윤희야···내가 잘못했구··잘못하구 있는
거 알아.너한테 큰소리칠 자격 없어 나.

윤희   ·····(그저 보며)

동우   (외면한 채)처음부터 이럴 작정이었던 건 아니라구 했지?짐은
무겁구/나한테는 비빌 언덕두 뜀틀두 없구/뭔가 한꺼번에 비약할
길은 없을까/··· 여자 잡는단 생각은 안했어··(윤희에게 시선 옮겨서)
그건 안했어 믿어줘.

윤희   ·····(보며)

동우   유혹이 왔어.몫이 컸어····날 너무 나쁘게만 생각하지 마.세상
깃발날리면서 살구싶은 욕망은 누구한테나 있어.

윤희   누구나 당신처럼 하진 않아.

동우   (약간 반발)기회가 없기 때문야.

윤희   바르게 생각하구 바르게 사는 사람이 더 많아.

동우   바르게 산다는게····뭐니.

윤희   소중하게 생각해야할 걸 소중하게 생각하는 거.

동우   ·······(보며)

윤희   ······(보며)

동우   (시선 좀 피하면서 다가앉으며 윤희 한 어깨에 손 올린다)

윤희   ·····(그저 보는)

동우   날 ··이해해주라····너 언제나 날 봐줬잖아····사실인줄 알았으면/

내가 안 올 놈이니?

윤희 사실이 아니라구 생각됐어두/당신은 왔어야 했어.만분에 일 사실일지 두 모른다는 생각두 했어야했다구.당신은/사실인지 아닌지 확인하는 전화한 통두 안해봤어.핸드폰/오피스텔 전화는 바꿔버리구/사무실에서는 메세지 받구두 정시에 퇴근해서 딴 볼 일 봤어.어제두 당신은 아무 소식없었어.(쓴웃음)완전히 무시해버린 거지.아니 잊어버렸겠지 우리 따위.혜림이 나/할머니 이모/전부 다/

동우 (윤희 당겨 윤희의 한 어깨 위에 제 이마 붙이며)윤희야.

윤희 (상관없이/그러나 서러워지면서)혜림이 사고루 당신 다시 끌어들이자는 생각같은 건 하지두 않았어.그냥…혜림이 가는 길…제 아빠 배웅은 받게 해주구 싶었을 뿐야.(울음 섞이며)

동우 (윤희 껴안으며)윤희야.

윤희 당신은 그걸 거절했어.

동우 윤희야.(더 껴안는)⋯⋯윤희야.

윤희 (정신이 펄쩍 나서 동우 밀어내며 동시에 저도 물러나며 동우 머리께 있는 힘껏 후려갈긴다)…

동우 ?⋯⋯(놀라서 보는)

윤희 (울며 웃으며)왜 이래?‥무슨 뜻이야?…우습게 굴지 마.나 우습게 보여?까불지 마.(사진틀 홱 집어 동우 눈 앞에 내밀며)이거 보여?

동우 (시선 사진에)⋯⋯

윤희 (사진틀 도로 놓으며 일어선다)이제 가.우리 식구 저녁먹을 시간야.

동우 ⋯⋯(방바닥 저쪽 보며)

S# 대문 앞

동우 (천천히 나와서 자동차로/운전대 바로 옆에 서서 우두커니)……(있다가 리모컨 작동시키고 자동차로)

S# 차 안

동우 (차에 올라서 앞 보며)……

S# 마루

조모 (상 놓고 있고/지숙 다른 쟁반 들고 나오는데)

이모 (부엌에서 플라스틱 바가지 들고 나와 현관으로)

S# 윤희의 방

윤희 ……(무릎 꿇은 자세로 앉아서)…

S# 대문 밖

이모 (나와서 바가지의 소금 한 움큼씩 집어 뿌리기 시작한다. 동우의 차는 아직도 있는데 마치 없는 것처럼·/동우의 자동차로도 거침없이 휙 휙)

S# 차 안

동우 (소금 뿌려지는 앞 창 보면서)……(앞 창으로 이모 바가지 비우고 들어간다)….(포기하는 심정으로 시동 걸고)

S# 골목 앞 떠나는 동우의 자동차…

S# 마루

윤희 불려 나와 앉았고/지숙/조모도 자리 잡고 앉아 있는데

이모 (자기 자리에 앉으며)터진 입으루 그래/뭐래 그놈.

윤희 ··잘못했대요.

이모 겨우 그소리하러 왔대?(수저 집으며/조모는 먼저 수저 집어주세요)지 눔 잘못한 거 하늘이 알구 땅이 알구 산천초목이 다 아는데 누가 그소리 듣재?

360

지숙 (국으로 숟가락 집어넣으며)지가 그말 밖에 할말 뭐 있어.

이모 그래서.(너 뭐랬어)

조모 (오버랩의 기분)말 시키지 마 말시키지 말구 먹기나 해.

이모 (오버랩의 기분)도대체 왜 안왔다든 그놈.안온 이유가 뭐래.

윤희 조금 아픈 거..부풀리는 건 줄 알았대요.

이모 저런 죽일 눔.세상에 새끼 목숨 놓구 헛소리하는 인간 어디서
봤다대. 말이 되는 소릴 하라 그래 개만두 못한 눔.

조모 (오버랩의 기분)쯧/상스럽게 쯔쯔쯔쯔(좀 야단치는)

이모 (그래도 기는 죽어서)것두 황감하지 뭘 그래……(먹는)

지숙 황감하지 뭐(윤희 보며)

윤희 …(그저 먹는)

S# 빌라 전경(밤)

S# 빌라 식탁

동우 ……(식욕 없이 먹고 있는)

동숙 …(먹으며 눈치 보는)…뭐..먹구 들어왔어요?

동우 ……

동숙 오빠.

동우 (수저 놓으며/낮게/안 보는 채)춘천엔 아뭇소리 마……혜림이…
죽었다.

동숙 ?……그게 무슨 소리에요?….왜애.

동우 사고….(안 보는 채)미끄럼대서 떨어졌대.(하며 일어나 나간다)

동숙 ………(눈물이 금방 펑펑 고여나며)언제!(나가는 오빠에게)

동우 E (대답 없고)

동숙 오빠 잘못이에요.오빠가 잘못한 거라구/….오빠 이러는 거 아

니었다구….오빠 잘못해서 혜림이 그렇게 된 거에요.오빠 벌받는
거라구우우!(두 손으로 얼굴 가려버린다)

S# 거실

동우 ……(거실 가운데 서서)…

동숙 E 오빠 벌 받었어.벌받었다구우우우

동우 (휙 돌아보며)벌은 무슨 벌을 받아!!……

F.O

S# 일진상선 전경(아침)

S# 회장실

윤희 (찻잔 내려놓는데)

회장 이삼일 더 쉰다더니.

윤희 나 나왔습니다 회장님.

회장 조카가 잘못됐다구?

윤희 ‥네‥

영국 (들어오며)저 왔습니다 작은 아버지.

윤희 (영국에게 목례하는데)

영국 어 오늘두 안나오면 내가 문병갈 참이었는데/불행한 일 겪구
나더니 훨씬 더 뭐냐…청초해졌죠 작은 아버지?청초라는 말 요즘
두 쓰나요?

회장 (자리에서 일어나며)내 찻잔 옮겨주구

윤희 네 회장님.(찻잔 드는)

회장 (움직이며)차 한잔 더 줘요.

윤희 (응접 소파로 움직이며)네 회장님.(영국의 시선은 윤희에게)

회장 니가 서대리 집을 어떻게 알어서 문병을 가.

362

영국　찾자구 들면 못찾나요? 서대리 집 전화두 갖구 있어요 저.(나가
　　　는 윤희에게)오늘 나하구 점심합시다.

회장　(앉으며)여비서까지 놀릴래? 더구나 흥사당하구 나온 애한테.

영국　놀리는 거 아니구 진지한데요.(앉으며)

회장　착실하구 단단한 아이야. 망신 당하지 말구 싱거운 소리 하지 마.

영국　망신 벌써 여러차례 당했어요 흠흠흠.

회장　전반적인 회사 문제에 대해서 얘기 좀 하자구 나오라구 했다.

영국　전 아직..결심이 안됐는데요 작은 아버지.

회장　(오버랩의 기분)할말은 아니다만/머뭇거리다 니 외삼촌 들어
　　　앉아.

영국　?....(본다)

회장　니가 있는데 사둔한테 경영 맡길 수 없어.

영국　그게...구기동 이여사의 꿈인가요?

회장　입밖에 낸 적은 없다. 허나 니가 계속 이 지경이라면 충분히 상
　　　상될수 있는 일야. 영주 짝은 아직 한참 어리구/네 엄만 근석 재미없
　　　어해. 어떻게 생각하니.

영국　외삼촌으루...그런 생각하구 계세요?(엄마가)

회장　외부서 들은 소리두 있어. 아들 부실해서 외삼촌이 맡게 될 거라
　　　드라.

영국　흠흠...꿀수 있는 꿈이구 있을 수 있는 말이죠. 두째 외삼촌..유
　　　능하신 모양이니까요.

회장　고용사장 몇년하면서 능력 인정받구 전자업계서 좋은 평가 받
　　　구 있는 사람이다. 자격이 없다구는 못해.

영국　그래서 갑자기 서두르시는 거에요?

회장　이제 때가 됐어.(하는데)

윤희　(찻잔 들고 들어온다)·····(두 사람 말 멈추고/윤희 나간다)

S#　비서실

윤희　(나오는데)

　　　E 전화벨

윤희　네 비서실입니다.

동숙　F 나 동숙이에요.

윤희　····

S#　빌라 거실

동숙　(쪼그리고 앉아서)뭐라구···(찡찡한 코 휴지로 짜내면서)할말이 없
　어요.(울며)정말이지···흐윽···어떻게 ··무슨 말을 해야할지 모르겠어
　요 언니··잉잉잉잉··혜림이···혜림이가 얼마나 이뻤는데 잉잉잉··장차
　언니는 어떻게 살라구····언니 어떻게 살 거에요 이제부터 잉잉잉···

S#　비서실

윤희　(수화기 들고 있는)

동숙　E 응응응··나같은 거 ··아무 위로두 안되겠지만··그래두 보구
　싶어요 언니···언니 많이 보구싶어요 나··

윤희　됐어요··그럴 거 없어요 동숙씨.이제···그럴 일두 없는 사람들이
　구·· 마음 고마와요.마음은 받을께요.

동숙　F 잉잉잉잉 잉잉잉잉

윤희　그만 끊어요··잘 있어요····

동숙　E 응응응응 응응응응

윤희　끊을께요.(수화기 내려놓고 탕비실로)

배　(윤희 전화하는 동안 서류들 분주하게 챙기면서 잠깐 한번 윤희 보고)

S# 탕비실

윤희 (들어와 쟁반 놓으며….가슴이 찢어진다)….(옆에 놓여있던 생수병에서 물 한 컵 따라 마시면서)……

　　E 전화벨

배 　E 서대리 전화 받아요.

윤희 (급히 나간다)

S# 비서실

윤희 네 비서실입니다.

동우 E 이따 점심시간에 잠깐 봐.

윤희 (빠르게 나가는 배비서 시선으로 따르며)난 볼일 없어.(에서)

S# 근처 공원

동우 ….(오고 있는 윤희 보며)

윤희 ……(와서 마주 서며)점심 먹으러 가야 해.약속있어.

동우 어떻게 하겠다는 거야.(좀 맥 빠져서/)

윤희 ……(보며)

동우 폭로…한다는 거야?

윤희 그럴 수두 있어.

동우 ……아닐 수두 있구?

윤희 난 머리가 나빠서 미리 계획해서는 못해….그때그때 생각나는 대루 하구싶은대루 할 거야.

동우 ……(보는)

윤희 어쨌든….그대루 두진 않아.

동우 ……(보다가)흐흥/애는 지가 잘못해 날리구/화풀인 엉뚱한 나한테 할 모양이군.

윤희 ……(그저 보며)

동우 나보다 더 지독한 건 바루 너야! 이건 도무지 애죽인 여자같지 가 않아. 너 혜림이 죽기 기다린 거 아냐?

윤희 ……(그저 말갛게 보는)

동우 그래 난 죽일눔이니까 그렇다 치구/혜림이혜림이혜림이혜림 이/…그렇게 끔찍한 혜림이가 그렇게 됐는데/ 너 이렇게 기운이 좋아? 보통 때 너였으면/ 지금 너두 시체가 돼 늘어져 있어야 해. 그 런데 며칠만에/나흘만에 말짱한 얼굴루 출근해서/ 말짱한 얼굴루 일해? 너 그렇게 독해?

윤희 그래…나 그래…

동우 ……(대책 없이 보는)

윤희 나는..구식이구…미련하구 바보구….그리구 독해….(잠시 더 보다 가 몸 돌린다)

동우 (잡으며)어디 가. 얘기 아직 안 끝났어.

윤희 (보며)점심 시간야…나 배고파…(팔 빼내고 간다)

동우 ……(보며)

S# 회사 근처 패스트푸드

수연 (막 들어왔다/핸드백 놓으며)괜찮니? (앉으며)출근했다 소리 듣 구 엄청 놀랬어. 괜찮은 거야?

윤희 응..괜찮아(정말 괜찮은 것처럼)

수연 ….(멍하니 보다가)그래/어쩌겠니..따라 죽지 못할 바에야 빨리 정신 차리는 게 낫지 뭐. 부모는 산에 묻구 자식은 가슴에 묻는다 그러드라. 괜찮다는 말/..더 끔찍하다. 어쨌든/….너 장해. 존경해.

윤희 (웃으며)웃길려구 애 안써두 돼 수연아.

수연 웃기려는 거 아니구 정말야.정말 너 여러가지 면으루 존경해. 의지의 한국인이잖어 너.

윤희 (옆에 와 선 종업원 올려다보며)주문하자 우리.

수연 어 그래.(주문하시고)

윤희 (주문하고)

수연 오늘 사표내구 보름만 쉬어.걔 결혼 준비루 보름 뒤에 그만둔 대.보름 쉬었다가 출근해.나랑 어디 여행가자 윤희야.우리 애들 아 버지/그러래.

수연 E (윤희 위에)시부모님두 안계시구 마침 잘됐지 뭐니.니덕에 나두 콧바 람두 쐬구.어디 가까 우리.

수연 제주에 우리 콘도가 있다 오까?아니면 어디 발리나 그런데 가 까?너 한 번두 못나가봤지.

윤희 수연아.(오버랩의 기분)

수연 (오버랩의 기분)경비걱정 할 거 없어.그냥 갈아입을 옷만 싸들 구 나섬 돼.

윤희 (오버랩의 기분)나 회사 안 그만둬 수연아.

수연 ?‥ 그만둔댔잖어.

윤희 그냥 다닐 거야.…미안해.취소해.(물 잔 들며)내가 그만두면 그 사람 휘파람 불어.안 그만둘 거야.

수연 ….(보다가)그럴 거 없어 윤희야.끝난 건데 그까짓거 휘파람을 불거나 콧노랠 부르거나 상관할 거 없어.상관말구 자리 옮겨서 산 뜻하게 다시 시작해.너 자신을 위해서 그게 좋아.

윤희 아냐 그냥 다닐래.

수연 ….혹시‥아직 미련있는 거니?

윤희 나?…(웃으며)

수연 그래‥

윤희 아냐.그 사람 편하게 해주는 거 싫어서야.

수연 너는 안 불편하구 거짓는 거?

윤희 난…괜찮아.더 불편한 건 그 사람이니까‥

수연 (보며)….

S# 회사 근처 거리

영주 (동우 팔 끼고 걸으며)아침 제대루 얻어먹구 나왔니?

동우 음.

영주 동숙씨 음식 좀 할 줄 알어?

동우 밥해 먹으며 학교다닌 애야.너하군 달라.

영주 왜 나하구 비꼴해?나두 맘먹음 잘 할 수 있어.음식하는 거 뭐
어렵니? 발달된 미각만 있음 어려울 거 하나두 없어.

동우 얼마나 잘하나 어디 두구 보자.

영주 겁나게 구네.학원 댕길까부다.

동우 (문득 걸음 멈추고 보며)오늘은 짜장면야.

영주 ? 왜 하필 짜장면야.

동우 난 짜장면이 젤 맛있는 요린줄 알았던 놈야.가난한 봉급쟁이구.

영주 (팔 당기며)걱정마 널더러 돈 내라구 안해.

동우 (꿈쩍도 안하면서)내가 낼 거야.(보는 영주)얻어먹는 것두 한두
번이지 오늘은 얻어먹기 싫어.

영주 뭐 언짢은 일 있니?

동우 (걸으며)그런 게 어딨어.

영주 근데 왜 꼬장부리는 거처럼 느껴져?…응?….응?(얼굴 아래서 위

로 올려 들여다보는 것처럼/영주와 어깨 좀 세게 부딪고 지나가는 남자/
영주 걸음 흐트러지고)

동우 (기분 나빠서 잠깐 그 남자 돌아보고 영주 보며 걸음 떼며)앞보구
걸어. 길 걸을 땐 앞보구 걷는 거야.(에서)

S# 중국집 식탁(일반 음식점)

영주 (물 마시고 있는 동우 보며)……(있다가)동창모임에서 무슨 일 있
었니?

동우 (눈만 들어 보고)일은 무슨일.(다시 마신다)

영주 혹시 무슨 불쾌한 일이라두 있었냐 말야. 어젯밤에두 기분 별
루였잖아.

동우 (컵 놓으며 조금 웃는)신경쓰지 마.불쾌한 일 있을 게 뭐야.

영주 난 니가 나한테 솔직했음 좋겠어.너 어제부터 좀 달라.회사 사
람들 수근거리는 소리 들었니?누가 니/욕한대?아님 우리 엄마 혹
시 나모르게 너한테 뭐라 그랬니?

동우 ….(보며)

영주 응?··말해 뭐야.

동우 (픽 웃으며)상상에 나래 그만 접구 신경쓰지 마.그렇게 내 일
거수일투 족에 다 안테나 세워서 그럼/ 너두 피곤하구 나두 피곤
해.아무 일 없어.그냥 어제부터 감기기운이 약간 있어.몸이 무거운
거 뿐야.

영주 (얼른 손 뻗혀 동우 이마에 댔다 떼며)열은 없는데?

동우 약 먹었어.

영주 점심 먹구 주사맞으러 가자.초기에 주사루 잡는 게 젤 낫대.내
가 같이 가주께.

동우 (오버랩의 기분)됐어 주사까지 필요없어.

영주 안돼 너. 주사맞구 빨리 끝내야지 괜히 난데없이 짜장면이나 먹자 그러구 꼬장부리는 거 못봐주겠어.컨디션 나쁘면 기분 나빠지구/기분나쁘면 심통스러지구 그래.나두 그러니까.

동우 .....(보며)

영주 왜 그렇게 보는 거야?

동우 (시선 내리며)엄마는…그 뒤에 아무 말씀 없으시니?(물컵에 손 대고)

영주 완전히 묵살.나하군 눈두 맞추기 싫은가봐.어쩌다 쳐다봐두 대책없는 또라이 쳐다보듯/그래.

동우 (물컵 엄지손가락으로 문지르며/시선 내린 채)그래갖구…결혼할 수 있겠니?

영주 왜 못해.

동우 오월까지…기다려야는 거야?(시선 들어 본다)

영주 미쳤니?오월까지 어떻게 기다려.그럴 생각 눈꼽만큼두 없어.

동우 …(보며/길지 않게)

S# 회사 앞 광장

윤희 (혼자 또박또박 걸어와 현관으로 가는데)

영국 E 서대리.

윤희 (돌아본다)

영국 (회사 현관 앞/차에 오르려다가 윤희 부른/기사 옆에 서 있고)점심 하구 들어오는 거에요?

윤희 네..이제 나가시는 거에요?

영국 예 숙부님하구 점심했어요..어머님 모시구 치과가요.

윤희 네에…(하고 자동차 쪽으로 움직인다)

영국 (차 안 들여다보며)어머니 서대리 인사드린대요.

S# 차 안

한 (유리 자동문 내리는)

윤희 (몸 굽히고 밖에서)안녕하세요 사모님.

한 (끄덕이며)영국이한테 얘기 들었어요.집안이‥ 좋잖은 일 겪었다구?

윤희 네에‥

한 쯔쯔,안됐어요 서대리.

윤희 감사합니다…안녕히 가세요 사모님.(목례하고 물러나는)

S# 차 밖

윤희 (물러나면서 영국 잠깐 보고)

영국 자 그럼 또 봅시다.(차에 오르고 기사 문 닫고/자동차 출발)

윤희 …(기다리고 섰다가 차 안의 한여사에게 허리 굽혀 인사)…

S# 현관 안

윤희 (들어와서 승강기로)……

S# 승강기 앞

윤희 (기다리는 사람들 안으로 묻히는데)

인주 (윤희보다 뒤에 들어왔다/화면 안으로 뛰어들며)말두 없이 혼자 나가구 그러기에요?

윤희 미안해.약속 있었어.

인주 (흘기면서)그런 줄두 모르구 한참 기다렸단 말예요.

윤희 ?실장님 암말 안하셔?

인주 비서실 비었든데요 머.(승강기 열리고 타는 사람들)

윤희　어어,회장님(타면서)식사하셨대 참.거기 들어가 있었을 거
　　　야.(타는 인주)미안해.다신 안 그럴께(여기서 승강기 문 닫히면서)

S#　비서실

윤희　(멍청하니 앉아서)……

S#　거리

동우　(화주 방문길……걸으면서도 생각은 딴 데로)……

S#　구기동 거실

이여사　(찻잔 놓지 말고)만난지 넉달 남짓밖에 안된 애들 약혼시킨
　　　것두 내 맘엔 안 들어.5월 전엔 결혼할 생각 마.

영주　만난지 넉달,5월/도대체 그게 무슨 의미가 있는 거예요?

이여사　한 평생을 살구두 다 모르겠는 게 남자라는 사람들야.빨라
　　　서 좋을 거 없어.

영주　아버지께 물어보세요.아버진 엄마 다 알았다구 하실 거 같아
　　　요?어차피 남자 여자 한 평생 살아두 다 몰라.그게 사람이에요.어
　　　차피 그런 건데 시간 끌게 뭐야.중매두 아니구 우린 연애예요.

이여사　(오버랩의 기분)연애가 중매보다 더 위험해.오죽하면 눈에
　　　콩꺼풀 씌였다 그래.

영주　그럼 엄마는 5월까지 미루면 그동안 내가 동울 다 알수 있을
　　　거라구 생각해요?

이여사　몇달 더 보면 더 알아지는 게 있겠지.

영주　조금 더 알아서 뭐가 달라지는데.평생 살구두 다 몰랐다면서.

이여사　약혼두 니 맘대루/결혼두 니 맘대루 하겠단 거야?배 아퍼
　　　나놓구 그권리두 없니?

영주　권리문제가 아냐 엄마 이건.

372

이여사 그녀석이 나는 싫어.께름칙하단 말야.불안해.

영주 그래서 5월까지 기다리면 싫구 께름칙한 게 없어져?그런 거
에요?

이여사 (소리 탁 낮춰서)너 자꾸 이럼 그녀석 여자관계 다 내놓는다.

영주 ……(보며)

이여사 입 다물구 가만 있어.망신당하기 싫다면서.

영주 (소리 낮춰)나 위해 비밀 지키구 있는 거 아니잖어요?내놓구
문제 삼기에는 엄마 자신이 떳떳칠 못하기 때문 아뉴?

이여사 (쏘아보며)전생에 원수가 만났다.

영주 나두 엄마가 마음에 드는 건 아니에요.(하는데)

영은 (계단에서 내려오며)저기 있잖아요 엄마.

이여사 (지금까지의 상황이 전혀 아닌 척 돌아보며)왜애….(부드럽다)

영은 ……(와서 소파에 앉으며)염치없지만 (미안해하며)부탁이 있어
요…. 차가 한대 필요한데….

이여사 염치없을 거 없어.누구처럼 내 속 안뒤집는 것만으루두

이여사 E (영주 위에)얼마나 이쁜데 우리 영은이.그래 어디 또

이여사 차가 필요해 응?(녹을 듯이)

영은 우리 다니는 양로원 밴이 너무 노후해서/굴러다니는 때보다
서있는때 가 더 많은가봐요(어리광스럽게)엄마가 한대 기증해주
면 어떨까 해서요.친구들이 모두 기증자 찾아보자 그러구 한달
이나 됐는데 아직두 꽝이구 이제 모두 다 내 얼굴만 쳐다보는 거
있죠.

이여사 니 얼굴에 밴/그렇게 써있나부지?

영은 네에.

이여사 그래 알었어. 낼 처리하자.

영은 꺄아아악/(엄마에게 달라붙어 껴안으면서)엄마아아아.

이여사 (딸 마주 안고 토닥이며)원 그렇게나 좋아아? 진작 얘기하지 그게 그렇게 고민꺼리였으면.

영주 (기막혀 보고 있다가 일어나며)트럭은 안 필요하니? 필요하면 지금 얘기해. 버슨 안 필요해?

영은 ? 언니 왜 그래?

영주 (주방으로 가며)아줌마 저녁 아직 멀었어요?

여자 E 네에 다 됐어요오.

S# 주방

영주 (들어와 냉장고 열고 주스 병 꺼내는데)

여자 (일하다가)아이구 지금 그걸 먹으면 저녁들어갈 자리 어딨어요. 새밥만큼 먹으면서. 목마르면 물이나 한모금 마시구 참어요. 금방 돼요.

영주 (주스 병 도로 넣으며)아줌마 말씀이 옳아요.(물병 꺼내며)딱 한모금만 마시께요……(컵에 물 따라 한 모금 마시고)……(분해서)

S# 성북동 거실

할머니 소파에 앉혀놓고 할머니 옆에 붙어 앉아서 할머니 손 만지며

영국 서른 여섯요 할머니. 서른 여섯 됐어요 금년에.

노모 (손자 보며)……애는 ··안직두 읍냐? ··혼인한지가 은젠데 아직두 애가 읍어.

영국 여자가 없는데 앨 어디서 나요 할머니.

노모 너는 그런 짓은 아예··할 생각 마라…바깥에서 나갖구 들어올 생각은 하지 마.

영국   ·····네 할머니.

한   (차 쟁반 들고 화면 안으로)

노모   에미야.

한   네에.

노모   아 얘가 아직두 소생이 읍다는구나.너 병원에 좀 데리구 가보든지… 할 것이지 …무심하게 그럴 일이 아니야.

한   (찻잔 놓으며)예 알겠습니다 어머님.차 마셔라.

영국   예··(너무 경박하지 마세요/찻잔 들어)할머님 차 드세요.(하고 노인 입에 찻잔 대주는)

노모   (마시려고 입 대다가 한 손으로 찻잔 뿌리치며)뜨거어어!(찻잔은 내동댕이쳐지고)

영국   아유 네 할머님 죄송합니다.(한여사가 뽑아준 휴지로 닦아주며)뜨거우셨어요? 제가 잘못했어요 할머니.(한여사는 컵 들어 올리며)아줌마··

여자   (벌써 행주 들고 뛰어나오며)네에··(나와서 닦는)

한   어디 보자.데지 않으셨어요?···(살피는데)

노모   너는 또 은제 이렇게 늙은 거야···

한   (웃으며)네에.저두 늙지요오

노모   나보다 니가 더 늙었다.너 그래갖구는 그 여우 못당해애··신경 좀 써어··

한   네 어머니.(노인 앞자락 간추려주면서)

영국   ···· (두 노인 보면서)

S# 윤희의 골목길

윤희   ····(느릿느릿 걸어오고 있다)······(걷다가 문득 귤 사던 가게 앞에서

멈춰 서며)……(가게 보고 있는데)

가게 여자 (쓰레기 봉투 들고 무심히 나오다가 윤희 보고)⋯(뭐라고 말은
못하고 불쌍해죽겠다)⋯

윤희 (그냥 걸음 옮기기 시작한다)⋯

여자 ⋯⋯(봉투 든 채 한동안 보다가)⋯⋯에이구우우우(봉투 처치하러 움
직이며)속 아퍼 죽겠네 그냐양⋯

윤희 ⋯(걸으며 흐느끼는)……

S# 윤희의 마루

윤희 (들어온다)⋯다녀왔습니다아.

조모 (부엌에서 나오며)⋯(그저 보며)

윤희 (제 방으로)⋯

지숙 (부엌에서 나오며 보고)

조모 (부엌으로 돌아서는데)

S# 윤희의 방

윤희 ⋯(조용히 흔들림 없이 옷 갈아입기 시작하는데)

혜림 E 엄마엄마.(윤희 휙 문 돌아본다)

혜림 (방으로 들어오고 있다)

윤희 (흐윽 숨이 막히는데)

지숙 (방문 연다)⋯

윤희 ⋯(보고 얼른 돌아서서 옷 벗는 것 계속)

지숙 (들어와 방문 닫고 윤희가 벗어놓은 옷 집어 드는데)

윤희 내가 하께.

지숙 (그냥 처리하면서)⋯

윤희 (집에서 입는 옷 입기 시작)⋯⋯

지숙　……(윤희 옷 처리하며)수연언니 전화왔었어.

윤희　‥(앉으며)만났어.

지숙　…출근했다니까 놀래드라구.

윤희　(끄덕인다)…

지숙　(다 처치했다)엄마 일찍 들어온대‥‥안 씻어?

윤희　쪼끔 있다가…

지숙　‥‥‥(언니 옆에 쭈그리고 앉으며)나 보기 싫어?

윤희　…(보며)

지숙　보기 싫으면 당분간‥안 보여주께‥

윤희　(지숙 무릎에 손 올리며)지숙아‥‥그런 생각 나 안해…너두 하지마.

지숙　그렇지만 언니(울며)

윤희　(오버랩의 기분)막을 수 있는 일 아니었잖어.너 변소 안가구 지켜보구 있었대두(남아 있다)

지숙　(오버랩의 기분)집에 있었으면 좋았잖어.

윤희　(오버랩의 기분)날씨 존데 집에 있는 거 보다 나가는 게 낫지이.

지숙　혜림이가 나가자 그랬단 말야.(눈물 쓱쓱 닦으며)

윤희　그래 누가 뭐래? 잘못한 거 없어.혜림이…명일 거야.그렇게 생각하자 우리.(현관문 소리)

지숙　(윤희 목 안으며 흑흑흑)

윤희　……울지 마…(고통으로 찡그리며)나‥우는 거 지겨워. 그만 울구싶어 지숙아……

이모　(문 열며)개만두 못한 짐승 또 왔다.

이모　E (돌아보는 윤희 지숙 위에)무슨 볼일있어 자꾸 오는 거야 저 재수읍는 눔.

윤희   (스르르 일어나 간다)

S# 마루

이모   (나오는 윤희에게)너같은 늚하구 볼일 더 없다 딱 부러지게 얘
기해.빙충이모양 받자하지 말구/(윤희 현관으로)……(보다가)어이
그으으으 되다만 거.뭐야 설마 그래두 미련있어 밍기적거리구 자
꾸 오게 하는 거야?… (윤희는 나갔고/불현듯 벌컥)자식잡어먹구 그
늚받어 뭐할 건데에!

지숙   (나와 있다가)열내지 마.소금갖구 나오께.

S# 대문 앞(밤)

윤희   난 할 얘기 없어.

동우   내가 얘기가 있어.(하고 앞서 뚜벅뚜벅 걸어간다)

윤희   ….(보며)

S# 동네 길

동우   (서너 걸음 앞서 걷고)….

윤희   (뒤에서 걷고)….

동우   ……

윤희   ……

S# 공터(산 언덕 같은 곳)

적당한 거리를 두고 한 방향 보고 서서…

동우   ……변명할..여지가 없어..(저만큼 앞 땅 보며)

윤희   ……(시선 동우와 비슷하게)

동우   니맘 …충분히 이해해.

윤희   그런 말 하지 마.(자르듯)

동우   (돌아본다)

윤희 이해할수두 없을 뿐 아니라 …이해가 필요하지두 않아.

동우 정말로 난 과장인 줄 알았단 말야.(윤희 쪽으로 돌아서며/안타까와서)

윤희 똑같은 얘기 왜 되풀이 해?

동우 생각을 해봐.내가 아무리 나쁜 눔이라지만 /사실루 알면서두 모른척 할만큼/그렇게 모질진 못하단 말야.

윤희 …….

동우 ……(보다가 천천히 다가와 서는)나한테….그래..이를/.. 갈아부치는 마음…알거같아…..미안하다….정말 ..잘못했어….(가슴 조여서 숨 좀 들이쉬었다 내쉬고)미안하다 잘못했다루……내/실수..만회할 수 없겠지만….봐줘…봐달라구.

윤희 (시선 들어 조용히 보는)….

동우 혜림이..내 탓일 수 있어.내가 미친눔 되는 바람에 식구들이 모두 애한테 방심했을 수두 있구

윤희 사고는 사골 뿐야.누구 탓두 아냐.

동우 ….그렇다면 괴롭힐 거 없잖아.

윤희 (오버랩의 기분)혜림이/.. 너무 당신 목말라했어.맘변하기 전에두 혜림이 맘 기쁘게 해준 적 별루 없어.혜림이는 늘/..가뭄에 타는 풀포기같았어.우린 밤낮 당신한테 목이 마르구 배가 고팠단 말야.

동우 (자책으로 눈 감으며 조금 돌아서는/숨 내쉬며)…

윤희 걘…버려지구두…버려진줄두 모르구 절 버린 사람을 …그렇게 한결같이 그리워했어.

동우 ……(고개 돌려 보는)…

윤희 (어둠 속 응시하며).....(투두두두둑)

동우 .....(고개 다시 앞 저만큼 땅으로)....어떻게 하면 좋겠니......(윤희 돌아보며)어떻게 하면 니 맘이 조금이라두 풀릴 수 있겠니.

윤희 ....

동우 방법이 있으면 가르쳐줘.....하께.

윤희 죽어.

동우 ....(서늘해서 보는)

윤희 죽기 전엔(침착하게)혜림이한테 사죄가 안돼.

동우 ......(보며)

윤희 (여전히 침착하게)죽을 수 없으면/당신 입으루 사실 밝히구 파혼을 한 번 해봐.(돌아보며)죽는 거 보다 훨씬 쉽잖아?....할 수 있어?

동우 ......(보며)

윤희 (고개 앞으로)두가지 다 못할 거야.죽는 건...할수가 없을 거구/파혼은 하구싶지가 않을 거야.(좀 비웃듯)

동우 (좀 올라서)내탓 아니라면서 왜 나한테 분풀일 해!내가 애 그렇게 되기 바란 사람야?아니잖아!

윤희 (동우 쪽으로 돌아서며)한구석에서 홀가분한 거 아냐?

동우 뭐야?!

윤희 걸리적거리던 혹이 없어졌으니까.

동우 너... 말이면 다해?!

윤희 (오버랩의 기분)당신같은 사람은 이세상에 없어야해.당신같은 사람이 거칠거 없이 잘 뻗어나가면 이 세상이 위험해져.우리가 옳다구 생각하는 가치 기준이 망가져.만약 당신이 아무 일없이 잘 뻗어나가면/당신은 당신같은 사람 또 하나 만들어내구/그 사람은 또

다른 당신 만들어내/자꾸자꾸 만들어. 그래서는 안돼.이 세상이
그렇게 돼서는 안돼.

동우　쎄는 거창하군.그래서 날 어쩌겠다는 거야.구체적으루 좀 알자.

윤희　싸우는 사람이 적군한테 전략 미리 알려줘?

동우　(윤희 팔 낚아 잡으며)너 왜 이러는 거야 대체!

윤희　(꿈쩍도 않고 보는).....

S#　**산 언덕에서 보는 야경 위에**
　　M 잠시 흐르고

S#　**다시 같은 장소**

동우　.......

윤희　.......

동우　그래 좋아.(나직이)그대루 물러서긴 억울하다 그거지.

윤희　(탁 돌아본다)...

동우　얼마면 돼.말해봐 어디한번.

윤희　일진상선 내놔.

동우　.......미쳤군.

윤희　미쳤어.그리구 헛수고하지 마.당신 나 잘라낼 때 미쳤다구 했
지?또 헛수고하지 말라구두 했어.난 미쳤어 헛수고 마.

동우　.......너 ...윤희 맞아?

윤희　나...못할 짓 없어.당신 좋은 머리루 상상하면서 겁내는 일 전부
를... 난 다 할 수 있어.

동우　....말려죽일 작정이구나.

윤희　...어쩌면....

동우　......(보며)

S# 윤희의 방

윤희 (혜림이 갖고 놀던 완구 인형 안고 아이 쓰다듬듯 하며)……(완구 냄새
맡으며)……

S# 동우 빌라 거실

동우 (다리 포개고 앉아 담배 태우고 있다)….(천천히…아주 천천히)…

동숙 (조금 떨어진 위치에서 보고 있는)….

동우 ………

　　　E 전화벨

동숙 (오빠가 받지 않나 싶어서)…(오빠 본다)

동우 ……(꿈쩍도 않고)

　　　E 계속 울리는 벨.

동우 (일어나 침실로 움직이며)잔다 그래.

동숙 (오빠 잠깐 보고 전화받는다)여보세요?

엄마 E F 엉 동숙이니?

동숙 네 엄마.

엄마 F 오래비 들어왔어?

동숙 네‥(침실 쪽 보며)들어왔는데…잔다구 들어갔는데…

엄마 E F 잠깐 좀 깨워라. 할말이 있어어.

동숙 ‥잠깐만요…(수화기 놓고 침실로)…(노크한다)….(대답 없다)오
빠. 엄만데 할말 있대요.

동우 E 잔다 그러랬잖아!!

동숙 (주춤 좀 물러서고)‥알었어요.(하고 돌아서는데)

동우 E 네. 왜 그러세요.(동숙 돌아본다)

S# 침실

동우 제가 어떻게 또 가요 회사 다니는 놈이.(짜증스레)…일요일은 저두 좀 쉬어야죠/딴 볼일은 하나두 없어요?

S# 춘천 아파트 안방

엄마 아니이이…늬 아부지가 자꾸 너 보구 싶다그 그러셔서어··(옆에 누워 있는 남편)··바쁜지 알지이.바쁜지 알지만 어떻게 걔 좀 데리구 한번 다녀갔으면 싶은데에

S# 동우 빌라 거실

동우 누구요.(E 밖에서 수화기 내려놓는 소리 필터로)누굴 데리구 오란 거 에요 지금……(눈 꽉 감았다 뜨며)약혼식장에서 봤으면 됐지 뭘 또 봐요……편찮지 않으면 또 몰라요.지금 누워계시잖아요.(그러니까 데려오라는 거지)전 그사람한테 우리 집 뵈주기 싫어요…아파트든 뭐든 글쎄 지금 시간두 없구요 뵈주기두 싫다구요…예 끊어요 저기 잠깐요 어마니… 아버지 상태가 더 나빠지신 건 아니죠…그럼 됐어요…네 주무세요…… (전화기 내려놓으며)

S# 마루

볼품없는/사과 몇 개 놓고 깎고 있는 이모/조모/윤희/아무도 아무 말 없이.

이모 ……

조모 ……

윤희 ……

이모 (쪽 내서 깎은 사과 한 쪽 찍어 윤희에게)

윤희 (받아서 조모에게)

조모 너 먼저 먹어.

윤희 드세요.

조모 (받아들고)....(후우우우우)

이모 .....(깎여진 사과 한 쪽 다시 찍어서 윤희에게)

윤희 ...(받아서 한 입 베어 씹는다)....

이모 잊자아...(한숨 섞어서)...잊구 살아야지 어쩔 거야...단체루 한 강물에 뛰어들지 못할 바에야....어쩔 거냐구..

윤희 ...(끄덕인다)

이모 그눔 치분거려두 절대루 받어주지 마 너.

윤희 (보는)

이모 한번 속지 두번 속니?(지숙 수건에 발 닦으며 화장실에서 나온다) 한놈한테 두번 속을 빙충인 거 같으면....가만 안둬 내가.패...죽여 버릴 거야 너.

조모 (못마땅해서 딸 보고)

이모 (지숙 주며)너두 잘 들어.잘난 척 하지 말구 사내 겉보지 말구 속봐. 속이 인간이래야 사람인 거지 거죽만 번드르르해서 인간이 아닌 거야.

지숙 (빗쭉거린다)

이모 왜 비쭉거려.

지숙 엄마두 뭐 강동우 좋아했었잖어.사내자식처럼 잘생겼다구.

조모 아 늬들은 말이 하구 싶니이?

모녀 (할머니 본다)...

조모 그냥 조용히 먹어.먹구들 들어가....쓸데읍는 소리들 지껄이지 말구/ 끄으응(하며 일어나 들어간다)

이모 아 사과 더 잡숴요.

조모 (그냥 아웃되고)...

384

이모　누구는 지껄이구 싶어 지껄이나(혼잣소리)⋯.말두 안하구 있으면⋯ 환장할 거 같구면⋯

윤희　(그냥 사과 썹으며)⋯.

　　E 전화벨(윤희 방 꺼)

윤희　(지숙 보며)나 안받구 싶어.

지숙　(발딱 일어나며)알었어.(윤희 방으로)

윤희　저 그만 들어가요.(일어나며)

이모　그래.그래라.

S# 윤희의 방

지숙　(전화받는다)네 여보세요.

영국　F 서윤희씨 댁이죠?

지숙　?⋯네 그런데요? 실례지만 누구세요?

S# 영국의 방(성북동)

영국　(클래식 틀어놓고 침대에 걸터앉아 양말 벗으며)노영국이라면 아마 알 겁니다⋯.아 자요 벌써?⋯네에⋯안 자면서 잔다 그러는 거 다 안다구 전해 주십쇼.

S# 윤희 방

지숙　(시선은 윤희에게/윤희는 자리 펴는 중)

영국　F (연결)안녕히 계세요.(F 전화 끊기는)

지숙　(수화기 놓으며)누구야?

윤희　?누군데.

지숙　노영국이라구 하는데?

윤희　⋯.

지숙　아는 사람이야?

윤희 돌아가신 전회장님 아들.

지숙 ?··그 날건달이 언니한테 전화 왜 해?

윤희 심심한가부지…

지숙 미국 있다 그러지 않았어?

윤희 ··왔어··

지숙 언니 치분대?

윤희 그냥··아무한테나 그러는 사람이래…

지숙 ····(보다가)안자는 줄 안다구 전하래.

윤희 (베개 제자리에 놓으며)·····

S# 빈 어두운 마루

S# 윤희의 방

윤희 (옆으로 누워···손 하나 혜림 가슴에 얹혀지던 위치에 놓고···)······

S# 안방

　어둠 속에 불 끄고 누워서 모녀·······

이모 (일어나 주전자 물 따라 벌컥벌컥 마시고 놓고 엄마 돌아본다)·······고
스톱 칠라우?

조모 ····매친 것.

이모 ····(도로 눕는데)

　　E 대문 벨

이모 ···누구야···그눔 또 온건 아니겠지 설마(일어나 나간다)

S# 마루

이모 (나오며 불 켜고 현관문 연다)누구세요!지숙이 자니?

남편 E 나야.문열어.

이모 (급하게 나가며)아구구구 이 양반 바뻐서 못온다드니····

386

S# 조모의 방

조모 (아구구구 이 양반 소리에 벌써 몸 일으켜 앉아 있다가 빠르게 일어
나 전등 켜고 자기 이부자리 걷어 밀치는)

S# 마루

이모 (남편/철근 기술자/앞세우고 들어오며)못 온다드니이.

남편 하루 쉬게 됐어.

지숙 (오버랩의 기분)아부지 씻어야죠.물 뎁히게(하며 안방 문 열려
는데)

조모 (먼저 열며)보일러 넜다.어서오게.

남편 잘 지내셨어요?

이모 이이는/잘 지내긴 애가 그렇게 됐는데

남편 그러네··

조모 어이 들어와.

남편 예.

S# 안방

들어오는 세 사람.

남편 윤희는··자나?

조모 낼 보게…깨있으면 나올텐데 자는 모양이니까.(앉으며)

남편 얼마나 상심이 크세요 그래 장모님.

조모 이루 말을 할 수가 있나…

남편 애가…너머 이쁘게 굴면 그게 수상한 거라구 그러더라구요··

이모 뜬금없이 무슨 소리유?

남편 그러드라구.애가 지나치게 너머 이쁘게 굴면 대개 지부모 가
슴 찢어놓구 떠난대…혜림이가 지나치게 그랬잖아요 장모님.

이모   어이그어이그 어디서 말두 되두않는 소리나 물구 들어오구‥

지숙   (아버지 옆에 들러붙어 앉아서)난 아부지 무슨 말인지 알거 같어.

남편   (좋은 눈으로 딸 보며)알거같지?

지숙   (끄덕인다)

남편   (딸 어깨 안으며)윤희한테 더 잘해줘.혜림이 생각 잊어버리게
      노는 날 데리구 나가기두 하구‥

지숙   돈이 있어야지 뭐.

남편   엄마한테 달라 그래.

지숙   어이구 엄마가?

조모   그럼‥씻구 일찍 쉬게(자기 침구 안으려 일어서며)

남편   벌써 주무시게요?

조모   자지 그럼 뭐해.(침구로)

이모   (오버랩의 기분)얘.

지숙   (발딱 일어나며)엉 놔두세요 할머니(할머니 밀치고 이불 제가 안고
      나간다)

이모   옷 벗어.

남편   아직 씻지두 않았는데 벌써 옷 벳겨서 뭐할려구.

이모   어이그어이그 (눈 째지게 흘기는)

S# 마루

조모   …(지숙 현관에서 신 신으려는데)얘…

지숙   ?

조모   윤희한테 들어가자.…이리 와.

지숙   ….(잠깐 보다가 도로 올라서 움직이며)언니랑 주무시구 싶어요?

조모   …..(대꾸 없이 조용히 방문 열고)이리내.(소리 극도로 줄여서)깨

388

울라…(이부자리 넘어가고)

S# 윤희의 방(어둠)…

조모 (들어오고/지숙/가만히 문 닫아주고)……(이부자리 놓고 쭈그리고 앉아 자리 펴기 시작/윤희 안 깨우려 하면서)…

S# 마당(밤)

S# 윤희의 방

윤희 (어둠 속에 일어나 앉아 흐느끼고 있다)……

조모 ……(일어나 앉아 보면서 머리 쓰다듬어 주면서)……(자신도 울면서)…에이구 망한 것……몹쓸 것……(울음 섞여)아서라 울것두 읍서어…부모 앞에 먼저 간 망한 건/생각할 거 읍는 거야아아‥

윤희 ……(그냥 흐느끼며)

조모 (껴안으며)자다 일어나 왜 울어어어…울지 마라 울지마‥…울어두 울어두…끝이 안나아…자식 앞세운 에미 가슴…할미‥몰라? ‥…할미두 니에미 보냈어어어‥…

윤희 ……(우는/소리 커질까 봐 억제하면서)

조모 에이구우 내 새끼‥…내 강아지이이이이이……

S# 안방

이모 (벌컥 이불 제치며 일어나며/어둠 속)이이가 그런데에?…당신 사람야? 사람야?

남편 을마만인데 이래애‥나 낼 아침엔 가야한다구우‥

이모 죽어?죽어?죽어?

남편 (자빠트리며)까다롭피지 말구 누워어어/다 이러구 사는 거야. 이게 인생이야아

이모 이이가 증말‥사람두 아냐 사람두 아냐(남편 주먹으로 퍽퍽 갈기

제10회 389

며/그러나 노상 거부만은 아니다. 두 사람 다 소리 극도로 죽여서)

S# 어두운 마루

F.O

S# 일진상선 전경(저녁 때/아직은 어둡기 전)

S# 회장실

윤희 (들어와서 회장 책상으로)……네 회장님.

회장 (양복 상의 입으면서)내일부터 영국이가 출근을 하게 되는데…

윤희 ……(보며)

회장 서대리 기획실장 방으루 자릴 좀 옮겨줬으면 해요.

윤희 ……(보며)

회장 다른 여비서보다는 서대리가 미더워서 그래‥(책상으로 움직여 서랍 빼면서)그래 주겠나?

윤희 ……(시선 내리고)

회장 내가 아끼는 사람이야 서대리는(서랍에서 두툼한 봉투 꺼내며 본다)그 녀석이 무슨 짓을 하든 말려들지 말구…적당한 기회에 바꿔줄테니까.

윤희 ……(보며)

회장 가기 싫지?

윤희 ….

회장 가기 꺼려지는 거 알아요

윤희 (오버랩의 기분)아닙니다 회장님….가겠습니다….

제11회

S# 비서실

윤희 (자기 개인 사물과 그대로 놓아둘 것 정리하고 있는데)····

인주 E 서대리님.

윤희 (본다)

인주 (들어오며)어떻게 된 거에요?

윤희 어 나 방 옮겨야 해.

인주 건 알어요.근데 왜 서대리님하구 나하구 바꿔요?

윤희 ?인주씨가 와?

인주 전무님 내일부터 여기루 출근하라구 그러시네요?근데 왜 서
대리님이 움직이냐구요.

윤희 (손 움직이며)몰라.우리는 그냥 움직이라면 움직여야하는 사
람들이잖어?

인주 ····(보다가)난 낼 아침 일찍 나와 옮길려구 했는데 언니 보니까
나두 지금 해야겠네.(하고 돌아서다)오늘 저녁/ 약속있어요?

윤희 회장님 심부름 가야해.

인주   건 시간 그렇게 안 걸리잖아요.저녁 먹어요 우리.

윤희   글쎄에?(하는데)

배   (들어온다/좀 부드러워질 수 없을까)뭐 나하구 있는 게 그렇게 지긋지긋했나/벌써 짐 싸게.

윤희   (웃으며)옮겨놓구 출근하는게 졸 거 같아서요.인주씨가 온대요 실장님.

배   알구 있어요.부탁해요.

인주   부탁드립니다 실장님.(허리 굽히면서 인사하고)실장님 우리 서대리님 송별회 해요.

배   그럽시다 송별회겸 환영회합시다.(에서)

S# 거실

윤희   (들어온다)

영주   (커피 잔 들고 현관께 섰다가)안녕하세요?온다는 얘기 들었어요.

윤희   (목례)

영주   (곧장 안방으로 움직이며)오빠 일어나 방에 들어가 자..(하고 더 가다 돌아보면)

영국   (긴 소파에 쿠션 베개 삼아 팔짱 끼고 자고 있다. 가슴에 책 펴져 얹혀 있고)

영주   (오빠에게 와서)오빠··오빠.(흔들며)

영국   어 왜··왜그래.

영주   잘려면 방에 들어가 자.

영국   (돌아누우며)놔둬.기분좋게 자는 사람 왜 깨워.

영주   회사에서 누구 왔단 말야.(질색하겠는)

영국   (마지못해 일어나며)누군데에····(영주는 영국이 일어나는 폼이자

곧바로 안방으로 움직이고)

영국   (얼굴 쓱쓱쓱 부비고 윤희 보고 일어서며)?어..웬일이에요.(대본
에 없는 헛웃음/군소리 삭제 요망/일부러 건들거리지 마세요.)

윤희   회장님 심부름 왔습니다.

영국   성북동 구기동 생활비/서대리가 다 뛰는 거요?

윤희   ....(대답하기가 좀 그래서)

영국   오늘두 돈입니까?

윤희   ..잘 모르겠습니다.(하는데/안방 문 여닫히는 소리)

영국   (돌아보며)서대리 왔는데요?

이여사   (영주 뒤따라 나오고)이리 와요.연락 받았어요.(영주 주방으로)

윤희   (목례 공손하게 하고 이여사 쪽으로/이여사 앉고/윤희 핸드백 여는데)

이여사   앉아요.앉아서 천천히 해두 돼요.

윤희   ..(이여사 보는)

영국   (앉으며)앉아요앉아.앉읍시다 서대리.

윤희   (앉는데)

영주   (주방에서 내다보며)오빠 커피 마실테야?서대리 커피 주까요?

윤희   아뇨 전 됐습니다(와 동시에)

영국   어 그래 마시자.서대리두 마신다.

윤희   (영국의 말 잠깐 표 안 나게 의식하고)회장님께서 오실려구 했는
데(핸드백 다시 열면서)다른 일이 생기셔서

이여사   (오버랩의 기분)됐어요.서대리 보낸다구 하셨어요.

윤희   (네에 하는 기분/얄팍한 봉투 꺼내 이여사에게)여기 있습니다.

이여사   (받아들며)수고했어요.(일어나며)커피 줄 모양이니까 커피
마시구 가요.

윤희 (얼른 일어나며/반갑지 않은 호의지만)…네.

이여사 (안방으로 우아하게)…(들어간다)

영국 …(일어난 윤희 보다가)들어가셨어요.앉아요.(출렁거리지 마세요)

윤희 …(앉는다)

영국 …(보다가)빈틈없이 단정하게 입으셨군.

윤희 ?(이날 따라 아주 단정해야 합니다/그러니까 10회 끝부분부터요)

영국 E (영국 보는 윤희 위에)마치 갑옷으로 무장하구/나한테 함부루 굴지 마세요 하는 것처럼.

윤희 (시선 내린다)

영국 (좀 기대면서 윤희 보며)하긴 여자는 옷 입는 거 갖구두 알수 없드군.

영국 E (보는 윤희 위에)한때/옷을 기가막히게 세련되게 입는 아가씨하구 그 뭐라 그러죠? 역사와 전통에 빛나는 우리 옛말/교제라는 걸 한 적이 있는데/

영국 딱 세번 만나보니까 그여자 세련된 옷차림이 패션잡지 모방인거 알겠드라구요.전혀 세련된 여자가 아니었어요.

윤희 ……(시선 저만큼 아래로 내리고 대꾸할 말이 없다)

영국 단정한 옷차림만큼 과연 그렇게 단정합니까?

윤희 ……(본다)

영국 수녀원에 있다 파계하구 내려온 사람처럼 너무 그럴 필요 없어요.서대리는 뭐냐 좀 촌스러워요.

이여사 (벌써 나오면서(오버랩의 기분))그런 실례가 어딨니…(앉으며) 상관하지 말아요.별 악의는 없는 애니까.

영국 서대리 같은 여자 어떻게 생각하세요.저하구 안 맞을까요?

윤희 …(위에)

이여사 E 농담두 때와 장소에 맞게/

이여사 듣는 사람들이 모두 기분좋게 즐길 수 있어야 하는데/니가 농담이라구 하는 말은 항상 딴사람을 난처하구 거북하게 만들어.

영국 농담 아니에요.(흔들지 마세요)

이여사 것두 농담이지?(아들 보며)

영국 농담 아니라니까요.

이여사 농담 아닌 얘길 이런 상황에서 그런식으루 하니?숙부님 심부름 온 여비서 앉혀놓구?(상당히 힐책하는)

영국 알았어요.전 기본이 안돼 있죠.금방 세상에 태어난 갓난아이루 돌아가 처음부터 모조리 다 새루 익히구 배워야죠.걷는 거,웃는 거, 말하는 거,농담을 농담처럼 진담을 진담처럼 하는 거/그리구 또(남아 있다)

이여사 (오버랩의 기분)나갈 데 없니?

영국 ?‥서대리 일어날 때 같이 일어나죠 뭐.

이여사 (못마땅한 눈길 아들에게 준 채)차 아직 멀었어요?(주방에 대고)

영주 (나오며)일초만 참지.나가구 있어요.(소파 쪽으로)

영국 (오버랩의 기분/영주와 상관없이)우리 집 생활비두 서대리가 배달해요?

이여사 (오버랩의 기분)생활비 아니야.

영국 그럼요.

이여사 뭘 그렇게 알구 싶어.

영국 알면 안되는 거에요?

이여사 사채쓰던 거‥빼달래서 돌려주는 거야.

영국 ....규모 작아두 사채같은 거 안쓰는 회사였으면 좋겠어요.

이여사 걱정할 정돈 아니야.(영주 찻잔 놓고 같이 앉아주세요)들어요.

윤희 ...네..(커피 잔 집어 드는데)

영국 퇴근한 거죠?

윤희 ?...네.

영국 약속있어요?

이여사 (좀 화나서)영국아.(강하게)

영국 아 뭐 물어두 못봐요?

영주 오빠가 걸 뭐하러 물어봐.웃기게.

영국 웃겼어?

영주 웃겼어.

영국 약속없다면 (윤희에게)

이여사 (오버랩의 기분)뭐하게.

영국 나하구 놀자구요.(애들처럼)윤희야아아 나하구 노올자.

영주 (갤갤 웃으며)그러지 마 오빠.서대리 당황스럽게 왜 그래.신경쓰
지 말아요.

윤희 ....

S# 정원

윤희 (먼저 나와서 대문으로)

영국 (곧바로 따라나와)서대리

윤희 (멈추고 돌아본다)

영국 언제 시간 줄 거에요.(나직이 꽤 진지하게)

윤희 ....(보며)

영국 강아지라두 한 마리 옆에 있었으면 할때....내 강아지가 한번 돼

주지 않겠소?

윤희　(그냥 돌아서 걷는)

영국　(따르며)강아지란 말이 기분 나쁘면 취소하구요.서대리가 나만 보면 딱딱해지니까 헷소리 한 거요.

윤희　….(그냥 걷는)

영국　서대리(묵살당한 거 같아서 좀 언짢아져. 걸음 멈추며)

윤희　(돌아본다(오버랩의 기분))지사장님,아니 실장님 (계속해서 무슨 말인가 하려는데)

영국　(오버랩의 기분)지사장두 실장두 아니요.일대 일야.

윤희　··실장님 제 상사십니다.거북하게 만들지 말아주세요.

영국　일대 일이란 말 뜻 몰라요?

윤희　친구 많으시잖아요.(다시 걷기 시작하며)

영국　(걸으며)많은데 하나두 없는 거 몰라요?

윤희　….(그냥 걷는)

S# 대문 밖

윤희　(나오는데)

허기사　(냉큼 차 문 열고 대기)

윤희　(자동차 안으로)

허　(문 닫고 영국에게 꾸벅)

영국　잘 모셔.

허　예 실장님.

　　자동차 뜨고….영국 잠시 보다가 몸 돌리는 데서

S# 달리는 차 안

윤희　….(차창 밖 보며)…..

허　　E 저기요.

윤희　?‥네.

허　　(싱글벙글하며)저 낼부터 실장님 모셔요.

윤희　‥그러세요?

허　　실장님이 절 찍으셨대요.저번 일때매 내내 찜찜했었는데‥기분 날아갈거 같아요.무슨 뜻인지 아시죠?

윤희　(웃으며)알아요.잘됐네요.

허　　앞으루 잘 부탁합니다 대리님.

윤희　(조금 소리 내어 웃으며)호호 나한테 뭘 부탁해요.

허　　실장님께 말 한 마디라두 잘해주시면 그게 어딘데요.저 모가지 나가면 큰일이에요.버는 사람 저 하나밖에 없거든요.

윤희　네에‥(연민의 미소)‥‥(고개 다시 창으로 돌리는데서)

S# 영주 거실

이여사　(의자 있는 쪽에 서서/상당히 화가 나 있다)체신머리없이 딴 사람두 아니구 회사 여직원야.걔가 입벌리구 지껄이면 다같이 회사에서 우리 꼴이 뭐가 돼.사주 아들이라는 녀석이 자기네 회사 여직원까지 희롱한다 소릴 들어야겠니?

영주　(의자에 앉은 채(오버랩의 기분))엄마아(엄마가 할 소리 아니야/그런 말은 하지 마세요)

이여사　(오버랩의 기분)나가서 헷짓하구다니는 걸루 부족해서 여직원한테까지 수를 빠트려야겠어 응?

영주　(오버랩의 기분/일어나며)오빠 별루 수빠트린 거 없어 엄마.그냥 장난 좀 친건데 뭘 그렇게 흥분해서 그래.

이여사　그런 장난을 왜 쳐.장난 상대가 없어 숙부 여비서한테 장난

398

쳐? 도대체 널 뭘 믿구 회살 맡기겠다는 건지 알수가 없다 정말.

이여사 E (보는 영국 위에)한 일을 보면 열일을 알아. 너 지금까지 하구 산 역사 뻔히 알면서 무슨 생각으루 널 끌어들이는 건지 도무지 이해할 수가 없다구. 회사두 그런 식으루 니 장난감 만들래?

영주 엄마.(너무 심하다)

이여사 너 우리 회사가 무슨 회산줄은 아니? 경영이 뭔지는 알아? 회사 가족 다 먹여살릴 수 있어? 자신있어서 들어가겠다구 한 거야 아니면 재미삼아 한번 휘정거려볼려구 들어간다 그런 거야.

영국 (오버랩의 기분)숙부님 제안 받아들인게 그렇게 못마땅하세요?(나직이/흥분하지 말고/부드럽게)

이여사 네 숙부 생각을 알 수가 없어. 맡겨두 될 눔한테 넘겨야지(남아 있다)

영주 (오버랩의 기분)작은 아버지가 뒤에 계시잖아. 작은 아버지 판단을 믿어요 엄마.

이여사 너무 믿었다. 너무 믿어오다 보니까 이렇게 됐어.

영주 (오버랩의 기분)오빠 바보 아니야. 엄마 문제는 오빨 너무 우습게만 생각하는데 있어.

이여사 차라리 아예 바보면 회사 걱정은 안 하지.

영국 (오버랩의 기분)회사 걱정을 왜 하세요. 숙부님 계신데요.(오버랩의 기분)

이여사 숙부 회사야? 그리구 은퇴하구 싶으시대잖아.

영국 그럼 혹시…외삼촌한테 맡기구싶으세요?

영주 ?…외삼촌이 왜.(무슨 그런 말이 있어)

이여사 (오버랩의 기분)그런 말 한 적 없다. 누가 그렇대?(하고 자기 방으로)…(가면서)미덥잖은 너한테 맡기느니 그게 날 수두 있지.

영국 (오버랩의 기분)만약 그런 생각이시라면요/

이여사 (돌아본다)….

영국 그만두세요.제가 물 말아먹구 말테니까요.

이여사 ?…뭐..하구 말아?

영국 물 말아 먹구 만다구요.

이여사 그래…회사 운명이 뻐언이 보인다 지금.아무 준비두 자세두
안돼 있으면서 그래두 회산 딴사람한테 안 맡기구 싶구나.겁두 없
다 참.(자기 방으로 들어가며)니 녀석 겁없는 게 나는 겁나 죽겠어.
(들어가 버린다)

영국 ……(아무도 안 보면서…김새서)

영주 (오빠 보며)..오빠 잘해.

영국 (흘낏 영주 본다)

영주 오빠 못믿게 만든 건 오빠 자신이야.

영국 (영주 보며)…..

영주 외가엔 할만큼 했어. 외삼촌 끌어들이는 거 말두 안돼.

영국 (그저 영주 보며)…

영주 (오빠 가볍게 두드려주고 계단으로)

영국 …..(엄마 방 보며)…

S# 윤희네 마루

   E 울리는 전화벨

조모 (부엌에서 밥하다 나와서 받는다)예에..어 그래 할미다….많이 늦어?

S# 어느 한정식집 방

윤희 (막 들어와 식당 전화로 전화하는 중이다/)아녜요 많이 늦지는 않

400

을 거에요 할머니(식탁은 상과 함께 같이 들어오게 되어 있고 그냥 장
판방에 방석)

배 (오버랩의 기분)많이 늦을 작정인데 서대리.

인주 늦는다 그래요 언니이.(윤희 시선 주며 웃어 보이고)

윤희 네 할머니 괜찮아요…응…괜찮다니까….알었어요 많이 안 마
시께요…네 끊어요 그럼.(전화 끊는데)

배 (화투 방석 끌며(오버랩의 기분))밥 들어오기 전에 우리 한판 합
시다.

인주 실장님은/화투는 무슨요.(윤희는 그저 웃고)

배 서대리 고스톱 못쳐요?

윤희 할줄 알어요.

배 어 그럼 하자구(하며 일어서는)화투 달라자구.

인주 (오버랩의 기분/잡으며)아이 전 못해요오 하지 마요 우리.하지
말구 그냥 얘기해요 실장님 네?(애교 부리는)

배 애교떨지 마 인주씨.이거 보여?(결혼반지)우리 마누라 무서워
어어어.

인주 어머머?실장님 왕자병인가봐요 언니.

윤희 (그저 좀 웃는 듯하는 위에)

배 E 왕자병은 누구나 있는거구/그런데 서대리.

윤희 ?

배 서대리 기획실루 보내면서 내 심정이 꼭 호랑이 굴에 딸 보내
는 거 같은 거 알어요?

윤희 (그냥 웃는데)

인주 E (웃는 윤희 위에) 건 걱정 안하셔두 돼요.

인주 (연결)언니 단단해요.

배 (오버랩의 기분)절대루 넘어가지 마요.누이동생같아서 하는 말인데/ 넘어가면 신세 부려지는 거니까 정신 똑바루 차리라구.

윤희 (끄덕이며)네 똑바루 차리께요.(에서)

S# 성북동 거실

영국 (들어온다)저녁 주세요 저 아직 안 먹었어요.

여자 그래 얼른 들어와.사모님 막 시작하셨어.(앞서며)

S# 식당

한 (혼자 먹고 있다 수저 든 채 영국 들어오는 것 기다리는)

영국 (들어오며)저 왔어요 어머니.

한 그래.빨리 해요.

여자 예에(영국 저녁 챙기기 시작)

영국 (자기가 뺀 의자에 앉으며)저 아예 줄창 여기서 출퇴근할까 싶은데요.

한 ....(보다가 국 뜨며)니 어머니 싫어해.얘기했던대루 나눠 있어.

영국 전 여기가 편해요.끼니 때마다 어머니 혼자 진지드시는 것두 그렇구요.혼자 드시면/ 무슨/ 맛 있어요?

한 니 엄마 언짢게 만들지 마라..

영국 그 분은 절 보면 언짢으신데요 뭐.(국그릇 놓아진다)

한 ?...무슨 일..있었니?

영국 아뇨 무슨 일이 있었던 건 아니구....그냥 절 보면 기분이 나빠지시나봐요.역력히 느끼겠어요.(수저 들며)

한 니가 거기보다 여기 있는 시간이 더 많은 거 같으니까 그러지...이해해.다 큰 아들 지볼일 바뻐 차지 안되는 것두 섭섭하다는

402

데…더구나 그나마 또 한사람하구 나눠 봐야하니…속이 좋을리 있나 어디.(영국 밥그릇 오고)어이 먹어라.

영국 어머니….(불러놓고 국그릇에 수저 넣어놓고)어머닌 저 회사 나가는 거 불안하지 않으세요?

한 ?…불안할 일이 뭐가 있어.

영국 절…믿으세요?

한 자식을 안 믿으면 누굴 믿어.

영국 ….(보며)

한 내 걱정은 그저 니가‥내가 널 믿는 만큼 너자신을 안믿을까봐…그거 뿐야…자신을 믿어야해….니 어깨에 실리게 돼 있는 회사 가족들 무게…한순간두 잊어버리지 말구….그럼 돼…불안하게 생각할 거 없어.너‥잘 할 거야.

영국 ….(보며)

S# 노래방

윤희 (마이크 잡고 따로 동글 의자에 앉아서 노래하고 있다/노래 중간 소절부터)….(인주와 배실장/마시면서/길지 않게)

S# 어느 포장마차

동우 (혼자 소주 마시다 전화하고 있다)별일 없니?(연결하듯)아무일 없어?

영주 EF 무슨 일 있어야는 건데?

동우 아무 일 없음 됐어 그럼.

S# 영주의 방

영주 (책 펴들고 의자에 앉아서)일이라면 쪼끔/있었다구두 할 수 있어.(무슨 일)엉 오빠랑 엄마가 기분 좀 상했어.서대리 심부름 왔었

거든?오빠가 서대리한테 실실거렸다가 엄마한테 욕먹구/거기서
끝났으면 좋았는데/ 오빠 회사 들어가는 문제까지 들먹이면서 엄
마가 오빠 자존심을 꼬집었어.디게 김새는가부더라.

S# 포장마차

동우 서대리한테…어떡했는데.

영주 F 아이 뭐 괜히 싱거운 소리하구 그런 거 있잖아.약속없으면
같이 놀자는둥,오빠 잘하는 헷소리 있어.

동우 그래서··서대리는.

영주 E F 그냥 한 귀루 듣구 한 귀루 흘리지 뭐.고단하니?나 나가까?

동우 (오버랩의 기분)아냐 그냥 있어.꼬이는 일 많았어.피곤해.그냥
들어가 잘란다.

영주 E F 그래 알았어 그럼. 우리 마마 기분두 별루구 그럼 오늘은
그냥 있자.저녁은 먹었니?

동우 들어가 먹어야지.잘자라.낼 연락하자.

영주 E F 엉.안녕.

동우 (전화 끊고 소주 홀쩍 들이키고 다시 따르는데)

S# 노모의 방

영국 (옆으로 누워 있는 할머니와 마주 보고 옆으로 누워서/할머니 손 만
지며)저요··낼부터 회사 나가요 할머니…숙부님께서 뭘 믿구 그러
시는지 저한테 회사 믿으라구 하세요····아니 지금 당장이 아니라
요 한 삼년 연습기간 주시구요?합격하면 맡아라··그런데 꼭 합격
해라 그런 거에요···그런데요 저는 걱정이 많아요 할머니(하는데)

노모 (오버랩의 기분/그저 말가니 듣고 있다가)대학 들어갔냐?

영국 …흠흠 네 들어갔어요.

노모 어디 들어갔는데..

영국 물론 젤 존데 들어갔죠 할머니.

노모 내가..몸종달구 시집온 사람이야.

영국 …네에.

노모 시집 와 보니까 네 아버지가 폐병이더라.

영국 아버지 아니구 할아버님이 그러셨었다면서요.

노모 죽어 내다버린….고양이까지 줏어다 삶어멕이구….안해본 짓이
없지….

영국 …..(보며)네에 고생하셨겠어요.

노모 에이구우우 조상님네한테 인사두 가야할텐데에…

영국 …(보며)..

한 (욕실에서 나오며)어머님 목욕하셔야죠.(영국 벌떡 일어나고)목
욕하시는 날이에요 오늘.

영국 할머님(노인 일으키면서)목욕하시재요.

노모 (일으켜지면서)내 비단신 어떡했어.

영국 ?(한 보고)

한 (아무렇지도 않게 노인 말 받는다)어머님 비단신 제가 잘 두었습
니다 염려하지 마세요.욕실루 좀 옮겨드려 줄래?

영국 (노인 안아 올리며)제가 시켜드릴까요?(엄마에게)

한 니가 무슨(같이 일어나 욕실 문 쪽으로 가며)니가 무슨…아줌마
랑 둘이 하면 돼.

영국 저두 할수 있어요 어머니.

한 (욕실 문 열어주며)조심해라.(하고 혹시 머리라도 부딪힐까 머리 지
나갈 위치 문틀에 손대면서)

영국   (안고 들어간다)

S# 거실

여자   (주방에서 나와 부지런히 노모 방 쪽으로 움직이는데)

영국   (나오면서)얼른 들어오시래요.

여자   들어가네 들어가.(연기하지 마세요)

영국   ·····(거실 가운데 우두커니 섰다가 전화로)···(다이얼 찍는다)···아
예 서윤희씨 들어왔나요?(에서)

S# 노래방

적당히 취한 인주/배실장/윤희 같이 허슬 춤 추고 있다. 물론 윤희는
상당히 어설프고/인주와 배실장은 즐겁다. 길지 않게/

S# 동네 구멍가게 앞

윤희   (천천히 오다가 구멍가게 유리문 보며 멈춰 선다)·····

혜림   E 엄마 규울·····엄마 규울/엄마 규울.

윤희   (떨치듯 빠르게 걷기 시작한다)·····

S# 윤희네 마루

조모   (방에서 나오고 있고)

윤희   (들어온다)다녀왔습니다.···(올라서며)조금 마셨어요 할머니.
많이는 아니구요.(조금 웃으며)

조모   저녁은 먹구 마신거야?

윤희   그럼요오.이모는요.(안방으로)

이모   E 여깄다

S# 안방

이모   (저고리 동정 달며/엄마 것)왜애.(연결)

윤희   (들어오며)늦었어요.

이모 괜찮어.잘하는 짓야.(안 보는 채 일하면서)놀자는 사람 있으면 놀구 밥먹자는 사람있음 밥먹구 그러구 다녀.(윤희/적당히 않고)뭐 거칠 거 있어 이제.기다리는 새끼두 없는데 실컨 놀구 다녀.한번 제대루 놀아보지두 못하구 늙으면 것두 한 된다.실컨 놀아.

지숙 (잡지 넘기며)나한테 얘기하는 거랑 완전 거꾸루네.

이모 너무 싸돌아다녀 걱정인 기집애하구 같어?

지숙 전화했더라 그 사람.

윤희 누구?

지숙 지사장.

이모 ?..(돌아보며)지사장이 누구야?

지숙 그런 사람 있어.엄만 알 필요없어.

이모 뭐하는 사장인데.

지숙 아직 안들어왔냐 그러구 알겠습니다 점잖게 끊던데?

이모 성이 지씨야?

지숙 알 거 없다니까아?

윤희 (오버랩의 기분)별사람 아냐 이모/ 알거 없어요.(하는데)

조모 (한약 그릇 들고 들어온다)

이모 어 너 약 먹어라.

윤희 ?(할머니 돌아본다)

지숙 엄마 (책장 넘기며)보약 지어왔어.먹구 기운 내.

윤희 (벌써 앞에 내밀어진 그릇)약은 무슨/할머니나 잡숫지이

조모 (오버랩의 기분)따듯할 때 마셔 둬.

윤희 (울먹해서)할머니(약 그릇 좀 밀어내듯)드세요 난 필요없어.

이모 (오버랩의 기분)니 약으루 지어논거 할머니 드셔?(안 보는 채)

윤희　(이모 돌아보는)

이모　군소리 말구 먹어둬.(안 보는 채)

윤희　(약그릇 받아들고 내려다보며)…이모 나 뭐 잘한 거 있다구 약먹어요.

이모　잘한 거 없지만 너한테 혜림이나/우리한테 너나…똑같애.(여전히 안 보는 채 가위로 매듭진 실 끊으며)병날까 무서워 그래.

조모　(이모 보는 윤희 찌르며 아무 소리 말고 마셔두라는 눈짓)

윤희　……(마신다)…

조모　(기다리고 있다가 얼른 그릇 받고 대신 물컵 주며)에이구 장하다 내 강아지.

윤희　(고개 떨구고 눈물 쪼로록)

조모　(손으로 눈물 닦아주고)출근하면서두 들구 나가….점심 먹구 먹어둬.알었어?

윤희　(끄덕인다)알었어요…그리구요 저…낼 부터 자리 옮겨요.

모두　(보는/그 중에)

지숙　어디루?

윤희　기획실루 발령나.수첩 줘.직통 번호 써 노께.

이모　(수첩 집으면서)왜 옮기는 거야?뭐 잘못한 거 있어?

윤희　아녜요.기획실장 새루 오는데…(수첩과 볼펜 넘겨받으며)내가 젤 날거라구··좀 있다가 도루 먼저 자리루 갈 거야.임시예요.

이모　그래두 야/… 회장실서 다른데루… 좌천같다?

윤희　(적으며)그런 거 아니에요.

조모　(오버랩의 기분)좌천이면 어떻구 우천이면 어때(궁시렁거리는)회장님 알어서 하시는 거겠지.

윤희 네에,(웃어 보이며 수첩 놓는다)알아서 하실 거에요.(하고 일어 난다)씻으께요.

조모 이모 그래.어이 쉬어라(나누세요)

S# 마루

윤희 (나와서 제 방으로)

S# 윤희의 방

윤희 (들어오며 불 켠다/얌전하게 펴져 있는 이부자리 보다가 그 위에 구 겨지듯 앉으며)‥‥(있다가 고개 틀어 사진 본다)

S# 사진

S# 빌라 앞

동우 (빌라에서 나온다)…

동철 (저만큼 서 있다가 보는)…

동우 (다가와서)왜 안 들어오구 그래.

동철 (외면하며)들어가기…싫어서요.곧 가야해요.밤차 타구 내려 가요.

동우 ‥‥지낼만은 하니?

동철 (끄덕이며)형만은 못하겠지만…괜찮아요.

동우 ‥‥(보다가)아픈덴 없어?

동철 (오버랩의 기분)젊은 눔이 뭐…(형 보며)혜림이가 잘못됐다면서 요.(이놈도 만만치는 않다)

동우 …그래(시선 내리며)‥그렇게 됐어‥춘천엔 비밀야.

동철 ‥‥(안 보며)

동우 (보며)조금만 참어.서울에 적당한 자리 만들어 주께.

동철 (오버랩의 기분/보며)형수 그렇게 만들구 혜림인 죽구…그런데

두/ 몸 팔아..이렇게 호화스런데서 사는 거..좋아요?

동우 ?..뭘 팔아?

동철 몸 판 거 아뉴?(차분히)

동우 뭐야?

동철 (오버랩의 기분)아버지어머니 춘천으루 모셔내구...동숙이 대학가라 그러구/...형딴에는 우리때매 악당됐다 생각 할 수두 있는데....만약 그런 생각이라면

동철 E (동우 위에)형이 틀렸다는 거 말해두구 싶어요.우리 식구...가난해두/ 황당한 욕심같은 건

동철 없는 사람들이었어요.이버지어머니 형이 베려 논 거 아슈?전화하면...엄마 그전하구 달라요.다른 엄마가 돼버렸다구.

동우 너,(부드럽게 설득조)

동철 (앞 대사에 연결입니다)형이 아니구 동생이었으면 내 손에 죽었어.

동우 ?..너 이자식/

동철 (오버랩의 기분)공부한 인간은 다 이래요?잘났다는 인간들은 다 형같으냐구.돈이면 다야?사람보다 돈이 먼저야?

동우 (멱살 잡으면서)이눔 자식

동철 (오버랩의 기분/꿈쩍도 않는/언성은 너무 높일 필요 없음)그 형수가 어떤 형순데 그런 짓을 해요.돌았어요?인간이기 포기했어요?형수한테 못할 짓 하구/혜림이 죽이구/우리 식구 부황들게 만들어 놓구/형 대체 무슨 짓 하는 거야!

동우 맞구 싶어 너?(오버랩의 기분)

동철 치구 싶으면 쳐요.잘한 거 있으면 치라구.하늘(하늘 찌르듯 하

며)보구 떳떳하면 치라구.

동우 (보며/…이만 악물고)…‥(멱살 잡은 손에서 힘 빠지는)

동철 (두 손으로 한꺼번에 탁 치듯 동우 팔 털어내고)나는 형 덕 안볼테
니까그런 줄 알아요.(뒷걸음치며)나대루 살테니까 난 잊어버리라
구요.

동우 …‥(보며)

동철 잘 있으슈…‥(어느 순간 돌아서 가기 시작한다)

동우 ……(보다가 옆으로 돌아서며/)

동숙 (빌라 현관에 나와 서서 보며)…‥

동우 ………(그대로/저만큼 어둠 보며)

동숙 (보며)…‥

동우 (한순간 탁 털어버리고 현관으로 빠르게)

동숙 (비켜주고)

동우 (들어간다)

S# 빌라

동우 (들어와서 주방으로)

S# 주방

동우 (먹다 만 밥 앞에 앉아서 수저 들다가 멈추고)…‥(있다가 손으로 식
탁 확 쓸어버리며 일어나 나간다)

동숙 (주방으로 들어오다 놀라서 보고)…

S# 거실

동우 ……(거실로 나와 서서)…‥

동숙 (오빠 보며)…‥(있다가)……워낙…고지식하잖아요.

동우 (오버랩의 기분)너두 여기있기 싫으면 가.

동숙   ....(보며)

동우   가두 돼.(하고 침실로)

동숙   (보며)....

S# 샤워 맞고 있는 동우. 쏟아지는 샤워 아래 고개 샤워로 젖히고 서서

S# 윤희의 방

윤희   (블라우스 다림질하고 있고)...

S# 안방

   고스톱 치는 중인 삼대 여인들/그렇게 신이 나는 판은 아니다.

이모   할머니 뭐 걸어놨나 잘 봐.니꺼만 보구 치지 말구(궁시렁)

지숙   (고개 빼고 보고)뭐 홍단? 걱정마 엄마.(친다)뭐야 또 헛손질야?

이모   홍단 밖에 안보여?초단두 걸렸잖어 지그음.

조모   니꺼나 챙겨니꺼나.남이야 뭘하든 웬 관심야 시끄럽게.(하고
   초단나 버린다)초단 났어.

이모   초단두 걸렸다니까아.(딸에게)

지숙   없는 걸 어떡해 엄마안?

이모   (치면서 궁시렁)노름쟁이 귀신을 업구 있나아 당할 수가 읍서
   어떻게.(치고 싼다)이거 뭐야 아니 왜 이렇게 자꾸 싸는 거야 대체.

조모   냄새나 죽겠어 그만 좀 싸대라.

이모   싸논 건 다 집어가면서.

지숙   (치는데 또 헛손질이다)이거 뭐야아아

이모   뭐긴 뭐야 고스톱이지.(자기가 싸놓은 것에 붙어버린다)아이고/
   아이고 웬떡이냐 이게.

조모   (껍질 하나 던지면서/지숙도 피 하나 엄마 주고)빈집에 소들어간
   다(에서)

S# 윤희의 방

윤희 (다리미판과 다리미는 치워져 있고/이불 위에 오두마니 앉아서)····

(혜림이 완구 무릎에 놓고)···

S# 동우의 빌라 테라스

동우 (담배 태우며)·····

F.O

S# 일진상선 전경(이른 아침)

S# 기획실 문 밀고 들어가는 윤희

S# 기획실의 비서실

윤희 (들어와 핸드백 놓고 한약 마호병 책상 아래로 치우고 탕비실로 움
직이는데)

영국 (탕비실에서 나오며)커피 할래요?

윤희 ?(기획실 비서실은 혼자 근무하는 곳)

영국 받아요.방금 뽑았어요.

윤희 (탕비실로 들어가려 하며)아닙니다.제가 하겠습니다.

영국 (막아서며)그러지 말구 받아요.내가 하께요.

윤희 (어쩔 수 없이 받아들고)

영국 (탕비실로 사라졌다가 다른 커피 잔 들고 나오며)날씨가 좋겠죠?

윤희 ··네.(영국 자기 방으로)실장님 언제 나오셨어요?

영국 (돌아보며)일곱시···왜요··아 나한테 신경쓸 거 없어요 신경쓰
지 말구 정시에 출근해요.(하고 자기 방으로 들어간다)

윤희 ·····(닫힌 문 보고 섰다가 자기 자리에 앉아 기획실 방문 보며 커피 마
시는)····

S# 회사 현관

동우 (회사 문 나서면서 핸드폰)별일없니?

영주 E F 아무 일없어.왜 자꾸 별일없냐 그러는 거니 잠자는 동안 별일 있을 게 뭐야 응?

동우 (그냥 좀 웃으며)그냥 잘잤냐 소리야.(주차장으로 가며)

영주 E F 잘잤어.너는 잘잤니?

동우 잘잤어.어제 꼬인 일 풀러 나가는 중야 지금.

영주 E F 무슨 일이 꼬였는데?

동우 변덕스런 화주가 선살 바꾸겠대.덤핑 치구 들어오는데 골치 아퍼 죽겠어.부장이 도루 주저 앉히지 못하면 회사 들어오지 말랜다.약장사하러 나가는 거야.

S# 영주의 방

영주 (침대에 엎드린 채)낄낄 암만 봐두 너 약장사 잘할 거 같잖은데 뭘루 일잘한다는 건지 몰라 진짜.

동우 E F 판벌리구 미친척 하면 나 잘한다.

영주 갤갤 (일어나앉으며)너 약파는 거 한번 봤으면 좋겠다. 점심 먹자.

동우 E F 좋아 열두시 쯤 만나자 끊어.

영주 엉 한시간 전에 전화하께.(영은 들어와 내미는 쟁반에서 커피 집어 들며)뭐 먹을까 생각해 놔.

S# 주차장

동우 그래 알았어.(전화 끊고 차 문 여는 데서)

S# 기획실장 사무실

영국 (작은 응접 소파에서)먼저 각 팀장들께서는 회사 업무 전체에 대한 브리핑 받을 수 있도록 빠른 시일안에 준비해 주세요.

기획팀장 알겠습니다.이미 팀별루 준비작업에 들어가 있습니다.

영국 (오버랩의 기분)뭣보다두 젤 먼저 알구싶은 건 중장기 사업계획이에요.그 부문부터 준비하십쇼.

기획팀장 예 조만간 보고드리겠습니다.

영국 (홍보팀장에게 고개 돌리면서(오버랩의 기분))우리 홍보팀 해외홍보전략/너무 현지 법인에만 맡기구 있는 거 같은데/지금 방침에 최선인지 개선이 필요한지 좀 검토해주십쇼.

홍보팀장 예 검토해 보고 드리겠습니다.

영국 (금융 팀장에게 시선)선박건조 사업두 궁금해요.특히 금융이 어떻게 되구 있는지

금융팀장 현재 향후 10년간 열다섯척 신조선 건조계획이 잡혀 있습니다.그와 관련해서 현재 금융권과 융자 및 상환조건/긴밀히 논의중입니다.곧 상세히 보고 드리겠습니다.

영국 대관청업무는 좀 나아졌나요?

홍보팀장 별 특별한 문제는 없습니다.옛날하군 많이 달라져서 타당성만 입증되면 적극적으루 민간기업에 협조해주는 분위깁니다.업체간 과당경쟁 방지 차원에서 약간의 조정은 있습니다만.(에서)

S# 비서실

E 전화벨

윤희 (책상 닦다가 받는다)네에 기획실입니다……지금 회의 중이신데 인주씨(하는데 팀장들 나온다)어 됐어 말씀드릴께.(전화 놓고 목례로 사람들 내보내고 쟁반 들고 노크)

영국 E 네에.

S# 영국의 방

윤희 (들어와서 영국에게)회장님께서 찾으십니다 실장님.

영국 (앉아 있던 자리에 앉아서 뭔가 메모하면서)벌써 나오셨대요?

윤희 네.

영국 (메모 주머니에 집어넣으며)알았어요.(나가다가)아 참 우리 점심 어떡할까요.

윤희 (찻잔 거두다가)?

영국 허기사 시켜서 도시락 사다 먹을까요? 나가기 귀찮은데

윤희 (오버랩의 기분)전 약속이 있습니다 실장님.

영국 그래요?

윤희 ··네.

영국 같이 먹을 사람 없는 날/ 팽개치구 그러기요?

윤희 ···죄송합니다.

영국 고약한 사람이로구먼(하며 나간다)

윤희 ···(잠시 보다가 찻잔 챙기는)

S# 회장 비서실

영국 (들어온다)

배 (벌떡 일어나 목례하며)안녕하십니까 상무님.(인주도 발딱 일어 나 목례하고 회장실 문 열고)

인주 노상무님 오셨습니다.

회장 E (오버랩의 기분)들여보내요.

인주 (문에서 조금 옆으로 물러나고)

영국 고마와요.

S# 회장실

영국 (들어온다)······(보며)

회장 (소파에 앉아 서류 넘기면서)일곱시에 나왔다구?

영국 웬일인지 일찍 깨져서요.

회장 그 시간에 나와 뭐했니 그래.앉어.

영국 (앉으며)그냥 커피 만들어먹구 어슬렁거리면서 보냈습니다.

회장 출근하는 거/니 어머니 보셨니?

영국 예 그럼요.

회장 별 말씀 없으시구?

영국 처음 학교보내는 애처럼 세워노시구 ··흠흠 회장님 말씀 잘 듣구 열심히 하라구요.대문까지 배웅해주시구요.

회장 ···어디서 출근했니.

영국 성북동에서요.

회장 이상하다 했다(영국이 말이)

영국 구기동 어머닌 막무가내 애한테 유리 그릇 안겨논 거처럼 생각하세요.불만이 대단하십니다.

회장 그게 다 기우였던 걸루 만들어야 해.

영국 ···예.노력하겠습니다.노력은 하는데 잘 될런지는 모르겠습니다.

회장 (오버랩의 기분)너보다 나이 많은 차장 부장급 많아.임원은 말할 나위두 없구.직위에 관계없이 예의 바르게/어디까지나 배우는 자세로 겸손하도록 해라.

영국 예.

회장 서대리 어떠냐?

영국 (웃으며)젤 박색 주신다더니요.

회장 총명해.많이 도움 될 거다.

영국　예(에서)

회장　이따 강대리 불러 올려 점심할까?

영국　..예 좋습니다.

S# **일진상선 전경(대낮/아주 짧게)**

S# **기획실 윤희 방**

윤희　(컴퓨터 두드리는데)

　　　E 노크

윤희　네에.

허　(도시락 봉투 들고 들어와 윤희에게 꿉벅하고 내민다)

윤희　?뭐에요?

허　상무님께서 도시락 사오라구 하셔서...

윤희　직접 연락하셨어요?

허　예 ..아까 한시간 전에요.

윤희　알았어요.

허　수고하십시오.

윤희　수고하세요(허기사 나가고)

윤희　(봉투 놓고 실장 방 노크)

영국　E 네에.

S# **영국 사무실**

윤희　(들어와서 문께서)도시락 왔습니다 상무님.지금 드시겠습니까?

영국　(집무 의자 옆으로 돌려놓고 길게 앉아 기대어 눈 감고 있다가)서대
　　　리 먹어요.

윤희　?...

영국　(의자에서 몸일으키며)나는 회장님하구 하기루 했어요.누구 같

418

이 먹을 사람 하나 불러요.이인분이니까.

윤희 ·····(눈 내리고)

영국 뭐하는 거요 서대리.

윤희 네 알겠습니다.(돌아서는데)

　　E 비서실 전화

윤희 (빠르게 움직이고)

S# 윤희 사무실

윤희 기획실입니다…응 알었어.(끊고 다시 영국 방으로 가려는데)

영국 (벌써 나오면서)나 오라는 소리죠?

윤희 네.준비됐다구요.

영국 (손 들어 보이며)맛있게 먹어요.(나간다)

S# 회사 회장실 복도

동우 (승강기에서 내리면서 전화번호 찍는/단축//복도에 옆으로 좀 돌아
서며)어 나 너랑 점심 같이 못해.회장님께서 점심하자구 부르셔서
지금 회사루 들어왔어.그냥 들어가라.전화 왜 그렇게 통화 중야.

S# 어느 레스토랑

영주 친구랑.뭐야 나 그럼 바람맞는단 거니?··어디서 먹는데?··금
나 지금 회사루 가까?···왜 안돼.

S# 복도

동우 너 자꾸 회사 들락거리는 거 보기 안 좋아.그냥 들어가….저녁
에 만나.들어가야해…회장님 기다리시게 만들래?끊어 그만.(끊고
비서실로)

S# 비서실

동우 (들어온다)

인주 기다리구 계십니다.

동우 ?(윤희가 없는 것에)…

인주 (식사하는 곳 문 열고)강동우 대리 왔습니다.들어가세요.

동우 네…(좀 얼떨떨한 채 움직인다)

S# 비서실 옆 식당

동우 (들어온다)

영국 아 어서 오게.

동우 (영국에게 간단히 목례하고 회장에게 허리 굽히는)…

회장 앉어.

동우 ..예..(의자에 앉는데)

영국 잘돼가?

동우 (잠깐 보고)열심히 하구 있습니다.

영국 영주 말 잘 들어?(식사 들어오기 시작하고/배대리 시중들고 있다)

동우 …(대답하기 좀 난처하지만)비교적 잘 듣는 편입니다.

영국 비교적이라면 잘 안듣기두 한단 소리군.

동우 …

회장 (동우 지켜보고 있다가)부모님은 편안하신가.

동우 예 회장님.

회장 오늘부터 얘가 출근하네.기획실 책임자야.

동우 방 붙은 거 봤습니다.

회장 퇴근 후 따루만나 회사얘기두 하구그래.남 아니구 매제야.(영 국에게)

영국 예에.

회장 자네두 너무 서먹하게 굴지말구 잘 따러주구.

동우　알겠습니다.(에서)

S#　윤희 사무실

인주　(호텔 도시락/뚜껑 열면서)이게 웬 횡재야아? 우·우·우 냄새 존데요?

윤희　(그저 조금 웃어 보이며 제 도시락 뚜껑 연다)

인주　(젓가락 들면서)어젯밤 꿈이 뭐였지? 완전히 원님덕에 나팔 부네. 누구 손님 오기루 돼 있었나부죠?

윤희　?

인주　손님하구 먹을래다 회장님 부르시는 바람에 우리 차지 된 거아녜요?

윤희　그런가봐. 먹자 인주씨(한 조각 집어 입에 올리는데)

인주　출셀 하러들면 순식간이에요.

윤희　(먹으며)누구 순식간에 출세한 사람 있어?

인주　강동우 대리요. 대리가 무슨 자격으루 꼭대기 층 들락거려요/회장님 방 들락거리구/회장님 상무님하구 같이 식사하구요.

윤희　(보는 위에)

인주　E 점점 더 멋있어 보이는 거 있죠. 키두 더 커보이구요.

윤희　(오버랩의 기분)껌때매 싸우구 그러는 사람하군 요즘 어때?

인주　여전히 툴툴거리죠 뭐./정말 싫증나 죽겠어. 갠 왜 그렇게 툴툴거릴 게 많은지 콱콱 쥐어박구 싶은 때가 적어두 다섯번은 돼요. 한번 만났다 헤지는 동안. 짤르까 하다가두 드러운 정때매 것두 맘대루 안되구 진짜 짜증나요.

윤희　(그저 조금 웃는 듯 마는 듯 하면서 썹으며)……(시선이 딴생각하는)…

S#　비서실

윤희　(의자에 앉아서 가만히)……

　　E 영국 방 문 여닫히는….

영국　(윤희 앞에 와 선다)

윤희　(비로소)?(보고 황급히 일어선다)

영국　무슨 생각을 그렇게 맹렬하게 하구 있어요.

윤희　….

영국　퇴근합시다.

윤희　(목례하며)내일 뵙겠습니다.

영국　같이 나가잔 말이에요.

윤희　?….(본다)

영국　오늘두 날 바보루 만들면 가만 안 있어요.이건 경고요.

윤희　……(보며)

영국　친구합시다….나가자구요.

윤희　……(보며)

영국　(조금 움직이다가 돌아보며)…나 참 답답하기는/갑옷입은 전직
　　수년 거 알아요.친구가 싫으면 그럼 상사가 저녁 내는 걸루 합시
　　다.것두 거절이요?(에서)

S# 현관 로비

영국　(앞서 걸어 나오고)

윤희　(두어 걸음 떨어져 나오고 있는)

경비　(영국 보고 잽싸게 현관문 밀고 대기)

영국　(현관문까지 와서 윤희 기다렸다가 먼저 나가라는 손짓)

윤희　?…

영국　앞서요.

윤희 (별수 없이 나가고)

S# 현관 밖

영국 (윤희 따라 나온다)··

허기사 (잽싸게 자동차 대고 영국 탈 곳 문 여는데)

영국 (윤희 태울 문 열고 윤희 본다)

윤희 ··(잠깐 보고)앞에 타겠습니다.(하고 움직이려)

영국 (윤희 잡으며)그러지 말아요.

윤희 (안 보는 채)회사에요 실장님.

영국 그래서 뭐가 어떻다는 거요.

윤희 앞에 타겠어요.

영국 (잡은 것 안 놓으며)난 내 앞을 다른 사람 머리가 가리구 있는 걸
　　싫어해요.

윤희 ···(보며)

영국 타요.

윤희 (별수 없이 타고)

영국 (싱긋 웃으며 문 닫아주는 데서)

S# 동우의 사무실

동우 ······(의자에 앉아 눈 내리깔고 책상 위에 볼펜 켠 손 얹고 딴생각에
　　빠져 있는)······

이대리 (퇴근하면서)강 대리 퇴근 안해?

동우 ····(그대로)

이대리 (바로 등 뒤로)퇴근 안하냐구.

동우 ?(돌아보며)

이대리 뭐 남았어?도와줘?

동우   아니 그럴 거 없어.혼자해두 돼.

이대리   낼보자구 그럼.

동우   (손만 들어 보이고 또 먼저대로)……

동철   E (오버랩의 기분/보며)형수 그렇게 만들구 혜림인 죽구…그런데두/ 몸 팔아..이렇게 호화스런데서 사는 거..좋아요?

동우   E ?..뭘 팔아?

동철   E 몸 판 거 아뉴?(차분히)

동우   E 뭐야?

동우   ……

동철   E 형이 아니구 동생이었으면 내 손에 죽었어.

S# 앞 씬 옮겨주세요

동우   ?..너 이자식/

동철   (오버랩의 기분)공부한 인간은 다 이래요?잘났다는 인간들은 다 형같으냐구.돈이면 다야?사람보다 돈이 먼저야?

동우   (멱살 잡으면서)이눔 자식

동철   (오버랩의 기분/꿈쩍도 않는/언성은 너무 높일 필요 없음)그 형수가 어떤 형순데 그런 짓을 해요.돌았어요?인간이기 포기했어요?형수한테 못할 짓 하구/혜림이 죽이구/우리 식구 부황들게 만들어 놓구/형 대체 무슨 짓 하는 거야!

동우   맞구 싶어 너?(오버랩의 기분)

동철   치구 싶으면 쳐요.잘한 거 있으면 치라구.하늘(하늘 찌르듯 하며)보구 떳떳하면 치라구.

동우   (보며/…이만 악물고)……(멱살 잡은 손에서 힘 빠지는)

동철   (두 손으로 한꺼번에 탁 치듯 동우 팔 털어내고)나는 형 덕 안볼테

424

니까그런 줄 알아요.(뒷걸음치며)나대루 살테니까

S# 동우 사무실

동우 (위에)

동철 E 난 잊어버리라구요.

　　E (오버랩)전화벨

동우 네에 미주수출 영업부 강동우 대립니다…예 접니다 말씀하십
　　쇼….잘됐군요.지금 제가 가죠…예 곧 출발하겠습니다.(끊고 일어
　　나며 상의 벗겨내다가 핸드폰 꺼내 번호 누른다)

S# 운전하는 영주

　　E 핸드폰 울리는

영주 네에.

동우 F 나야.

영주 어 나 지금 거의 다 왔어.너 벌써 도착했니?

동우 F 저녁 못먹겠어.그냥 들어가.

영주 ?너 지금 뭐하는 거니 하루에 두번 바람 맞으란 거야 나한테?
　　왜 그러는 거야?무슨 일야 너 또 지금은.작은 아버지가 저녁두 먹
　　여주신다니?(꽤 신경질 나서)

S# 사무실

동우 질문하지 마.못만난다 그럼 그럴 일이 있나부다 그렇게 생각
　　해.처리할 일이 생겼어.너랑 저녁 먹는 일 보다 중요해.

영주 F 글쎄 그 중요한 일이 뭐냐 말야!

동우 어디다 소리질러 너.끊어/!(마주 소리 지르고 핸드폰 아예 꺼버리
　　고 빠르게 나간다)

S# 차 안

F 가입자가 스위치를 끈 상탭니다(안내 메시지)

영주 ….(입 벌리면서)….(이 자식 또 꺼?)…

S# 호텔 레스토랑 전망 좋은 곳

들어오는 영국과 윤희. 영국은 완전히 연인 데리고 들어오는 폼이고 윤희는 거북한 채. 정중한 웨이터장(구면) 인사 받으며 자리 안내 받는다.

윤희 (웨이터가 빼주는 의자에 앉혀지고 나서)

영국 (자기 자리 빼주러 오는 웨이터에게)아 난 됐어요.(의자 빼며)우선 와인 한병 주구 식사는 천천히.

웨이터 예 알겠습니다.

영국 (앉아서 윤희 보며)….

윤희 ….(시선 내리고)

영국 그러구 있지 말구 창밖두 좀 보구 그래요.

윤희 (잠깐 영국과 눈 맞추고 창밖 잠깐 보는 척)

영국 아 어두워서 별거 아닌가 참?

윤희 ….

영국 (윤희 보며)흠흠 수줍은 소년 첫데이트 같군.왜 이렇게 가슴이 뛰지?

윤희 (영국 보며)실장님 진의를 모르겠어요.

영국 실장 아니요 일대 일입니다.

윤희 ….(보며)

영국 나같은 눔이 진의같은 게 따루 있나 어디.왔다갔다 즉흥적으루 하구 싶은대루죠.

윤희 ….(보며)

426

영국　즉흥적으루 왔다갔다 하는 사람 상대/하기 싫다구요?

윤희　…(시선 내리는)

영국　가깝게 지내는 남자…있어요?

윤희　…(본다)

영국　(식탁 내려다보며)그런 사람이 있어서 날 피하는 건지/아니면 내가 소문이 지저분해 피해볼까봐 상댈 안하려드는 건지/…(여전히 안 보는 채)우선 그걸 알구 싶은데…

윤희　….(그저 보며)

영국　가까운 사람 있어요?

윤희　…없습니다.

영국　(시선 들어 본다)…있습니다 없습니다 그런 말투 그만둡시다.사무실 아니에요……(보다가)한번두 없었어요 아니면 지금 없다는 뜻이요.

윤희　지금 없어요.(시선 내리며)

영국　뭐가 잘 안돼 깨져 버렸군….하기야 뭐 깨질 수 없마든지 있지 (혼잣소리처럼)…그러니까 현재는 자유인이군요 매인데 없는 자유인.

윤희　…

영국　거 기분 좋은데요?요컨대 내가 서대리한테 뜻을 두구 귀찮게 해두 남의 여자한테 침흘리는 멍청인 아니라는 거죠?

윤희　(고개 조금 돌려 창 쪽으로/기분이 좋을 건 없다)…

영국　여기까지 오는데 꽤 힘들었네.지금부터 정신 바짝 차려요 서윤희씨

윤희　?(본다)

영국 바루 지금서부터 조심하구 경계해야할 순서요.알겠지만 (조금 기대듯하며)난 여자 홀리는데 천재요.하긴 내가 천재라서기보다 배경 덕인지두 모르지만.여자들은 내가 이런 말하면 구린내난다구 팔짝팔짝 뛰지만 /뛰는 척하면서 의외루 배경에 약한 게 또 여자거든요?

윤희 (무슨 말인가 하려고 입 달싹하는데)

영국 E (그런 윤희 위에 연결)무슨 말 할려는지 알아요.사람 우습게 보지 마세요/뭐 그런 말이겠죠.많이 들렀던 말요.신기한 말 아니에요.

윤희 ……(보며)

영국 조심해요.친구가 돼 달라구 했지만 건 구실일 수두 있어요.

윤희 ……

영국 (보며)수다스럽지 않은 게 더…이뻐요……(에서)

S# 아파트촌 부동산에서 나오고 있는 동우……

S# 근처 주차장

동우 (자동차에 오르면서 핸드폰 찍는다)

　　　E F 전화벨 가는 소리/대여섯 번

지숙 F 네에 여보세요?

동우 윤희 들어왔어요?

S# 윤희 방

지숙 ..(동우 안다)아직 안 들어왔는데 무슨 볼일 또 있어요?

동우 F ……

지숙 무슨 볼일 또 있냐구요.

동우 F (오버랩의 기분)회사…그만 뒀어요 지숙씨?

지숙 회살 왜 그만 둬요? 안 그만뒀어요 왜요?…아아 기획실루 옮겼
어요

S# 차 안

지숙 E 실망했어요?

동우 …(전화 그냥 끊어버린다)……(끊고)

S# 마루

지숙 (이미 윤희 방에서는 나왔고 마루에 퍽 앉으며)그지 같은 눔/저 신
나라구 그만뒀을까봐?

조모 (김 바르면서)입드러워진다.욕은 뭐하러 해.

지숙 그럼 칭찬해요?나쁜놈(나쁜 놈 같은 것도 인상 쓰지 말고 그냥 툭)

이모 (오버랩의 기분으로 들어오며/사과 봉지/야채거리 봉지 놓으며)이
거 들여..(꽤 많이)

지숙 (냉큼 일어나 처리)

이모 (연결처럼/신 벗으며)김치거리 샀더니 한짐이네 그냥.

조모 걸 뭐하러 사.내가 나가면 될 걸.

이모 본김에 샀어 그냥.좋더라구.에구구구구 에구구구구(쿵 앉으
며)오늘 따라 왜 이렇게 발바닥이 아픈 거야 그래.(발바닥 주먹으로
쿵쿵 때리면서)몸부림이 나게 아프네 그냥.애 안들어왔어?

조모 저녁 먹는대.

이모 바쁘네.

조모 들어와봤자 뭐해.

이모 맞어어 고개 비틀구 앉어 새끼 생각하는 거보다 백번 나.

조모 자기 전에 뜨건 물에 좀 담거.

이모 끄응(일어나며)안그래두/그래야겠어.(안방으로 가며)밥먹자

아아(부엌의 지숙에게/에서)

S# 레스토랑

　식사는 끝났고/아이스크림과 커피/과일 등 후식 놓고

영국　(커피 잔 앞에 놓고 윤희 보는)

윤희　….(혼자 앉아서 아이스크림 내려다보며)

S# 아이스크림 맛있게 핥으며 웃고 있는 혜림….(짧게)

S# 레스토랑

윤희　(아이스크림 영국 쪽으로 밀면서 안 보는 채)드세요.

영국　(커피 저으려 스푼 들다가)서대리 먹으라구 시킨 건데?

윤희　전 아이스크림 안 먹어요.

영국　‥왜요.

윤희　그냥…너무 찬 게 싫어요.

영국　(끄덕이며 아이스크림 조금 옆으로 밀어내며)그럼 과일 먹어요
　케익을 좀 먹던지.

윤희　…(과일 찍는데)

영국　E 진의가 뭐냐.(불쑥)

윤희　(본다)

영국　스스루 파악해요.난 원래 상당히 짓궂어서/이건가하면 저거
　같구/저건가하면 이거같구/상대 혼란에 빠트려 놓구 즐기는 취미
　가 있어요.

윤희　….

영국　특별히 충고하는데 섯부른 판단은 하지 말아요.틀릴 수 있으
　니까……(웃는 얼굴로 보다가)모처럼 정말 유쾌해요.오늘은 살만한
　가치가 충분히 있어요.

430

윤희　이제 그만 들어가야겠어요.

영국　…그래요?…그럽시다 그럼.(일어나며)일어납시다.(윤희에게 가
서 일어나는 윤희 의자 **빼준다**)

윤희　(무의식 중에 돌아보면)

영국　(좋은 눈으로 보고 있다)

윤희　(얼른 외면하며 핸드백 집어 드는 데서)…

제12회

S# 윤희 집 동네

들어오고 있는 영국의 차.

S# 슈퍼 앞

대어지는 자동차.

허 (잽싸게 내려 윤희 쪽 문 열어주고/그러기 전에 내리려 하는 윤희)

윤희 (내리는 한편)

영국 (내리며)집까지 바래다주면 안되겠소?

윤희 혼자 가겠습니다.

영국 또 습니다군.알았어요.그럼 여기서 물러나죠.고마워요.좋지
두 않은 사람하구 시간보내느라 고생 많았어요.

윤희 (보는)....

영국 좀 웃어줘요.웃어두 돼요.

윤희 안녕히 가세요.(목례하며)

영국 잘자요.

윤희 (돌아서는데)

허   (씩씩하게)안녕히 가십쇼.(허리 굽히며/영국 돌아보고)

윤희   (돌아보며/아 잊었었다/웃으며)안녕히 가세요.(다시 움직이려 하는데)

영국   서윤희씨.

윤희   (돌아본다)

영국   ....(다가가서)내 진의...파악했소?

윤희   ..모르겠어요.

영국   그게 내 장끼라니까.하하하하

윤희   ....(보며)

영국   (물러나며)가요.낼 봅시다.

윤희   (돌아서 가기 시작)

영국   ......(보다가 자동차로/문 열고 대기 중인 허기사 이마 가볍게 쥐어 박는다)

허   ?(무슨 일인가 싶어서)

영국   동작 빠르구 인사 잘하는 건 됐어.그런데/뭔가 얘기할 땐 좀 멀찌기 가 있어야지 바루 옆에서 그러는 거 아니잖아?

허   앞으루 잘하겠습니다.(허리 굽히며)

영국   한가지 걸리는 게 있어.

허   ?

영국   동작 빠른 거 처럼 입두 빠르면 곤란하단 말야.

허   아닙니다/저 입 무겁습니다 상무님.상사 모시면서 입 무거워 야 하는 건 즈이 직업 윤리 제 일줍니다 상무님.쟈크 채웠습니다. 그위에 미싱으루 또 박겠습니다.

영국   ....(보다가 픽 웃으며)됐어.알아서 해.(하며 타고)

허　(문 닫고 쏜살같이 운전대로)

　　부웅 뜨는 자동차

S#　자동차 안의 영국

영국　……(웃음기 전혀 없이)

허　……(눈치 좀 보다가)…구기동으루 모시겠습니다.

영국　?..거기 아냐.

허　출근하실 때 사모님께서

영국　(오버랩의 기분)내맘야.구기동 아냐.

허　예 알겠습니다.(에서)

S#　영주 집 거실

회장　근석 일곱시 출근/놀랍지 않습니까?

이여사　그 시간에 출근하는 걸루 놀래켜보자 장난친거겠죠.

회장　팀장들 불러들여 업무 파악을 위한 지시두 딱 떨어지게 했답니다.

이여사　……(안 보는 채)

회장　종일 사무실 지키구 있다 퇴근했다드군요.

이여사　글쎄요 그게 얼마나 갈까요(보며)

회장　일단 믿어주세요.믿어주는 아이가 잘 자란다구 합니다.믿구 격려해주시면/기대 이상으루 잘 해낼 거 저는 압니다.

이여사　그런 믿음이 저한테두 있으면 참 좋겠습니다.(보며)에미가 돼서 오죽하면 이렇게까지 됐을까 저두 좀 이해해 주세요.

회장　(끄덕이며)압니다.그런데 근석이 왜 그런 식으루 살았는가··그건 또 우리가 다같이 생각해야 할 점이에요.어린 나이부터 편치 않았어요.생각할 일 괴로워해야 할 일이 너무 많았어요.다른 아이들

434

은 겪을 필요없는 심적 고통을 많이 겪었어야 하는 게 이 집 아이들입니다.

이여사 (외면/고개 다른 쪽으로 돌리며)나혼자 잘못한 건 아니에요. 애들 고통에 대해서 무관심했던 건 애들 아버지에요.

회장 ····(보다가)무관심하지는 않았어요. 형님두 어쩔 수가 없었던 거지요.(찻잔 들며)

이여사 그렇게 말씀하시면 저두 어쩔수 없었습니다. 더구나 제가 뭘 어떻게 할 수 있었겠어요.

회장 (한 모금 마신 찻잔 내려놓으며)잘할 겁니다. 근석 위해서 회사 위해서/그리구 집안 위해서 믿으세요. 도와주셔야 해요.

이여사 자식 잘못되기 바라는 에미 어딨겠어요···잘만 해준다면···더 바랄 게 없지요.

회장 그럼···이만(일어나며)일어나지요.(이여사 따라 일어나고)늦은 시간이지만 궁금해하실 거 같아서 왔습니다

이여사 (오버랩의 기분)그렇게까지 마음써주셔 감사합니다. 영은이 올라갔니?(주방에 대고)

영은 (주방에서 튀어나오며)여깄어요 엄마. 작은 아버지 벌써 가세요?

회장 늦었다. 나두 이제 집에 가야지.(영은 어깨에 손 올리며)하는 일은 잘 되나?

영은 (엄마 돌아보며)네. 엄마가 최근에 또 밴하나 기증해줬어요 양로원에.

회장 그래 좋은 일 열심히 해. 우리 모두 대표해서.

영은 더 많이 도와주세요 작은 아버지.(하며 팔짱 끼는)

회장 자 그럼.(목례)

이여사　멀리 안나갑니다.(노회장과 영은 나가고 나서/돌아서 침실로 움직이며 혼잣소리)고양이한테 생선가게 맡겨놓구는 무조건 믿으라니/…누군 믿구싶잖어 이러나아‥

S# 성북동 영국의 방

한　(영국 옷 받으며)왜 이렇게 기분이 좋아.

영국　어떤 여잘 만났는데요 어머니,절더러 진의가 뭐냐구 해요.흠흠 지금까지 그런 질문한 여자 없었거든요?

한　(옷 걸러 움직이며)…똘똘하구나.어떤 여잔데.

영국　어떤‥여자요.

한　이제 여자문제 어지러울 나이는 지났다.출근하는 첫날 여자애기 달갑지 않아.타이 풀어(손 내밀며)

영국　(타이 풀며)실망하셨어요?

한　그래.

영국　그럼 평생 여자없이 살어요?

한　그런 얘기 아닌 거 알잖니(타이 받으며/보며)

영국　이제부터 만나는 여자는 집에 데려다 놀 여자에요.걱정하지 마세요.

한　그래 그럴만한 여자냐?

영국　예.그런데 (바지 벗으며)날 싫어해요 아직은.

한　(파자마 주며)뭐하는 아가씬데.

영국　회사 다녀요.

한　몇살이나 먹었구.

영국　(파자마 입으며)건 ‥잘 모르겠는데요?스물 여덟?아홉?

한　처녀구?

영국 예.

한 너 재혼인 거 알아?

영국 알‥걸요?

한 아직 시작인가보구나.대답하는 거 보니.

영국 예 정답이에요 흐흐

한 (웃 처리하며)전하군 달라.회사 중책 맡구 들어가 일하면서 경
솔한 짓 하지 마라.지켜보는 눈이 많구 간지러운 입이 많아.

영국 ……(빙그시 웃는 얼굴로 보며)

한 여자는…좀 더 있다 찾아두 될거 같은데‥

영국 (오버랩의 기분)(왈칵/)‥걱정이세요?

한 씻어라.(하고 움직이려)

영국 (그 어머니 잡아 안는다)어머니.

한 ‥왜 이러니.

영국 이제부터 걱정 안시켜드려요.

한 (떼고 보는)…

영국 안시켜드리도록 할께요.

한 그래‥믿어보마 어디…(돌아서며)씻으라구.

영국 네에.

한 (나가고)

영국 (갑자기 펄쩍 침대로 뛰어올라 네 활개 활짝 벌리고 던져지듯 눕
는)……

S# 윤희의 방

윤희 (씻고 들어와 무릎 꿇은 자세로 화장대에 앉아 머리 수건 풀어내고
얼굴에 스킨 바르다가 거울 속 제 얼굴 보며 문득 동작이 멈춘다)

동우 E 설마 소문이 사실은 아니겠지.

윤희 E 무슨 소문을 들었는데?

S# 어느 장소(상상입니다)

동우 노지사장과 가깝게 지낸단 소문이 있어.

윤희 지사장 아니구 기획실장야.

동우 그래 그 방으루 옮겨 가깝게 지낸단 소문야.

윤희 소문이 아니라 사실야.우린 결혼 할 거야.

S# 윤희 방

동우 E 뭐야?

윤희 (거울 앞에서 무릎 위에 얹혀져 있던 엉덩이가 바닥으로 떨어지며 옆으로 돌아앉는)……(이것이 길일까)……(시선/조금 든다)

S# 상상/어느 호텔 식당 승강기

여왕처럼 차려입고 영국과 함께 내리는 윤희. 대기하고 있다가 허리 굽혀 목례하는 동우.

윤희 (묵살하고 영국과 웃으며 얘기하며 스치는)

동우 (돌아보는)…

S# 윤희의 방

윤희 ………

E 전화벨…세 번 만에 퍼뜩 전화 받는다

윤희 네 여보세요.

동우 F 들어왔군.

윤희 ….

동우 F 대문 밖에 있어….잠깐 나와 줘,

윤희 …..

438

동우 F 잠깐이면 돼.

윤희 ….(에서)

S# 대문 밖

동우 (기다리고 있다가 대문 소리에 고개 드는)

윤희 ….(나온다)

동우 ….(못 보는 채)전화했었어.

윤희 들었어…늦었어……왜?

동우 기획실루‥옮겼다며…(안 보는 채)방은 안 붙었던데

윤희 (오버랩의 기분)임시야.그래서 그런가봐……그런데 왜?

동우 어떻게…괜찮은가 궁금해서(안 보는 채)

윤희 난 괜찮아….그리구 당신두 아직은 괜찮아.

동우 (잠깐 보고 옆으로 돌아서며)잠깐 나가자.나가서 얘기해.

윤희 ….(보며)

동우 잠깐이면 돼.

윤희 여기서 해.

동우 ….어떻게 할 작정야.그것만 말해줘.

윤희 ….

동우 (감정 없이)꼭 나를 방해하겠다면 …나스스루 만사 포기하구
 말구.

윤희 (오버랩의 기분)그럴 수 있겠어?

동우 그럴 수두‥있지.(안 보며)

윤희 그럼 해봐.

동우 (보며)….(미워진다)포기해두 너한테 돌아오진 않아!

윤희 (오버랩의 기분)돌아온대두 안받아!

동우   ·······(보다가 다소 맥 빠져서)어떻게 할 거야.무슨 생각을 하구 있는 거야.

윤희   ·····(조금 웃듯이 보며)

동우   (잠깐 눈 감았다 보며 다소 여유있게)그런데 니가 알아둘 게 있어.영주두 영주 엄마두 나한테 여자 있었다는 거 알아.

윤희   ····(그저 보며)

동우   대수롭잖게 넘어갔어.문제 안됐어.

윤희   혜림이 있었다는 건.

동우   ····(보며)

윤희   그건 모르는 모양이네.

동우   ·····(보다가)날 좀··봐줄수 없니? ····불안해서 살 수가 없어.

윤희   ·····(보며)

동우   봐줘/마지막으루 한번만 더 봐달라구.

윤희   (오버랩의 기분)아니/···마지막으루 한번은····안봐줄 거야.봐줄 수가 없어.(못박듯 말하고 대문으로)

   E 탁 닫히고 야물게 잠기는 소리

동우   ·······(대문 보며 어깨가 떨어진다)

S# 대문 안

윤희   ·····(대문 잠그고 서서)········(한참 있다가 돌아가는 동우)

   E 발자국 소리····

윤희   (돌아서 집으로)

S# 마루

윤희   (어두운 마루로 들어서는)····(마루에서 제 방으로)

S# 윤희의 방

윤희 (들어와 자리로 들어가 누워 천장 보는)······(그러고 있다가 불현듯

일어나 혜림이 확 끌어다 껴안으며 옆으로 눕는)····

S# 빌라 주차장

동우 자동차 멎고/

동우 (내리는데)

영주 (제 차에서 내리면서)강동우.

동우 ?(획 돌아본다)

영주 (동우 앞으로 빠르게 와 서며)너 뭐하구 다니는 거야.

동우 (무슨 말인가 하려 하며 영주 달래려고 잡는데)

영주 (오버랩의 기분 홱 뿌리치면서)핸드폰 안끈다구 약속했잖아!근

데 왜 또 꺼.꺼놓구 무슨 볼일 보러 다녔냐 말야 너!

동우 (오버랩의 기분 부드럽게)화내지 말구 내말 들어.전화루 옥신각

신 하기 싫어서 그랬어.부동산 가서 아파트 전세 계약하구 혼자 밥

먹구 혼자 술 좀 마시구 그리구 술깨서 들어오는 길야.

영주 무슨 아파틀 계약해?

동우 (오버랩의 기분)나 빌라 나간다.

영주 (오버랩의 기분)왜!

동우 (오버랩의 기분/폭발하듯)내 동생이 날더러 몸팔아 빌라에 산대!

영주 ?동숙씨가?

동우 아냐/울산있는 눔····왔었어.올라오지두 않구 밖에서 불러내

더니/날 벌레취급하더라.

영주 ···너 몸 팔었니?

동우 그렇게 보이나봐(내뱉듯)

영주 왜 그렇게 보여.너랑나랑 사랑해서 결혼하는 건데 내가 너 샀

단 말야 그럼?니 동생이 왜 그래?

동우 늬 엄마두 그렇게 보시잖아!

영주 잘사는 사람 무조건 덮어놓구 비위 뒤집어지니 니 동생?····니 동생 나 좀 만나게 해주라.

동우 ?(보는 위에)

영주 E (바로 연결)잘사는 사람 무조건 도둑놈 아냐.여기 자본주의야.

영주 잘사는 사람 왜 덮어놓구 미워해.자기들두 잘살구 싶어하면서 왜 미워하냐구!

동우 (오버랩의 기분)영주야(부드럽게)

영주 (흥분한 채)우리 아빠 거저 만든 사업체 아냐/할아버지가 다 거덜내구 밑바닥서부터 출발했단 말야/우리 큰 엄마 어마어마한 집안에서 시집와 한때 비누 상자 이구 행상두 하셨대.뭐가 불만야 늬들.부자 아버지 못 둔 게 불만이니?그럼 늬들이 부자 돼 니 자식들 호강시키면 되잖아.

동우 (픽 웃어버린다)

영주 부자네 딸은 남자두 돈으루 사는줄 안대 니 동생?나 칠푼이니?돈으루 안사면 남자 구경 못하게 생겼어?

동우 ·····(보며)

영주 흥분했지.(시선 내리며)

동우 그래.

영주 듣기 싫었니?··흥분하면 내 목소리 싫증난대.

동우 놀랬나봐···그리구 거부감들구···분수에 넘쳐보였겠지.

영주 말할 줄 엄청 모른다.몸 팔았다는 말 그런데 쓰는 거 아냐····그래서 상처받았니?(하며 본다)

동우 너무 편하구 쉽게 이살했다 그런 생각은 들었었어…느네 엄마 가 보시기에두…제 집두 아닌데‥결혼두 안했는데 들어와 큰집 차 지하구 있는 거…그렇잖어두 마땅한 놈 아닌데 밉지 않으시겠니?

영주 ‥‥(보며)

동우 (한숨 토하듯 동시에)그래서 나가기루 했어‥그렇게 알어.

영주 ‥니 머리 너무 복잡하겠다…미안해.

동우 니탓 아냐…들어가 있지 왜 여깄어.

영주 니 동생 있는데 싸우는 거 뵈주기 싫었어.

동우 (영주 어깨에 손 올리며)‥‥‥(보는)

영주 (눈 감으며 얼굴 내민다)

동우 ‥‥(씁쓸하게 웃는데서)

S# 빌라

동숙 (들어오는 동우)영주 언니 왔다 갔어요.

동우 알아.

동숙 (불만스레/따르면서)화 난 거 같었어요.

동우 ‥‥(그냥 방으로)

동숙 (따르며)눈치보이게 왜 그러는지 몰라.아무리 그래두 나 시누 잖어요.

동우 (돌아보며)들어오지 마.내가 하께.(하고 문 연다)

동숙 저녁은요.

동우 E (이미 닫힌 방에서)먹었어.

동숙 (돌아서는데)

동우 (방문 열고 내다보며)너 낼 빈 박스 사다 짐싸 모레 이사할 거야.

동숙 무슨 이사요?

동우 짐싸놔.(문 닫으려)

동숙 이 집 비우래요?(좀 다가들듯 하며)

동우 아냐.너무 커서 부담스러워.너 청소하기두 힘들구 관리비두 비
       싸구.(문 닫는다)

동숙 (거실로 움직이며 중얼)첨부터 그럴 거지.뱁새가 황새 쫓아가려
       면 가랭이 찢어지는 거 몰라?(티브이 스위치 넣는데)

S# 동우의 방

동우 (상의 벗어 침대에 아무렇게나 놓고 주머니에 손 찌른 채 우두커니
       서 있는 상태)....

S# 윤희의 방

윤희 (어둠 속에서 잠 못 들고 뒤척이고 있다).....(두 번째 뒤척이고는 잠
       깐 있다가 어느 순간 발끈 일어나 앉는다).......(앉은 채 어둠 속에서)....

                                                                F.O

S# 구기동 전경(마당에서 찍은/이른 아침)

S# 거실

영주 (이 층에서 내려오다가 엄마 보고 소파로 가 앉아 다른 신문 집어 들
       며)안녕히 주무셨어요?

이여사 (신문 보며).....

영주 (신문 놓으며)동우 빌라 비워요.

이여사 ?....(본다)

영주 내가 서두는 바람에 엉겁결에 이사했대.결혼두 안하구 큰 집
       들어가 사는 거 부담스럽대요.그렇잖어두 저 싫어하는 엄마가 더
       구나 더 싫어할 거 같구 그래서/아파트루 옮긴대.스물 네평짜리.

이여사 주제넘은 거 이제야 알았다든?머리가 나쁘구나.그 생각이

444

왜 이제야 들어.

영주 (미워서)말을 꼭 그렇게 해야겠수? 엄마가 눈치 안주구 편안하게 해줬으면 결혼까지 잠깐 사는 거에 그런 생각까지 할 필요 없었던 거야.

이여사 보기두 힘든데 눈칠 언제 줘.

영주 약혼식하구 집에 와 밥 먹어라 한번 해봤수? 안봐두 아는 법야 그런 건.

이여사 (찻잔 놓는 영은에게 부서질 듯 웃어 보이며)고맙다.

영은 웬일루 이렇게 일찍 일어났어?(영주에게)

영주 늦나봐. 일찍 깨졌어.

영은 (영주 찻잔 내려놓으며)일찍 자지두 않았잖어.

영주 (찻잔 집어 들며)엄마랑은 도무지 무슨 말을 할수가 없어. 대화가 돼야 얘길 할 거 아냐.

이여사 (찻잔 들고)피장파장이야. 너 이따 세시쯤 미용실루 안 나올래?

영은 (앉으며)세시?…으음음, 안될거 같은데 어떡하지? 학교 끝나구 커피 팔어야 해요.

이여사 쇼핑이나 좀 할까했더니/무슨 커피를 팔아 또? 무슨 모금운동이야?

영은 으으웅(아니이)학교 앞 까페하는 선배언니/ 엄마 돌아가셨대요. 병원비하구 빚두 졌다는데 우리 끼리 교대해서 장사해주자구.

이여사 (끄덕이며)그저어 누구 도울 생각만하는 우리 영은이한테는 그런 일꺼리만 생기지. 구두 나지막한 거 신구 나가. 다리 피곤해.

영주 (엄마 쪽 보는)

영은 그럴 거에요, 언니두 시간되면 와서 커피 팔아주라. 형부랑 같이.

영주   니 형부 요새 바뻐(하며 일어서는데)

이여사   아직 식 안올렸다.형부라 소리 애껴.

영주   (탁 돌아보며)포기해 엄마.나 무슨 일 있어두 해.엄마가 싫어하
면 할수록 반드시/꼭/지구가 깨져두 할 거야.

이여사   (반응 없이 신문 넘기는)

S# 윤희의 마루

윤희   (급히 제 방에서 황급히 튀어나오며)할머니 저 출근해요.(그냥 내
닫는)

조모   (열려 있던 안방 문/걸레 들고 앉은 채 상체 빼며)아니 얘 아침두
안먹구 무슨 출근야.

윤희   (오버랩의 기분)늦었어.실장님 일곱시면 출근해요(이모 부엌에
서 나오며 ?)십분 전까진 나가야는데 한참 늦었어요.(신 신으며)어
떡하지?다녀오겠습니다(후닥탁 나간다)

조모   아니 저런저런/그런 거 같으면 미리 깨워달라잖구선

이모   내 뭐랬어.좌천이랬잖어(부엌으로 돌아서는데)

S# 골목

윤희   (마구 뛰고 있다)······

S# 큰 길

윤희   (팔 휘저으며 택시 잡는)···

S# 택시 안의 윤희

윤희   (화장하면서 터지는 하품 손으로 막는다/잠을 못잤다)

S# 기획실 복도

윤희   (달음박질로 와서 들어간다)

S# 비서실

윤희   (들어와서 숨차 하며 핸드백 놓고 탕비실로)‥‥

S# 탕비실
윤희   (커피 안치면서 또 하품)‥

S# 비서실
윤희   (커피 받쳐들고 탕비실에서 나와 실장실로/조심스럽게 노크/대답
　　　　없자 문 열고 들어간다)

S# 실장실
윤희   (들어오며)늦어서 죄송합니다 실장님.(하고 고개 들면)?
　　　　비어 있는 방.

윤희   (마치 찾는 것처럼 두리번거리다가 잠깐 화장실 갔나 싶어 소파 탁
　　　　자에 커피 놓고 나간다)

S# 비서실
윤희   (나와서 탕비실로)

S# 탕비실
윤희   (들어와 쟁반 놓고 커피 따라서 마시기 시작)‥‥‥

S# 비서실
윤희   (자리에 앉아 졸고 있다‥‥꾸움벅/한 번 하고는 벽시계 본다)

S# *시 반을 이삼 분 지나 있는 시계

S# 비서실
윤희   ‥‥‥(무슨 일이지이)‥‥

　　　　E 전화벨

윤희   네에 기획실입니다.

인주   F 언니 회장님께서 실장님 찾으세요.

윤희   실장님 아직 안나오신 거 같아 인주씨.

S# 회장 비서실

인주 (선 채로)안나오셨어요?지금이 몇신데에?(배실장 신문 보다 돌아본다)연락두 없구요?…뭐라구 말씀드리죠?….알었어요.(끊으며)아직 안나오셨대요.어떡해요?

배 연락 없대요?

인주 (고개 흔든다)

배 (중얼거리는)제버릇 개주나.(전화 다이얼 찍고 기다리다가)‥예 비서실 배병준입니다 사모님.회장님 찾으시는데 상무님 몇시에 출근하셨나 해서요.

S# 영주네 거실

여자 여기서 출근 안하는데요.성북동으루 알아보세요.

이여사 (외출 차림으로 나오다)뭐에요.

여자 상무님 아직 출근 안하셨다구요.

이여사 ….(여자 보다가 여자 쪽으로)이리 내요.(전화 받아들고)여보세요.(해보고 꼭지 눌러 끄고 다이얼 돌린다)

S# 한여사 거실

한 (선 채로 전화/노모 테라스 창가에 앉혀져 있고/그곳에 놓인 의자 세트 중에 의자 하나 들어내고 앉혀도 됩니다)여섯시 반에 나갔어요…글쎄 별말 없이 나갔는데…무슨 볼일 있나 보지요.차루 한번 걸어보지 그래요 기사 있을 테니까….그래요(수화기 놓는데 곧장)

　　E 울리는 전화벨

한 네에 성북동입

이여사 F 통화중이셨어요?

한 그랬네.

이여사 F 영국이 몇시에 출근했습니까.

한 제 시간에 나갔네.

이여사 F (오버랩의 기분)회사에 안나타났대요.

한 (오버랩의 기분)방금 비서실 전화 받았어.

이여사 (오버랩의 기분)이런 녀석한테 회살 맡겨요?무슨 희망이 있다 구 구멍가게두 아닌 회살

한 (오버랩의 기분)여보게.무슨 중요한 볼일있어 늦는 거겠지.출근 이틀째 벌써 어떻게 그런 야박한말을 해.자식한테.

이여사 E 앞발뒷발 다 든 녀석이에요.

한 (오버랩의 기분)바쁘네 끊네.(끊어버린다)

S# 영주 거실

이여사 (끊긴 전화 불쾌하게 내려다보다가 탁 놓으며)매너라구는 암튼. 애 버려논 게 누군데 큰소리야.(하며 현관으로 돌아서서 서 있는 여자 보고) 뭘 하구 있어요 볼일보잖구.

여자 예에

S# 회장실

회장 (배비서와 윤희/인주 세워놓고)앞으른 자리에 없어두 구기동이 나 성북동으루 전화하지 마.알았나.

셋 알겠습니다.

회장 성북동이나 구기동에서 노상무 찾는 전화 왔을 때/만약 출근 전이라구 해두 출근했다 자리 비운 걸루들 하구/배실장 양쪽에 전화넣어 말씀드려.친구 죽은데 갔다 들어오구 있는 중이라구.

배 알겠습니다 회장님.

회장 됐어 나가봐….(셋 움직이는데)서대리.

윤희   네 회장님.

회장   차에 전화있는 거 알잖아.서대리가 알어 봤어야지 안 나타나
구 있으면.

윤희   잘못했습니다.

회장   처음 시중드는 사람이라 어려워 그런 모양인데 그러지 말구
챙길 건 챙겨요.그게 자네가 할 일야.

윤희   알겠습니다(목례하는데)

영국   (들어오며)늦었습니다.

회장   ....(보며)

영국   꾸중하실려구요?‥저대신 꾸중듣구 있는 겁니까?(윤희 돌아보
며/껄렁거리지 말 것)

회장   서대리 나가봐.(윤희 목례하고 나가는 것과 상관없이)회사에 부
득이한 일 없을 땐 개인 볼일 봐두 돼.그런데 왜 연락을 못해.

영국   (시선 내리고)잘못했습니다.바루 닷새전에두 만났던 친구에
요.전화해야한다는 생각 미처 못했어요.

회장   ....(보다가)왜 죽었어.

영국   심장마비랍니다.(시선 내린 채)멀쩡하던 놈이에요.

회장   ...됐다 나가 봐라.(에서)

S# 비서실

영국   (약간 침울한 채 들어온다)

윤희   (일어선다)

영국   나때매 꾸지람들은 거 미안해요....(자기 방문 연다)

윤희   차 드릴까요?

영국   녹차 마십시다.

윤희　(탕비실로)

S# 영국 사무실

영국　(들어와서 집무 의자에 뒤 유리 앞으로⋯.창밖 바라보며)⋯⋯..

윤희　(차 들고 들어와 테이블에 놓는다)

영국　서대리(창밖 보며)

윤희　?⋯

영국　(그대로)결혼한지 사년만에 남자가 갑자기 죽었어요.두돌이 채 안된 아들 하나 있구⋯.(돌아서 찻잔 집어 들며)서른 살 밖에 안된 미망인 보면서⋯서윤희씨 생각/ 했어요.

윤희　?

영국　E 결혼은 여러가지 의미루 도박중에두 젤 큰 도박이에요.요즘 젊은 남자들이 의외루 많이 다친답디다.결혼하기 전에 건강진단 받는 게 좋겠소.

윤희　⋯.(시선 내린 채/나갈 수는 없다)

영국　(한 모금 마시고 내리면서/안 보는 채)죽은 놈하구 추억이나 씹으면서 조용히 지내구 싶어요.자리에 없는 걸루 해줘요.찾을 사람두 없지만 혹시 모르니까.

윤희　알겠습니다.

영국　⋯.(차 마시며 의자로)

윤희　(문으로 가는데)

영국　E 서대리

윤희　(돌아본다)

영국　무슨 생각으루 내방에 오는 걸 받아들였소.

윤희　⋯.저는 아무데든 옮기라면 옮겨야하는

영국　혹시… 회장님께서 강요하셨나요?

윤희　안 그러셨습니다.

영국　사양할 수 있었을텐데……우리 회장님은 사양하면 들어주실 분
　　인데요.

윤희　그렇습니다.

영국　그런데 왜 왔어요.

윤희　제가 적당하다구 생각하신 거

영국　(오버랩의 기분)내가 원했어요.

윤희　?…(보는)

영국　왜 원했을 거 같아요.

윤희　‥모르겠습니다.

영국　알구 싶어요?

윤희　알고 싶지 않습니다.

영국　경멸한다 그거요? 여비서 누구 달라는 소리나 하는 상사따위?

윤희　……

영국　수다스럽지 않은 건 좋은데…듣고싶은 대답은 좀 해줬으면 좋
　　겠소.

윤희　나가보겠습니다.

영국　(어쩐지 냉랭하게(오버랩의 기분))차한잔 더 줘요.

윤희　(목례하고 나간다)

영국　……(창으로 돌아서며 찻잔 비운다)…

S#　탕비실

윤희　…(차 준비하면서)…

　　E 전화벨

윤희 (빠르게 나가 받는다)네 기획실입니다.

이여사 E 노상무 들어왔다구요.

윤희 네 지금 회의중이세요.(영국 방 보며)

S# 미용실

이여사 (머리 맡겨놓고)바꿀 건 없구/ 퇴근하구 집에 좀 잠깐 들려줘요.

S# 비서실

이여사 E F 내가 얘기할 게 있어요.

윤희 ?(한 채)네 알겠습니다.(전화 끊어지는 소리)…(무슨 일인가 하며 탕비실로 움직이는데)

영국 (나오며)서대리

윤희 네 상무님.

영국 (픽 웃으며)여비서루 얼마나 훈련 잘된 사람인지 알아요 대강 대강 티미하게 굴어두 실직 안시킬테니까 그렇게 기계적으루 하지 말아요 재미 없어요.바둑둘 줄 알아요?

윤희 모릅니다.

영국 골프는?

윤희 아뇨.

영국 테니스는?

윤희 못해요.

영국 그럼 드라이브는?

윤희 …

영국 드라이브는 하겠지.가만 앉아만 있음 되는 거니까.나갑시다(앞 서는)

윤희 …

영국 (돌아보며)나와요.

윤희 다녀 오세요.(자기 자리로 움직이며)

영국 안갈 거요?

윤희 (안 보는 채)근무시간이에요.

영국 나두 근무시간이요.잠깐/ 그대루 꼼짝말구 있어요.

윤희 ?..(무슨 일인가 싶어서)

영국 ....(다가와서 느닷없이 윤희 어깨에 한 손 올린다)

윤희 (흠칫 물러서려는데)

영국 (어깨 좀 움켜잡아 세우며)곧 익숙해질 거요.나 손버릇 나쁜 거에.

윤희 ?....(보는)

영국 (눈 똑바로 보며)나 무시하지 말아요 서윤희대리.무시해두 혼
나구 방심해두 혼나구 경계해두 혼나.방심두 경계두 무시두…하
지 마시오.

윤희 ....(그저 볼 뿐)

영국 근무시간이라니(좀 바꿔서)나두 근무시간이구 나따라 드라이
브 나가두 근무시간으루 쳐주면 근무요.월급 제대루 나가요.

윤희 (좀 상해서)상무님은 자릴 비우셔두 저는 지켜야 해요.

영국 이름만 상문데 상무 비서두 이름만 비서면 되는 거 아뇨?

윤희 이름만 상무님인줄 알았으면 이 자리 안올 걸 그랬어요.

영국 ....(보는)

윤희 (제자리에 앉으며)하는 일 없이 월급타는 자린 싫습니다.

영국 자존심 상했소?

윤희 ....(앉은 채)

영국 서대리!(화난 듯이)

윤희 ?(본다)

영국 지금부터 다섯 시간 동안 낮잠 좀 잘테니까 내가 방해 안받도록 비서 임무 수행하시오.

윤희 ....(보며)

영국 점심 때되면 점심 먹구/할일없으면 서대리두 문걸어 놓구 자요.(하고 자기 사무실로 들어가 버린다)

윤희 .....(대책 없이 그 문 보면서)

    E 전화벨

윤희 네 기획실입니다.

지숙 F 언니 나야.잠깐 내려와.현관야.(에서)

S# 회사 현관

윤희 (지숙 쪽으로 총총히 오는)...왜 무슨 일야.

지숙 (오버랩의 기분/벌써 커다란 핸드백에서 작은 마호병 꺼내며)나 바뻐.점심 먹구 먹으래.

윤희 (받으며)내가 무슨··애니?

지숙 할머니랑 엄마한텐 죽을 때까지 애지 뭐.간다.나 인터뷰가.

윤희 ?일꺼리 또 생겼어?

지숙 좀 따분할 거 같어.성공스토리.뻔하잖어?뻔한 걸 안 뻔하게 쓰는 게 재주겠지만.들어가.

윤희 그래 잘가.

지숙 꼭 먹어.

윤희 엉.(지숙 나가고/마호병 들고 돌아서 승강기로)

S# 승강기 앞

윤희 (승강기 열리고 타는데)

동우   E 잠깐 잠깐요.

승강기 걸   (버튼 누르고 기다려주고)

동우   (타다가 윤희 본다)

윤희   …(잠깐 보고 시선 피하는)

동우   ….(거북한 채 숫자판 올려다보며)….

윤희   ….(그대로)

동우   (고개 돌려 윤희 보는)…

윤희   (그대로 차분하게)…

S# 중간층

동우   (승강기에서 내리고 승강기 안에 서 있는 윤희 보이고/이내 닫히는 승강기 문)……

S# 빌라 주방

영주   동숙씨두 나한테 거부감 느껴요?(팔짱 끼고 서서)

동숙   (박스에 곰보 비닐에 싼 그릇들 집어넣으며/잠깐 보고)그런거 ··없어요.

영주   내 느낌엔 동숙씨두 그런 거 같아요.(싱크대에 나와 있는 그릇 식탁으로 옮겨주면서)나 오는 거 별루 좋아 안하는 느낌이구/한번두 편안하게 웃는 얼굴 본 적 없어요…그 집 식구들 잘 안 웃어요?

동숙   웃을 일이 ··있어야 웃죠.(하고 중얼거리는)웃을 일 없는데 웃으면 ··어디 아픈 거죠 뭐.

영주   ……(잠깐 돌아봤다가 다시 움직이며)난 동숙씨하구 친하구 싶은데 늘 적덩한 거리두구 날 대하는 거 같아서 솔직히 별루 기분 안 좋아요.

동숙   ……

456

영주 내가 싫어요?

동숙 (오버랩의 기분)싫다기보다….딴세상 사람같아서…거북한거/‥ 그런 걸 거에요.(영주 돌아본다/멈추고)공주님같아요.(여전히 일하며)오빠는 바보 온달같구 저는 온달이 동생같은 거요.내 자신이 너무 초라한 생각이 자꾸 드니까‥것두 별루 안좋구요.

영주 …..(보며)

동숙 (싱크대로 가며)신경쓰지 마세요.저같은 거 한테 뭐 신경쓰구 그러세요.

영주 (나직이)동숙씨.

동숙 (돌아본다)

영주 (동숙에게 다가가서)그러지 말아요.나 나쁜 사람 아니에요.잘 지내보자구요.

동숙 ….(보며)

영주 맘잡구 공부해서 내년에 꼭 학교가요.동생들 공부 못한 거 너무 가슴아파해요.그건 알죠?

동숙 (끄덕이며 일하려고 돌아서는데)

영주 (동숙 잡으며)나 친언니처럼 생각해두 돼요.거리두지 말라구요 응?

동숙 ….(보는데)

S# 근처 백화점

영주 (옷 하나 뽑아 동숙에게 대본다)별루죠?

동숙 별루에요,(그래도 조금은 웃어주며/이미 쇼핑백 두 개씩 둘고 있는 두 사람)

영주 (죽죽죽죽 더듬어가다가 하나 뽑으며)이거 좋겠다(대보며)이건 어때요?

동숙 이제 그만 샀으면 좋겠어요.(오버랩의 기분)

영주 (오버랩의 기분)입어봐요.옷은 입어봐야 알아요.이리 와요(에서)

S# 백화점 액세서리 코너

영주 (핀 하나 집어 동숙 눈앞에 들이댄다/웃으며)이쁘죠.

동숙 네 이뻐요.

영주 됐구/(하며 다른 것 집어 든다)이쁘죠.

동숙 하나만 사요 그만 사요(조금 풀렸다)

영주 됐구/(또 다른 것 집어 들며)이건 촌스럽다,어 저거 좋으네.(팔 뻗히는데서)

S# 스카프 가게

영주 (동숙 세워놓고 스카프 둘러주고 있는)

동숙 (신났다는 아니지만 노상 싫지만은 않은)…

S# 빌라 거실

동숙 (쇼핑한 봉투 대여섯 개 놓고 바닥에 앉아서 뿌우하고)……(있다가 그래도 봉투에서 봉지 더듬어 꺼내서 액세서리 핀 보고/다음에는 구두 꺼내 신으며 일어서 본다)…

S# 일진상선 비서실

윤희 (앉아서 책 보고 있는데/영국 나오는 문소리/벌떡 일어난다)

영국 (말없이 그냥 나가버린다)

윤희 (습관이 된 목례하고 벽시계 보면)

S# *시 30분 정각

윤희 ….(퇴근인가 아닌가 애매해하며 자리에 앉는다)……

S# 영주네 전경(마당에서/밤)

S# 영주 거실

영주와 함께 들어서는 동우.

영은 어서 오세요 형부.(반갑게)

영주 (신 벗으며/쇼핑백 한 개 들고)너 뭐 커피 장사한다구 안그랬니?

영은 어 친구가 바꿔달래서 낼 해.

영주 올라와.엄마는?

영은 아빠 방에.서대리 왔어.

동우 (굳는 위에)

영주 E 서대리가 왜애?

영은 몰라,방금 왔어.간발의 차이야 언니랑.형부 오세요,이리 오
세요.

영주 손 씻을래?(계단으로 가며)회사서 씻구 나왔니?

동우 씻었어.

영주 금 앉아 있어.나 옷 바꿔입구 내려오께…(발짝 떼다 돌아보며)잠
깐 올라올래?

영은 (오버랩의 기분)언니가 금방 내려오면 되잖아,금방 저녁인데.

영주 그래 그럼 있어.(이 층으로)

영은 앉으세요 형부 네?(에서)

동우 아‥고마워요.(에서)

S# 서재

마주 앉아서

이여사 (찻잔 띄워 들고)근무한지 꽤 오래니까 영국이에 대해 대강
은 알구 있겠지만…그래두 노파심에 미리 얘기해 두는 거에요.자
식 얘길 이렇게 할 수 밖에 없는 사람‥참…딱하구 한심해요.

이여사 E (보고 있는 윤희 위에)어쨌거나 그앤 무슨 병처럼 끊임없이 여자 사골 쳤어요.

이여사 (한 모금 마시고 내리면서)나중에 후회해두 소용없어요.책임감이..희박하구/싫증 잘 내요.얼핏 재미있는 사람같아서/매력을 느낄 수두 있는데…가까이 하지 말아요.크게 상처받아요.

윤희 ……(보며)

이여사 서대리두 남의 집 귀한 딸이에요.설마 지가 데리구 있는 비서한테까지야…그렇게 생각할 수두 있지만…만에 하나를 몰라서 미리/… 얘기해 두는 거에요.알아들었죠.

윤희 …네.

이여사 내 얘긴 다 했어요.

윤희 네..그럼(하고 일어선다)안녕히 계십시오.

이여사 (일어나며)….

S# 거실

이여사 (앞서 나오는데)

영은 E 엄마 형부 왔어요.

윤희 ?(따라 나오다 그 소리에 굳는)..

동우 (소파 쪽에서 일어섰다가 목례한다)

이여사 불러서 저녁한번 안 먹인다구 트집 잡아 오라구 했네.(해놓고)그럼 서대리는

윤희 (오버랩의 기분)네 (하고 다시 한번 목례하는데)

영은 (오버랩의 기분/그쪽으로 내달으며)어머 저녁 먹구 가요 서대리님.

윤희 아니 아니에요.

영은 (오버랩의 기분)그러지 마세요(윤희 팔 잡으며)다 됐어요.오분

460

두 안 걸려요.(소파 쪽으로 끌면서)그쵸 엄마.

이여사   별일 없으면 그래요 그럼.(하며 주방으로)

윤희   (오버랩의 기분)아닙니다 사모님.

영은   아아이,(소파로 잡아끌며)안 그래두 오빠 방으루 갔대서 반가
웠어요.오세요,얼른요.나 할 얘기 있어요.(끌려가다시피 하는 윤희)
형부 서대리 알죠? 우리 형부 알죠?

동우   (윤희 보고/짧게)

윤희   (안 보는 채)네 알아요.

영은   (윤희 팔 잡은 채 앉히며)앉으세요.형부 앉으세요.(동우 앉는 것과
상관없이)우리 오빠 좀 짐작하기 어렵죠?(엄마가 들을까 봐 소리 좀
낮춰서)

윤희   (영은 보는)

영은   (연결)그치만 걱정할 거 없어요.진심으루 대하는 사람한텐 나
쁘게 안해요 우리 오빠.(하는데)

영주   (이 층 난간에서(오버랩의 기분))영은아.

영은   엉 왜애.

영주   (오버랩의 기분)서대리 왔어요?너 잠깐 올라와 나 쇼핑한 것좀
봐주라.실팬거 같아.

영은   알었어(이 층으로)

영주   동우야 금방 내려가께.

동우   (난간 올려다보던 것 그만두고 고개 돌린다)

윤희   ……(보며)

동우   여긴 왜 온 거야.(아주 작게)

윤희   ……(그대로 보며)

동우   얼굴 좀 돌려.(안 보는 채)

윤희   ·····(그대로 보며)

동우   쳐다보지 마.얼굴 돌려(보며)

윤희   침착해.눈치채겠어.(낮게)

동우   ····(보며)

윤희   얼굴 풀어.너무 딱딱해 혜림아빠.

동우   ····(보며)

윤희   나하구 같이 식사 못하겠지?(일어서며)내가 가주께·····(주방 쪽
         으로)

동우   ····(보는)

윤희   (주방 앞에서)사모님.

이여사   ·····(잠시 있다가 나오는)왜요.(이여사 나타나면서 동우 일어서고)

윤희   (웃으며)아무래두 전 그냥 가야겠어서요.사실은 친구들하구
         약속이 있어요.

이여사   오 그래요?그렇다면 굳이 안 잡어야겠네요.

윤희   네 그럼.(목례)

이여사   ····(윤희 현관에서 신 신는 것까지 있다가)잘가요 그럼.

윤희   안녕히 계십시오.(하고 나가고)

이여사   (그냥 주방으로)

동우   ······(선 채/위기는 넘긴 것 같다)···

S# 영주 집 앞 길

윤희   ····(걸어오고 있는)····

S# 과거/팥빙수 집/아빠 입에 제 아이스크림 대어주는 혜림과 동우, 윤희

S# 과거/윤희 방/윤희가 깎은 과일 한 쪽 동우 입에 대주고 있는 혜림

462

S# 걷는 윤희(현재)

S# 9회에서 옮기세요.

S# 씨티실

윤희　(혜림에게 다가서면서 가만히 시트 벗겨낸다)….

혜림　(잠자는 듯)….

윤희　……(떨리는 손 뻗혀 아이 얼굴 만지는)…..(울지 말 것/절대로 울지 말

　　　것)…….

S# 병원 로비

윤희　(혜림을 살아 있는 아이처럼 안고 걸어 나오고 있다)…..(뚜벅뚜벅뚜

　　　벅/울지 말 것)

S# 9회에서 옮기세요. 윤희의 방

윤희　울지 마….울지말구…그 사람 좀 찾아줘….

지숙　….(머리 떼고 본다)…

윤희　(여전히 아이 만지면서)…그 사람두…알아야지..그 사람 와서…봐

　　　야겠지?..아빤데….

지숙　이제 혜림이 지 아빠가 저한테 무슨 짓 했는지 알 거야.

윤희　그 사람 불러 줘 지숙아.

S# 혜림 잿가루 뿌리는 윤희

S# 윤희의 방

윤희　(겉옷 벗어놓고 앉아서 동우와 셋이 찍은 사진 액자에서 뽑아 내려

　　　다보고 있는)……(가위 찾아내서 동우 부분 오려내기 시작한다)…..

S# 인서트/방바닥에 따로 떨어지는 동우 부분/

S# 현재 걷는 윤희….(입이 꽉 다물어지는)

S# 윤희 마당(밤)

S# 윤희 방

윤희   (누워서 천장 보며)……

S# 동우 빌라

동우   (들어와서 곧장 제 방으로/현관께에 내놓아진 이사 박스들)

동숙   (들어가는 오빠 보다)저기 오빠.

동우   (돌아본다)

동숙   아까‥언니랑 백화점 갔었어요.

동우   ‥‥(그저 보는)

동숙   여러가지…옷이랑 구두/빽/‥많이 사주드라구요.

동우   그래 됐어(몸 돌리는데)

동숙   좋기두 하구 싫기두 하구(동우 돌아보는)…뭐가 뭔지 모르겠어
        요.결정이 안나요.

동우   이제 결정 내.니 올켄 윤희가 아니라 영주야.나쁜 사람 아냐.

동숙   글쎄 나쁜 사람같지는 않은데….

동우   …(잠깐 보다가 돌아서는데)

동숙   그리구 좀 전에 엄마 전화했는데‥날두 따뜻하구 그런데 아버
        지랑 여기 구경 오면 안되냐구.

동우   (싫증 나서)구경은 무슨 구경할 게 있다그래.

동숙   (오버랩의 기분)안된다 그랬어요.우리 이사간다구.

동우   (방으로 돌아서는)

동숙   (오버랩의 기분)그러니까 왜 이사가냐구 뭐가 잘 안되냐구 꼬치
        꼬치

동우   (오버랩의 기분)그만 해 응?그만해.오늘따라 왜 말이 그렇게 많
        어 너.그만해.피곤해.(하고 들어가 문 닫는다)

464

동숙 …(보다가 뿌우해서 제 방으로 몸 돌리는데)

S# 빌라 침실

동우 (정말 피곤해 죽겠는/넥타이 풀며 짜증이 덕지덕지/한순간 타이 쭉 잡아당겨 뽑으며 침대로 던지듯 엎어지는)……(엎어져서)

S# 윤희의 방

윤희 (아까 자세로 누워서 눈꼬리로 눈물이 지이이이이)

F.O

S# 기획실 복도 인서트

S# 영국의 사무실

응접 소파에서 바둑 두고 있는 영국과 윤희

윤희 ……(생각하다가 돌 놓는다)..

영국 아니아니 그렇게 노면 내가 이렇게 옮기거든요? 그럼 안된다 구. 다시 생각해요. 하룻만에 장족에 발전을 하긴 했는데에 음? (하고 본다)

윤희 ……(연구하는)

영국 ……(보다가)제가 (윤희 돌 놓으며)이렇게 놔야 해요.

윤희 (끄덕이고)두세요.

영국 ……(윤희 보고 있다)그만합시다 이제.으으으으으으(기지개 켜고) 상대해 주느라 수고했어요. 나두 꽤 고단한데 허리 안 아퍼요?

윤희 (바둑 돌 갈라 치우기 시작하며)전 괜찮습니다.

영국 또 습니다군. 그게 그렇게 안 고쳐져요?

  E (오버랩의 기분)퇴근 차임벨.

영국 아 이제부터 자유군. (위로 두 팔 쭉 올리면서)이제부터 뭐할 거요.

윤희 집에 갈일 밖에 없어요.

영국　(일어나며)그럼 나하구 행동 같이 합시다.

윤희　(안 보는)…(손은 움직이며)

영국　싫어요?

윤희　…

영국　싫은가?

윤희　아뇨 그러겠습니다.

영국　?…(좀 놀라고)…시간외 수당이 필요하면 주구요.

윤희　(바둑판과 돌 그릇 탁자 아래로 치우며)시간외 수당··제가 드릴 수

　　　두 있어요.

영국　?서대리 웬일이죠?

윤희　(일어나며 화사하게 웃는다)누구든 늘 똑같지는 않아요…(에서)

S# 레스토랑

영국　(썰면서)말해봐요,나에 대해 들은 소리 전부 다.얼마나 알구 있

　　　는지 궁금하니까.

윤희　(썰면서)정말 얘기해두 돼요?

영국　하라구요.

윤희　별명이 뭐였는지 아세요?

영국　뭐였지?

윤희　이주일.

영국　이주일?코미디하던 양반 이주일 씨요?

윤희　(웃으며)그게 아니구 한여자하구의 주기가 딱 이주일밖에 안

　　　된다구요.

영국　아아 그 이주일.

윤희　정말이에요?

466

영국 건 좀 심했다.길진 않지만 그래두 이주일은 너무 한데요?

윤희 목표한 여자가 있으면 순식간에 완전히 정신나가게 하신다면
서요.식사 한 끼에 보통 백만원/만날 때마다 선물/결혼하면 자동
차는 뭘루 사주까/벤츠? 비엠다불류? 어디서 살까 빌라가 좋겠지
백평짜리면 되겠니?

영국 미친 놈.

윤희 ?

영국 내가 들어두 거 미친 놈이네.

윤희 상무님 얘긴데요?

영국 글쎄 말요.상무님이 아니라 상무놈이라구 하쇼 지금부터…
또요.

윤희 이주일 쯤 됐을 때 호텔 로얄 스위트 룸 잡아 놓구 올라가 얘기
만 하자구 그러군….(웃으며)호텔에서 나올 때는 벌써 그 여자에 대한
관심은 끝이라구요.

영국 그런 일 없습니다.

윤희 …(보는)

영국 기억이 안나는데요.

윤희 고소당한 일두 있으셨잖어요.

영국 모르겠어요.기억에 없는데요.

윤희 청문회 아니에요 지금.

영국 흠흠,그런데 그런 소문은 도대체 어떤 사람한테서 들었어요.

윤희 모르겠는데요.기억에 없어요.

영국 흠흠/하하하하하하··(에서)

S# (5평 형쯤)거실

동우 (들어서면서)이게 무슨 냄새야.

동숙 엄마가 청국장 끓이셨어요.엄마 오셨어요.

동우 (잠깐 눈 감았다 뜨는데)

모친 (주방에서 나오며)들어왔니?

동우 (오버랩의 기분)아버진 어떡하구 오셨어요.

모친 에이구 다 해놓구 왔지이.이사했다니까 무슨 일인가 가보라구
성화잖어어어.어이 들어와 밥 먹자.배고프지?너 좋아하는 청국장
끓였어.아주 잘 떴어 이번에.

동우 청국장 끓이지 마세요.(엄마?)집에 냄새 배요.

모친 그래…알었어 도루 갖구가지 뭐 그럼.

동우 뭐하러 오세요 아버지 혼자 놔두구우.

모친 아 왜 궁궐같은 집에서 살다가 쫓겨났는지 늬 아바지가

동우 (오버랩의 기분 화나서)쫓겨난 게 아니라 제가 나온 거에요 너
말 안했어?

동숙 했어요 했는데두 엄마 자꾸만 딴소리하면서

동우 딴소리 뭐요.채였을까봐요?결혼 못할까봐요?!

모친 아 왜 화는 내구 그래애.그게 아니라 신경이 쓰이니까

동우 (오버랩의 기분)신경쓰실 거 없어요 글쎄‥제일은 제가 알어서
할테니까 엄만 아버지 수발이나 잘해드리세요.(하고 제 방으로)

S# 동우의 방

동우 (들어와서 후후후후 답답한 숨 내쉬며)…

S# 호텔 바

윤희 …‥(술 마시는)

영국 ……(지켜보고 있다가 윤희 잔 비우고 내리자)한잔 더 할래요?

468

윤희 (대꾸 없이 얼음 들어 있는 글라스 내민다)

영국 (받아서 술따르며)뭔가…심정 복잡한 일 있어요?

윤희 아뇨.(안 보는 채)

영국 이건 맹물이 아니에요.대단한 술꾼이라면 몰라두 겁없이 마셨다가 업혀나가게 되면 (내밀며)어떡할려구요.나같이 한심한 놈 앞에서…서대리는 그렇게 싱싱하다구는 할 수 없지만 그래두 꽤 이빠보이는 사람인데.

윤희 (술잔 들고)경계해두 혼난다면서요.혼 안날려구 경계안하기루 했어요.(하며 본다)

영국 방심해두 혼난다구 했는데…

윤희 방심하진 않았어요.외롭다구 친구하라 그러셨잖어요.

영국 ……(보며)

윤희 지금부터 제 친구하세요.제가 상무님 친구 필요할 때 친구 돼주니까 제가 필요할 땐 상무님두 해주세요.일대 일이에요.

영국 일대일이면 상무님이라구 부를 필요 없지.

윤희 ….(그저 웃음기 없이 보다가 시선 내리고 마시고 내린다)

영국 ……(지켜보다가)차분한 사람이 갑자기 용기있어지면…그건 가슴이 몹시 허하거나 자포자기 상텔 거요.…어느 쪽이요.

윤희 (보며)어느 쪽일 거 같으세요.

영국 으으음…

윤희 아 이쪽이다 저쪽이다 섯불리 결정짓지 마세요 충고하는데요.

영국 ?…하하하하 건 꼭 내 말투군.

윤희 왜…안하세요?

영국 내가 마시면 서윤희씨 관찰할 수가 없어요.

윤희 …관찰하구 계세요 지금?(웃음기 없이)

영국 그래요.

윤희 ……(한 모금 마시고 내리며)재밌네요.…관찰하세요 그럼(하는데 눈물이 뚜르르르르)

영국 ……(보며)

윤희 ……(그대로)

영국 ……(보며)

윤희 ……(그대로)

그 상태의 두 사람.

S# 늦은 밤 시내를 달리는 영국의 자동차

S# 차 안

[뒷좌석에 나란히 앉아서]

윤희 (창으로 고개 돌리고 가만히)……

영국 ……(윤희에게 고개 돌리고 보며)……

윤희 ……

S# 윤희네 동네 근처 입구

자동차 입구로 접어드는데

윤희 E 아 여기서 세워주세요.

S# 움직이는 차 안

영국 왜 그래요.

윤희 좀 걸어야겠어요.할머니 걱정하세요.정신 좀 차릴려구요.

영국 미스터 허 세워.

허 예 상무님.

S# 한 옆으로 대어지는 차

허　(잽싸게 내리고)

영국　(동시에 내리며)내가 하께.(벌써 내리고 있는 윤희 옆으로 가 가볍
　게 잡아준다)

윤희　괜찮아요.상무님…안녕히 가세요.(허리 굽히는데서)

S#　골목길(차는 다닐 수 있고/슈퍼마켓을 목표로)

윤희　……(느릿느릿 걷는)

영국　……(보조 맞춰 걸으며 간간이 윤희 보는)

윤희　……사람이라는 게 뭐에요.(혼잣소리처럼)

영국　……(보며 걷는)

윤희　…남자와….여자는 뭘까요…

영국　……(보며)

윤희　사랑하는 건 뭐구/….후우우우 미워하는 건 뭐죠?…(가슴 찢어지
　며)부모는 뭐구 ··자식은 뭐에요….

S#　순간적으로 스치는 혜림의 웃는 얼굴

S#　길

윤희　(걸음 툭 멈추며)허억/(터지려는 울음)

영국　(윤희 세우고 윤희 앞으로)

윤희　….(보며/눈물 펑펑)

영국　……상처가 꽤 깊군요….어떤 놈이요.내 혼내주께요.(윤희 외면하
　는)얼마나 됐어요.

윤희　(그냥 걸으려)

영국　(잡으며)상처준 놈때매 두구두구 울 건 없어요.그럼 그눔한테
　지는 거요.

윤희　(본다)…

영국   어떤 놈인지 질투나는데?(윤희 얼굴 손으로 닦아주며)흠흠 이

러니 술이 사고치지.술 안마셨으면 이러겠어요?…고맙소….나를..

믿어주구 사람 대접/해줘서…

윤희   ….(보며)

두 사람 그림 쭈욱 멀게 빠졌다가…..

〈2권에서 계속〉

김수현 드라마 전집 3
청춘의 덫 1

1판 1쇄 인쇄   2020년 10월 26일
1판 1쇄 발행   2020년 11월 5일

지은이   김수현
펴낸이   임양묵
펴낸곳   솔출판사

책임편집   임우기
편집장   윤진희
편집   최찬미, 윤정빈
디자인   오주희
마케팅   이원지
제작관리   박정윤

주소   서울시 마포구 와우산로29가길 80(서교동)
전화   02-332-1526
팩시밀리   02-332-1529
홈페이지   www.solbook.co.kr
이메일   solbook@solbook.co.kr
출판등록   1990년 9월 15일 제10-420호

© 김수현, 2020

ISBN   979-11-6020-123-9   04680
              979-11-6020-120-8   세트